Schriften zum
Planungs-, Verkehrs- und Technikrecht

Herausgegeben von Michael Ronellenfitsch und Klaus Grupp

Band 30

ISSN 1615-813X

Steffen Schleiden

Rechtliche Grundfragen der Flugroutenfestlegung

Verlag Dr. Kovač

Hamburg
2009

VERLAG DR. KOVAČ
FACHVERLAG FÜR WISSENSCHAFTLICHE LITERATUR

Leverkusenstr. 13 · 22761 Hamburg · Tel. 040 - 39 88 80-0 · Fax 040 - 39 88 80-55

E-Mail info@verlagdrkovac.de · Internet www.verlagdrkovac.de

Bibliografische Information der Deutschen Nationalbibliothek
Die Deutsche Nationalbibliothek verzeichnet diese Publikation
in der Deutschen Nationalbibliografie;
detaillierte bibliografische Daten sind im Internet
über http://dnb.d-nb.de abrufbar.

ISSN: 1615-813X
ISBN: 978-3-8300-4039-2

Zugl.: Dissertation, Universität Trier, 2008

© VERLAG DR. KOVAČ in Hamburg 2009

Printed in Germany
Alle Rechte vorbehalten. Nachdruck, fotomechanische Wiedergabe, Aufnahme in Online-Dienste
und Internet sowie Vervielfältigung auf Datenträgern wie CD-ROM etc. nur nach schriftlicher
Zustimmung des Verlages.

Gedruckt auf holz-, chlor- und säurefreiem Papier Alster Digital. Alster Digital ist
alterungsbeständig und erfüllt die Normen für Archivbeständigkeit ANSI 3948 und ISO 9706.

Meinen Eltern

Vorwort

Die vorliegende Arbeit wurde im Sommersemester 2008 vom Fachbereich Rechtswissenschaft der Universität Trier als Dissertation angenommen.

Mein erster Dank gilt meinem Doktorvater Herrn Prof. Dr. Reinhard Hendler, der es mir ermöglicht hat, im Rahmen meiner Tätigkeit als wissenschaftlicher Mitarbeiter am Institut für Umwelt- und Technikrecht der Universität Trier diese Arbeit zu verfassen. Mir kam dabei große wissenschaftliche Freiheit zu.

Herzlich danken möchte ich auch Prof. Dr. Christian Heitsch für die bereitwillige Übernahme und zügige Erstellung des Zweitgutachtens sowie den Prüfern im Rigorosum Prof. Dr. Peter Reiff und Prof. Dr. Thomas Rüfner.

Ebenso danke ich allen Mitarbeiterinnen und Mitarbeitern, Angestellten und Hilfskräften des Instituts für Umwelt- und Technikrecht für die die kollegiale Zusammenarbeit. Stellvertretend möchte ich Herrn Ref. jur. Christian Port, Herrn Ref. jur. Christian Lamarche, Frau Ref. jur. Anne Stratmann und Herrn Ref. jur. Dominik Schulte nennen, die mir bei Problemen stets mit Rat und Tat zur Seite standen.

Schließlich möchte ich mich bei meiner Mutter, Frau Realschulrektorin Marita Schleiden, und meiner Schwester, Frau Studienrätin z. A. Vanessa Schleiden, für die Korrektur meiner Arbeit bedanken. Ebenso großen Dank schulde ich auch meinem Vater, Herrn Dipl. Ing. Hans Udo Schleiden, dafür, dass er mich bei technischen Fragen zum Thema Flugroutenaufstellung umfassend beraten hat. Abschließend möchte ich mich nochmals bei meinen Eltern bedanken, denn ohne sie wäre es nicht möglich gewesen, diese Arbeit zu erstellen. Ihnen ist diese Arbeit gewidmet.

Trier, im Juli 2008 *Steffen Schleiden*

Inhaltsübersicht

A. Einleitung 1
B. Aufstellung von Flugrouten 7
C. Rechtsschutz gegen Flugrouten 45
D. Flugrouten und Störfallbetriebe 89
E. Anwendbarkeit der SUP-Richtlinie 131
F. Zusammenfassung und Ergebnisse in Thesen 187

Inhaltsverzeichnis

A. Einleitung 1
    I. Tatsächliche Ausgangslage 1
    II. Rechtliche Grundlagen und Gegenstand der Arbeit 2
    III. Gang der Untersuchung 4
B. Aufstellung von Flugrouten 7
    I. Rechtsgrundlage 7
    II. Verfahren 8
        1. Die Beteiligung der Deutschen Flugsicherung GmbH (DFS) 8
            a) Entwicklung von der Bundesanstalt für Flugsicherung (BFS) zur DFS 8
            b) Die Rolle der DFS bei der Aufstellung der Flugrouten 9
            c) Rechtliche Bewertung der Rolle der DSF 10
            d) Exkurs: Die geplante Privatisierung der DFS 12
                (1) Die Single-European-Sky-Verordnungen 12
                (2) Der Entwurf des Gesetzes zur Neuregelung der Flugsicherung (FSG-E) 13
                (3) Rechtliche Bewertung des Entwurfs 16
        2. Beteiligung öffentlicher Stellen 20

  a) Beratender Ausschuss 20
  b) Fluglärmkommission 21
 3. Öffentlichkeitsbeteiligung 22
  a) Beteiligung betroffener Bürger 22
   (1) Die Rechtsprechung 22
   (2) Die Literatur 23
   (3) Stellungnahme 25
   (4) Vorgaben des Völker- und Europarechts 25
  b) Beteiligung von Gemeinden 26
 4. Begründungspflicht 31
 5. Fazit 32
III. Materielle Anforderungen 32
 1. Das Abwägungsgebot 32
  a) Die Sicherheit des Luftverkehrs 33
  b) Der Schutz vor unzumutbarem Fluglärm 35
   (1) § 29b Abs. 2 LuftVG – Optimierungsgebot oder Planungsleitsatz? 35
   (2) Gewichtung der Belange 37
 2. Beachtung von Zielen der Raumordnung 38
 3. Die Bedeutung des § 7 BauGB 41
 4. Fazit 43

C. Rechtsschutz gegen Flugrouten 45

I. Entwicklung 45
 1. Flugrouten als Allgemeinverfügungen? 45
 2. Ablehnung des Rechtsschutzes durch die frühere verwaltungsgerichtliche Rechtsprechung 47
 3. Eröffnung des Verwaltungsrechtsweges durch das Bundesverfassungsgericht 48

II. Sachentscheidungsvoraussetzungen einer Klage 48
 1. Eröffnung des Verwaltungsrechtsweges 49
 2. Statthafte Klageart 49
  a) Anfechtungsklage 49
  b) Normenkontrollverfahren 50
  c) Allgemeine Leistungsklage oder Feststellungsklage 51
   (1) Voraussetzungen der allgemeinen Leistungsklage 51

			(2)	Voraussetzungen der Feststellungsklage 52
		3.	Klagebefugnis 56
			a)	Klagebefugnis natürlicher Personen 57
				(1) § 29b Abs. 2 LuftVG 57
				(2) Das Abwägungsgebot 60
				(a) Das Urteil des BVerwG vom 28.6.2000 60
				(b) Reichweite des Schutznormcharakters der Abwägung 61
				(3) Grundrechte 64
				(a) Art. 14 Abs. 1 S. 1 GG 64
				(b) Art. 2 Abs. 2 S. 1 GG 65
				(4) Zusammenfassung 65
			b)	Klagebefugnis von Gemeinden 66
				(1) Abwägungsgebot 66
				(2) Art. 28 Abs. 2 GG 67
		4.	Zuständiges Verwaltungsgericht 68
			a)	Zuständigkeit bei Flugrouten allgemein 68
			b)	Die Rechtsprechung zu Flugrouten des Flughafens Zürich 69
			c)	Kritische Würdigung 70
			d)	Lösungsansätze 71
		5.	Fazit 73
	III.	Begründetheit der Klage 74
		1.	Der Prüfungsmaßstab der Rechtsprechung 74
			a)	Sachliche Besonderheiten der Abwägungsentscheidung 74
			b)	Folgen für den Prüfungsmaßstab 75
		2.	Änderung der Rechtsprechung? 76
		3.	Kritik am Prüfungsmaßstab des BVerwG 80
			a)	Nur Lärmverteilung durch Flugrouten? 80
			b)	Nur eingeschränkte Überprüfbarkeit der Abwägungsentscheidung? 81
		4.	Fazit 88
D.	Flugrouten und Störfallbetriebe 89
	I.	Hintergrund 89
		1.	Die Ist-Situation am Flughafen Frankfurt/Main 89
		2.	Ausbau des Flughafens Frankfurt/Main 90
	II.	Die europarechtlichen Vorgaben 91
		1.	Die Systematik der Seveso-II-RL 91

	a)	Die Ziele der Seveso-II-RL	91
	b)	Die Gebote des Art. 12 Abs. 1 Seveso-II-RL	92
	(1)	Art. 12 Abs. 1 S. 1 und 2 Seveso-II-RL	93
	(2)	Art. 12 Abs. 1 UAbs. 2 Seveso-II-RL	93

2. Die Anwendbarkeit der Seveso-II-RL auf Flugrouten 95
   - a) Das Umgebungsschutzgebot 95
     - (1) Die Rechtsprechung des HessVGH 96
       - (a) Wortlaut und Systematik der Richtlinie 96
       - (b) Schutzzweck der Richtlinie 97
     - (2) Stellungnahme 100
   - b) Das Berücksichtigungsgebot 102
     - (1) Der Schutzzweck des Berücksichtigungsgebots 102
     - (2) Politik der Flächenausweisung oder Flächennutzung 103
     - (3) Andere einschlägige Politik 104
     - (4) Der Inhalt des Berücksichtigungsgebotes 106
     - (5) Das Verhältnis von innerbetrieblichen Maßnahmen und Abstandsregelungen 109
3. Fazit 111

III. Die Umsetzung in Deutschland 111
   1. Die Anwendung des § 50 BImSchG 112
      - a) Anwendbarkeit des BImSchG 112
      - b) Flugroutenfestlegung als raumbedeutsame Planung oder Maßnahme 113
      - c) Die Berücksichtigung der Unfallvermeidung 113
   2. Ausweisung eines Luftsperrgebietes 114
   3. § 29 Abs. 1 S. 1 LuftVG 115
      - a) Die Rechtsprechung des HessVGH 115
      - b) Bewertung 117
   4. Lösungsansätze 119
      - a) Das Verhältnis von unmittelbarer Anwendbarkeit und richtlinienkonformer Auslegung 119
      - b) Richtlinienkonforme Auslegung 120
   5. Fazit 123

IV. Rechtsschutzfragen 123
   1. Klagebefugnis der betroffenen Anlagenbetreiber 123

      a) Berücksichtigungsgebot 123
      b) Abwägungsgebot 124
    2. Umfang der Begründetheitsprüfung 125
    3. Die Beachtlichkeit von Abwägungsfehlern 126
    4. Die Gewichtung der Belange im Rahmen der Abwägung 129
    5. Fazit 130

E. Anwendbarkeit der SUP-Richtlinie 131
  I. Problemaufriss 131
  II. Der Regelungsgehalt der SUP-Richtlinie 132
    1. Der Begriff der erheblichen Umweltauswirkungen i.S.d. Richtlinie .. 132
    2. Arten der Umweltprüfung 133
      a) Die obligatorische Umweltprüfung nach Art. 3 Abs. 2 lit. a
         SUP-RL 134
      b) Die obligatorische Umweltprüfung nach Art. 3 Abs. 2 lit. b
         SUP-RL 134
      c) Die Umweltprüfung nach Art 3 Abs. 3 und 4 SUP-RL 135
  III. Einschlägigkeit der Richtlinie 135
    1. Pläne und Programme i.S.d. Art. 2 lit. a SUP-RL 135
      a) Der Begriff „Pläne und Programme" 136
      b) Tätigwerden einer Behörde 136
      c) Rechtliche Aufstellungspflicht 138
    2. Sachbereich im Sinne des Art. 3 Abs. 2 lit. a SUP-RL 139
    3. Rahmensetzung im Sinne des Art. 3 Abs. 2 lit. a SUP-RL 140
      a) Genehmigung des Projekts 140
      b) Erfordernis der Rahmensetzung 140
        (1) Pläne und Programme mit rein negativen Inhalten 140
        (2) Projektspezifizierung 141
        (3) Rechtsverbindlichkeit des Rahmens 142
      c) Bestimmung der Projekte 143
        (1) Flughafenbau 143
        (2) Andere Projekte 143
          (a) Projekt des Anh. I UVP-RL 144
          (b) Genehmigung des Projekts 145
            (aa) Voraussetzungen des § 5 Abs. 1 Satz 1 Nr. 1 BImSchG 145
              (a) Schädliche Umwelteinwirkungen 146

(b) Sonstige Gefahren 146
(c) Flugrouten als umgebungsbedingte Gefahrenquelle 146
(bb) Voraussetzungen des § 5 Abs. 1 Satz 1 Nr. 2 BImSchG 151
(c) Rahmensetzende Wirkung 153
4. Fazit 153
IV. Die nationale Umsetzung der SUP-Richtlinie 154
1. Anwendbarkeit des UVPG 154
   a) Obligatorische Umweltprüfung 154
   b) Konditionale Umweltprüfung 155
   c) Umweltprüfung nach § 14b Abs. 2 UVPG 155
2. Lösung des Umsetzungsdefizits 157
   a) Richtlinienkonforme Auslegung des § 14b Abs. 1 Nr. 1 und 2 UVPG 157
   b) Richtlinienkonforme Auslegung des § 14b Abs. 2 UVPG 157
3. Fazit 159
V. Folgen für das Aufstellungsverfahren 160
1. Die Strategische Umweltprüfung 160
   a) Zuständige Behörde 160
   b) Festlegung des Untersuchungsrahmens 160
      (1) Beschränkung auf rahmensetzende Teile oder Überprüfung der gesamten Flugroute? 161
      (2) Die Vermeidung von Doppel- bzw. Mehrfachprüfungen 163
   c) Umweltbericht 163
      (1) Umfang der Alternativenprüfung 164
      (2) Deskriptiver Teil 165
      (3) Bewertender Teil 166
   d) Behördenbeteiligung 166
   e) Öffentlichkeitsbeteiligung 166
   f) Grenzüberschreitende Behörden- und Öffentlichkeitsbeteiligung .. 168
   g) Überprüfungs- und Berücksichtigungspflichten in der Planungsphase 169
   h) Bekanntgabe der Entscheidung über die Annahme des Planes oder Programms 169
   i) Überwachung 170
2. Folgen für das weitere Aufstellungsverfahren 170

VI.	Folgen für den Rechtsschutz		172
	1. Zur Frage der isolierten Anfechtbarkeit der Strategischen Umweltprüfung		172
	2. Rechtsschutz gegen Flugrouten		173
	a)	Entwicklung des Rechtsschutzes im UVP-Verfahren	173
		(1) Die Rechsprechung des Bundesverwaltungsgerichts	174
		(2) Abweichende Gerichtsentscheidungen	175
		(3) Die Literatur	176
		(4) Der EuGH	178
		(5) Reaktionen auf das Urteil des EuGH	179
		(6) Eigene Stellungnahme	181
	b)	Auswirkungen auf den Rechtsschutz in der SUP	182
		(1) Unterschied zwischen UVP-RL und SUP-RL	182
		(2) Übertragbarkeit auf die SUP-RL	183
	c)	Bedeutung für Klagen gegen Flugrouten	185
F.	Zusammenfassung der Ergebnisse in Thesen		187

Abkürzungsverzeichnis

a.A.	andere Ansicht
a.F.	alte Fassung
ABl. EG	Amtsblatt der Europäischen Union
AK	Übereinkommen über den Zugang zu Informationen, die Öffentlichkeitsbeteiligung an Entscheidungsverfahren und den Zugang zu Gerichten in Umweltangelegenheiten, sog. Aarhus-Konvention
BAG	Bundesarbeitsgericht
BauGB	Baugesetzbuch
BauR	Zeitschrift für das gesamte öffentliche und private Baurecht
BayVBl.	Bayerische Verwaltungsblätter
BayVGH	Bayerischer Verwaltungsgerichtshof
BB	Betriebsberater
BBauG	Bundesbaugesetz
BFernStrG	Bundesfernstraßengesetz
BFS	Bundesanstalt für Flugsicherung
BGBl.	Bundesgesetzblatt
BGHZ	Entscheidungen des Bundesgerichtshofs in Zivilsachen (amtliche Sammlung)
BImSchG	Bundes-Immissionsschutzgesetz
BMU	Bundesministerium für Umwelt, Naturschutz und Reaktorsicherheit
BMVS	Bundesministerium für Verkehr, Bau und Stadtentwicklung
BNatSchG	Bundesnaturschutzgesetz
BR-Drs.	Bundesratsdrucksache
BRRG	Gesetz zur Vereinheitlichung des Beamtenrechts (Beamtentrechtsrahmengesetz)
BT-Drs.	Bundestagsdrucksache

BVerfG	Bundesverfassungsgericht
BVerfGE	Entscheidungen des Bundesverfassungsgerichts (amtliche Sammlung)
BVerwG	Bundesverwaltungsgericht
BVerwGE	Entscheidungen des Bundesverwaltungsgerichts (amtliche Sammlung)
DFS	Deutsche Flugsicherung GmbH
DÖV	Die öffentliche Verwaltung
DVBl.	Deutsches Verwaltungsblatt
EG	Europäische Gemeinschaft
EGV	Vertrag zur Gründung der Europäischen Gemeinschaft in der Fassung des Vertrags von Nizza, Inkrafttreten: 1. Februar 2003
EuGH	Europäischer Gerichtshof
EuR	Europarecht (Zeitschrift)
EuZW	Europäische Zeitschrift für Wirtschaftsrecht
FFH-RL	Richtlinie 92/43/EWG zur Erhaltung der natürlichen Lebensräume sowie der wildlebenden Tiere und Pflanzen
FluglärmG	Gesetz zum Schutz gegen Fluglärm
Flugsicherungsdienste-VO	Verordnung 550/2004/EG über die Erbringung von Flugsicherungsdiensten im einheitlichen europäischen Luftraum
FSG-E	Entwurf des Gesetzes zur Neuregelung der Flugsicherung
ft	Fuß (Maßeinheit)
GewArch	Gewerbearchiv
GG	Grundgesetz
GGO	Gemeinsame Geschäftsordnung der Bundesministerien
GMBl.	Gemeinsames Ministerialblatt
HessVGH	Hessischer Verwaltungsgerichtshof
IFR	Instrument Flight Rules

ILS	Instrument Landing System
IVU-Richtline	Richtlinie 96/61/EG über die integrierte Vermeidung der Umweltverschmutzung
JUS	Juristische Schulung
JZ	Juristen Zeitung
LBA	Luftfahrt-Bundesamt
LuftVG	Luftverkehrsgesetz
LuftVO	Luftverkehrs-Ordnung
NdsOVG	Niedersächsisches Oberverwaltungsgericht
NdsVBl.	Niedersächsische Verwaltungsblätter
NfL	Nachriten für Luftfahrzeugführer
NordÖR	Norddeutsche Verwaltungsblätter
NuR	Natur und Recht
NVwZ	Neue Zeitschrift für Verwaltungsrecht
NWVBl.	Nordrhein-westfälische Verwaltungsblätter
NZA	Neue Zeitschrift für Arbeitsrecht
ÖffBauR	Monatisinformation zum Öffentlichen Baurecht
Öffentlichkeitsbeteiligungs-RL	Richtlinie 2003/35/EG über die Beteiligung der Öffentlichkeit bei der Ausarbeitung bestimmter umweltbezogener Pläne und Programme und zur Änderung der Richtlinien 85/337/EWG und 96/61/EG des Rates in Bezug auf die Öffentlichkeitsbeteiligung und den Zugang zu Gerichten
OVG	Oberverwaltungsgericht
OVG NRW	Oberverwaltungsgericht für das Land Nordrhein-Westfalen
OVG RLP	Oberverwaltungsgericht Rheinland-Pfalz
Rahmenverordnung	Verordnung 549/2004/EG zur Festlegung des Rahmens für die Schaffung eines einheitlichen europäischen Luftraums
RGZ	Entscheidungen des Reichsgerichts in Zivilsachen (amtliche Sammlung)
RL	Richtlinie

ROG	Raumordnungsgesetz
Rs.	Rechtssache
SEA	Strategic Environmental Assessment
Seveso-II-RL	Richtlinie 96/82/EG zur Beherrschung der Gefahren bei schweren Unfällen mit gefährlichen Stoffen
StoffR	Stoffrecht
StörfallVwV	Störfallverwaltungsvorschrift
SUP	Strategische Umweltprüfung
SUPG-E	Entwurf des Gesetzes zur Einführung einer Strategischen Umweltprüfung und zur Umsetzung der Richtlinie 2001/42/EG (SUPG)
SUP-RL	Richtlinie 2001/42/EG über die Prüfung der Umweltauswirkungen bestimmter Pläne und Programme
TA Lärm	Sechste Allgemeine Verwaltungsvorschrift zum Bundes-Immissionsschutzgesetz - Technische Anleitung zum Schutz gegen Lärm
UAbs.	Unterabsatz
UPR	Umwelt- und Planungsrecht
URG	Gesetz über ergänzende Vorschriften zu Rechtsbehelfen in Umweltangelegenheiten nach der EG-Richtlinie 2003/35/EG
UVP	Umweltverträglichkeitsprüfung
UVPG	Gesetz über die Umweltverträglichkeitsprüfung
UVP-RL	Richtlinie 85/337/EWG über die Umweltverträglichkeitsprüfung bei bestimmten öffentlichen und privaten Projekten in ihrer jeweils geltenden Fassung nach Änderung durch die Richtlinien 97/11/EG und 2003/35/EG
VBlBW	Baden-Württembergische Verwaltungsblätter
VerwArch	Verwaltungsarchiv
VFR	Visual Flight Rules
VGH	Verwaltungsgerichtshof
VGH BW	Verwaltungsgerichtshof Baden-Württemberg

VVDStRL	Veröffentlichungen der Vereinigung der Deutschen Staatsrechtslehrer
VwGO	Verwaltungsgerichtsordnung
VwVfG	Verwaltungsverfahrensgesetz
WHG	Gesetz zur Ordnung des Wasserhaushalts - Wasserhaushaltsgesetz
WiVerw	Wirtschaft und Verwaltung
ZEuP	Zeitschrift für Europäisches Privatrecht
ZLW	Zeitschrift für Luft- und Weltraumrecht
ZNER	Zeitschrift für Neues Energierecht
ZUR	Zeitschrift für Umweltrecht

Nicht genannte juristische Abkürzungen richten sich nach *Hildebert Kirchner (Begr.)* / *Cornelie Butz*, Abkürzungsverzeichnis der Rechtssprache, 5. Auflage, Berlin 2003.

A. Einleitung

I. Tatsächliche Ausgangslage

Der Luftverkehr ist ein stark wachsender Verkehrssektor. Die Zahl der kontrollierten Flüge in Deutschland hat sich von 1,23 Millionen im Jahr 1987 auf 2,983 Millionen Flüge im Jahr 2006 gesteigert.[1] Insbesondere der Marktanteil von Billigfluggesellschaften (Low-Cost-Carrier) ist in den letzten Jahren erheblich gestiegen.[2] Aufgrund des wachsenden Verkehrsaufkommens werden in Deutschland die Kapazitäten der Flughäfen ausgebaut. So befindet sich am Flughafen Frankfurt/Main eine weitere Landebahn[3] und am Flughafen München eine dritte Bahn in Planung.[4] Weiter fortgeschritten sind die Pläne für den Neubau der Start- und Landebahn Süd des Flughafens Leipzig/Halle[5] und für den Ausbau des Flughafens Berlin-Schönefeld zum Flughafen Berlin-Brandenburg-International (BBI).[6] Zudem sind in den letzten Jahren, insbesondere aufgrund von Konversionsprojekten, mehrere neue Verkehrsflughäfen, wie die Flughäfen Niederrhein in Weeze, Frankfurt-Hahn und der Flughafen Allgäu in Memmingen entstanden. Gleichzeitig ist mit dem wachsenden Luftverkehr auch eine große Zahl von Arbeitsplätzen direkt und indirekt verbunden und eine gut ausgebaute Verkehrsinfrastruktur ist ein wichtiger Standortfaktor.[7] Das steigende Verkehrsaufkommen führt aber auch zu einer steigenden Belastung der Bevölkerung, insbesondere durch zunehmenden Fluglärm. Dies hat zur Folge, dass der

---

[1] Vgl. hierzu Luftverkehr in Deutschland - Mobilitätsbericht 2006, Deutsche Flugsicherung GmbH v. 22.2.2007, abrufbar unter www.dfs.de.

[2] Von 4,7% im Jahr 2001 auf 19,1% im Jahr 2006, vgl. hierzu Luftverkehr in Deutschland (Fn. 1), S. 35.

[3] Vgl. z.B. Frankfurter Rundschau v. 4.3.2006, S. 3.

[4] Vgl. Pressemitteilung der Initiative „Luftverkehr für Deutschland" v. 27.8.2007, abrufbar unter www.initiative-luftverkehr.de, wonach die Flughafen München GmbH bei der Regierung Oberbayern einen Antrag auf Planfeststellung gestellt hat.

[5] Der Planfeststellungsbeschluss ist hierfür bereits am 4.11.2004 ergangen; vgl. dazu BVerwG NVwZ 2007, 445; 446.

[6] Der Planfeststellungsbeschluss ist hierzu am 13.8. 2004 ergangen; vgl. dazu BVerwG NVwZ 2006, Beilage I 8, 1, 2

[7] Vgl. hierzu am Beispiel des Flughafens Frankfurt-Hahn Heuer/Klophaus S. 1 ff.

Widerstand der Anwohner von Flughäfen gegen Kapazitätserweiterungen wächst und die Planungen oftmals gerichtlich angegriffen wurden.[8] Somit befindet sich der Luftverkehr in Deutschland in einem Spannungsverhältnis zwischen wirtschaftspolitischen Erwägungen und dem berechtigten Interesse der Bevölkerung am Schutz vor flugverkehrsbedingten Lärmimmissionen.

II. Rechtliche Grundlagen und Gegenstand der Arbeit

Das deutsche Luftverkehrsrecht unterscheidet zwischen zwei Formen des Fliegens. Das Fliegen nach Sichtflugregeln (Visual Flight Rules - VFR) gem. §§ 28 ff. LuftVO erfolgt nach dem Grundsatz „Sehen und gesehen werden".[9] Bei Flügen nach Instrumentenflugregeln (Instrument Flight Rules - IFR) gem. §§ 36 ff. LuftVO wird die eigene unmittelbare Wahrnehmung des Luftfahrzeugführers grundsätzlich durch die mittelbare Wahrnehmung anhand von Flugüberwachungsgeräten ersetzt.[10] Diese Unterscheidung zwischen VFR- und IFR-Flügen macht eine Strukturierung des Luftraumes erforderlich. Er wird daher in den unkontrollierten Luftraum, der vorzugsweise vom VFR-Verkehr genutzt wird, sowie den kontrollierten Luftraum, der oberhalb von 10000 ft vorzugsweise vom IFR-Verkehr genutzt wird, unterteilt.[11] Bei Flügen innerhalb von Kontrollzonen (§ 10 Abs. 1, Abs. 2 LuftVO i.V.m. Anlage 4 zur LuftVO), für den An- und Abflug von und zu Flughäfen mit Flugverkehrskontrollstelle und für Flüge nach Instrumentenflugregeln (§§ 36-42 LuftVO) hat der Luftfahrzeugführer nach § 27a Abs. 1 LuftVO die vorgeschriebenen Flugverfahren zu befolgen. Flugverfahren stellen durch Rechtssatz festgelegte standardisierte Regelungen für den Ablauf des Luftverkehrs in diesen Bereichen dar. Von den vorgeschriebenen Flugverfahren darf der Luftfahrzeugführer nur abweichen, wenn die Flugverkehrskontrolle in Ausübung der Bewegungslenkung dies anordnet oder eine

---

[8] Vgl. hierzu beispielhaft BVerwGE 56, 110 ff. (Flughafen Frankfurt); BVerwGE 75, 214 ff. (Flughafen München); OVG RLP Beschl. v. 26.1.2006 Az. 8 B 11686/05 zitiert nach juris (Flughafen Frankfurt-Hahn); BVerwG NVwZ 2006, Beilage I 8 (Flughafen Berlin-Brandenburg-International); OVG NRW ZUR 2006, 375 ff. (Flughafen Niederrhein); BVerwG NVwZ 2007, 445 ff. (Flughafen Leipzig/Halle); BayVGH UPR 2006, 399 ff. (Flughafen Allgäu).

[9] Giemulla in Giemulla/Schmid Vor § 28 Rn. 1.

[10] Giemulla in Giemulla/Schmid Vor § 28 Rn. 2.

[11] Giemulla in Giemulla/Schmid Vor § 28 Rn. 4; vgl. zum Aufbau des Luftraums Anl. 4 LuftVO sowie Giemulla in Giemulla/Schmid Vor § 1 LuftVG Rn. 4 ff.

Abweichung auf Anfrage des Flugzeugführers zulässt (§ 26 LuftVO).[12] Flugverfahren nach § 27a LuftVO lassen sich in An- und Abflugverfahren und Luftstraßen (sog. Airways) einteilen. Die An- und Abflugverfahren (sog. An- und Abflugrouten oder Flugrouten) regeln den Flugweg des Luftfahrzeugs bei An- und Abflügen von und zum Flugplatz unter Einschluss der Maßnahmen bei Fehlanflügen und Fehlstarts sowie bei Verzögerung der Landung (sog. Warteverfahren). Festgelegt werden vor allem Peilungen, Kurse sowie Flug- und Mindesthöhen. Derartige Flugverfahren dienen der Verbindung des Flughafens oder Landeplatzes mit dem übergeordneten Luftstraßennetz. An- und Abflugverfahren definieren idealisierte Ein- und Ausfluglinien im Luftraum um einen Flugplatz, weshalb sie auch als Flugrouten bzw. An- und Abflugrouten bezeichnet werden. In der Realität ergeben sich aber vor allem beim Abflugverkehr unvermeidbare Streubreiten, deshalb wird jeder Flugroute ein sog. „Flugerwartungsgebiet zugeordnet. Unterhalb dieser Flugerwartungsgebiete ist mit Sicherheit Fluglärm zu erwarten. Die Flugerwartungsgebiete von Einflugstrecken sind dagegen sehr schmale Bereiche, weil dort der sog. ILS-Leitstrahl die „Flugroute" präzise führt.[13]

Hier wird bereits die rechtliche Relevanz der An- und Abflugrouten deutlich. Da sie im Gegensatz zu Luftstraßen in einer geringen Flughöhe verlaufen müssen, kommt es zu zum Teil starken Lärmimmissionen, denen die Anwohner eines Flugplatzes ausgesetzt werden. Diese werden oftmals als störend, belästigend oder sogar als schädigend empfunden. Deshalb formiert sich vor Ort oftmals heftiger Widerstand gegen diese Art der Lärmimmission, was oftmals auch zu gerichtlichen Auseinandersetzungen führt. Aufgrund des steigenden Luftverkehrsaufkommens und des Flughafenaus- und Neubaus werden die Festlegung neuer und die Änderung bestehender An- und Abflugverfahren notwendig, die in den letzten Jahren mehrmals Gegenstand gerichtlicher Auseinandersetzungen gewesen sind.[14]

---

[12] Hofmann/Grabherr § 27c Rn. 22.

[13] Vgl. hierzu Wysk ZLW 1998,285, 286; Czybulka in Ziekow S. 9, 10.

[14] Vgl. hierzu BayVGH NVwZ 1995, 114 ff. und 117 f.; NdsOVG Beschl. v. 17.03.1995 Az. 12 M 585/95 (nicht veröffentlicht) und Beschl. v. 25.1.1996 Az. 12 M 7755/95 (nicht veröffentlicht); BVerfG NVwZ 1998, 169 ff.; BVerwG UPR 2000, 460 ff.; HessVGH NVwZ 2001, 826 f.; OVG NRW Urt. v. 4.3.2002 Az. 20 D 120/97.AK; 20 D 21/98.AK; 20 D 180/97.AK (nicht veröffentlicht); VGH BW DVBl. 2002, 1129 ff.; VGH BW VBlBW 2003, 193 ff.;

Die vorliegende Arbeit befasst sich daher mit An- und Abflugrouten und ihrem Verhältnis zur Umgebung. Es ist offensichtlich, dass Flugrouten aufgrund der mit ihrer Benutzung verbundenen Geräuschemissionen und Unfallrisiken Einfluss auf die Umgebung haben können. Im Gegensatz zur Planung von Flugplätzen ist die Festlegung von Flugrouten nur rudimentär normiert. Es ist weder ein konkreter Verfahrensablauf vorgeschrieben noch hat der Gesetzgeber deutlich zum Ausdruck gebracht, wie das Interesse an einer gut ausgebauten Verkehrsinfrastruktur und das Interesse am Schutz vor Fluglärm zu einem gerechten Ausgleich gebracht werden können. Es ist nun Aufgabe der juristischen Arbeit zu klären, wie ein Ausgleich zwischen diesen widerstreitenden Interessen hergestellt werden kann. Dabei wird vorausgesetzt, dass sowohl der Schutz vor Fluglärm als auch das Interesse an einer guten Luftverkehrsinfrastruktur wichtige und berechtigte Anliegen sind. Ziel dieser Arbeit ist es, darzustellen, wie dieses Spannungsverhältnis zu einem gerechten Ausgleich zu bringen ist.

III. Gang der Untersuchung

Diese Arbeit wird sich daher zunächst mit dem Verfahren zur Aufstellung von Flugrouten auseinandersetzen (Teil B). Dabei werden neben einfachgesetzlichen Regelungen auch verfassungs-, europa- und völkerrechtliche Vorgaben berücksichtigt. Im Folgenden werden die Rechtsschutzmöglichkeiten betroffener Anwohner erörtert (Teil C).

Die danach folgenden beiden Abschnitte widmen sich besonderen Aspekten bei der Aufstellung von Flugrouten, die so umfänglich sind, dass sie eine Behandlung in einem eigenen Kapitel verdienen. Teil D befasst sich mit dem Verhältnis von Störfallbetrieben und Flugrouten. Hier soll herausgearbeitet werden, ob die Vorgaben der Seveso-II-RL (Richtlinie 96/82/EG)[15] bei der Aufstellung von

---

VGH BW VBlBW 2003, 389 ff.; HessVGH NVwZ 2003, 875 ff.; BVerwG DVBl. 2004, 382 ff.; BVerwG NVwZ 2004, 1228 ff.; HessVGH NVwZ-RR 2005, 805 ff.; VGH BW UPR, 2006, 312 ff; HessVGH Urt. v. 14.3.2006 Az. 12 A 2659/04 (nicht veröffentlicht); HessVGH UPR 2007, 116 ff.

[15] Richtlinie 96/82/EG des Rates zur Beherrschung der Gefahren bei schweren Unfällen mit gefährlichen Stoffen vom 9.12.1996 (ABl. EG Nr. L 10, S. 13), geändert durch die Richtlinie 2003/105/EG des Europäischen Parlaments und des Rates vom 16.12.2003 (ABl. EG Nr. L 345, S. 97). Im Folgenden nur Seveso-II-RL genannt.

Flugrouten zu berücksichtigen sind und welche Rechtsschutzmöglichkeiten den betroffenen Betreibern von Störfallbetrieben offen stehen.

Schließlich soll geklärt werden, ob der Anwendungsbereich der Richtlinie 2001/42/EG[16] auch die Aufstellung von Flugrouten erfasst (Teil E). Hierbei wird auch die Umsetzung dieser Richtlinie in das nationale Recht überprüft. Abschließend wird auch unter Berücksichtigung der Vorgaben der Richtlinie die Frage des Rechtsschutzes zu klären sein.

---

[16] Richtlinie 2001/42/EG des Europäischen Parlaments und des Rates über die Prüfung der Umweltauswirkungen bestimmter Pläne und Programme v. 27.6.2001, ABl. 2001, Nr. L 196, S. 30 ff. Aufgrund der besseren Unterscheidbarkeit wird die Richtlinie im Folgenden SUP-RL genannt und auch nicht der Begriff Plan-UVP sondern Strategische Umweltprüfung verwandt, zu den unterschiedlichen Begrifflichkeiten vgl. Evers. S. 1 f.

B. Aufstellung von Flugrouten

I. Rechtsgrundlage

Rechtsgrundlage für die Aufstellung von Flugrouten ist § 32 Abs. 1 S. 1 Nr. 1, Abs. 3 S. 2, 3 LuftVG i.V.m. § 27a Abs. 2 S. 1 LuftVO. Hierdurch wird das Luftfahrt-Bundesamt (LBA) ermächtigt, Flugrouten durch Rechtsverordnung festzulegen. Diese Weiterübertragung der Ermächtigung (sog. Subdelegation) ist in Art. 80 Abs. 1 S. 4 GG geregelt und hier zulässig, da die Übertragung durch § 32 Abs. 3 S. 3 vorgesehen ist und mit § 27a Abs. 2 S. 1 LuftVO durch Rechtsverordnung erfolgt.[17] Aufgrund dieser Weiterübertragung können auch andere als die in Art. 80 Abs. 1 S. 1 GG genannten Organe (Bundesregierung, ein Bundesminister oder die Landesregierungen) Rechtsverordnungen erlassen.[18] Zudem muss gem. Art. 80 Abs. 1 S. 2 GG die Ermächtigung zum Erlass einer Rechtsverordnung deren Inhalt, Zweck und Ausmaß bestimmen. Daher kann eine Verordnung nur rechtmäßig sein, wenn sie sich innerhalb des durch die Ermächtigung vorgegebenen Rahmens bewegt. Flugrouten werden nach § 32 Abs. 1 S. 1 Nr. 1, Abs. 3 S. 2, 3 LuftVG als „die zur Gewährleistung der Sicherheit des Luftverkehrs notwendigen Einzelheiten" festgelegt,[19] nur insoweit darf die Verordnungsermächtigung nach § 32 Abs. 1 S. 1 Nr.1 LuftVG an das Luftfahrt-Bundesamt delegiert und von diesem in Anspruch genommen werden.[20] Dies ist bei § 27a Abs. 2 LuftVO der Fall, da diese Norm nur die Ermächtigung für Flugverfahren und nicht für andere „notwendige Einzelheiten" an das Luftfahrt-Bundesamt delegiert.[21]

---

[17] Jarass in Jarass/Pieroth Art. 80 Rn. 19.
[18] BVerfGE 38, 139, 147; Jarass in Jarass/Pieroth Art. 80 Rn. 19.
[19] Repkewitz VBlBW 2005, 1, 2.
[20] BVerwG NVwZ 2004, 1229, 1230 f.; abweichend Meister ZLW 2004, 23, 29, der dieses Ergebnis aus dem Wesen der Aufgabe der Flugsicherung und aus § 27c LuftVG herleitet.
[21] Repkewitz VBlBW 2005, 1, 2; VGH BW VBlBW 2003, 389, 391.

II. Verfahren

Das LuftVG und die LuftVO enthalten keine Vorgaben für das Verfahren der Aufstellung von Flugrouten. Da anderweitige Vorschriften nicht ersichtlich sind, ist die Verfahrensgestaltung grundsätzlich in das pflichtgemäße Ermessen des zuständigen Luftfahrt-Bundesamtes gestellt.[22] Im Folgenden wird die Frage erörtert, ob sich, insbesondere aus verfassungs-, völker- und europarechtlichen Gesichtspunkten, weitere Anforderungen an das Aufstellungsverfahren ergeben.

1. Die Beteiligung der Deutschen Flugsicherung GmbH (DFS)

a) Entwicklung von der Bundesanstalt für Flugsicherung (BFS) zur DFS

Bis zum 1.1.1993 war die Bundesanstalt für Flugsicherung (BFS) für die Kontrolle des Luftverkehrs und die Aufstellung von Flugverfahren gem. § 27a Abs. 2 LuftVO a.f.[23] zuständig. Seit Mitte der 80er Jahre setzte sich zunehmend die Auffassung durch, dass die Flugsicherung in ihrer damaligen Organisationsform[24] als nicht rechtsfähige Anstalt des öffentlichen Rechts (Bundesanstalt für Flugsicherung – BFS) den ständig wachsenden Anforderungen des Luftverkehrs in der gebotenen Qualität nicht mehr gerecht werden konnte.[25] Vor allem wurde kritisiert, dass es der Bundesanstalt für Flugsicherung an der erforderlichen Flexibilität für die notwendige Anwerbung, Ausbildung und Vorhaltung von qualifiziertem Personal und für eine bedarfsgerechte Bereitstellung der Infrastruktur fehle, um nicht nur die Sicherheit des Luftverkehrs zu gewährleisten, sondern diesen auch zügig und wirtschaftlich abzuwickeln. Die Bundesregierung entschied sich damals für die Organisationsform einer Gesellschaft mit beschränkter Haftung.[26] Der damalige Bundespräsident Richard von Weizsäcker hatte zunächst die Ausfertigung des Gesetzes mit der Begründung verweigert, dass die geplante Organisationsprivatisierung nicht mit Art. 33 Abs. 4 und Art. 87d Abs.

---

[22] OVG NRW, Urteil v. 4.3.2002, 20 D 120/97, S. 4 (nicht veröffentlicht).

[23] Luftverkehrs-Ordnung i.d.F. der Bekanntmachung v. 14.11.1969, BGBl. I S. 2117.

[24] Geschaffen durch das Gesetz über die Bundesanstalt für Flugsicherung v. 23.3.1953, BGBl. I S. 70.

[25] Zur Entwicklung der Flugsicherung in Deutschland vgl. Wieland DFS-Gutachten S. 12 ff.

[26] Vgl. hierzu insgesamt Entwurf eines Zehnten Gesetzes zur Änderung des Luftverkehrsgesetzes BT-Drs. 11/6261.

1 GG vereinbar sei.[27] Um diese Bedenken auszuräumen, wurde Art. 87d Abs. 1GG durch Satz 2 ergänzt.[28] Art. 87d Abs. 1 GG lautet nun wie folgt: Die Luftverkehrsverwaltung wird in bundeseigener Verwaltung geführt. Über die öffentlich-rechtliche oder privat-rechtliche Organisationsform wird durch Bundesgesetz entschieden.

Mit dem 10. Gesetz zur Änderung des LuftVG[29] wurden die zur Privatisierung maßgeblichen §§ 27c und 27d sowie §§ 31 b und 31d LuftVG eingeführt. Aufgrund der Ermächtigung des § 31b Abs. 1 S. 1 LuftVG ist die Deutsche Flugsicherung GmbH (DFS) durch § 1 Flugsicherungs-Auftrags-Verordnung[30] mit der Wahrnehmung aller in § 27c Abs. 2 LuftVG genannten Aufgaben beauftragt worden. Diese Beauftragung enthält eine nicht näher bezeichnete Beleihung. Die DFS nimmt seit dem 1. 1. 1993 die Flugsicherungsaufgaben wahr.[31]

b) Die Rolle der DFS bei der Aufstellung der Flugrouten

Aufgrund dieser Tätigkeit im Bereich der Flugsicherung fallen der DFS die Probleme bei der Umsetzung von Flugrouten zuerst auf, weshalb die Initiative zur Neugestaltung oder Änderung einer Flugroute in der Regel von der DFS ausgeht. Sie entwickelt hier unter Berücksichtigung flugbetrieblich möglicher Varianten die von ihr notwendig erachteten neuen Flugwege oder Flugverfahren. Diesen Vorschlag einer Flugroutenfestlegung unterbreitet die DFS dem Luftfahrt-Bundesamt, das neben einer Rechtsförmlichkeitsprüfung eine beschränkte inhaltliche Prüfung vornimmt, bevor die Verordnung erlassen und verkündet wird.[32] Das Verfahren ist dabei so ausgestaltet, dass der DFS die gesamte Durchführung, insbesondere die Sachverhaltsermittlung und die Abwägung übertragen

---

[27] Vgl. hierzu Schreiben des Bundespräsidenten an den Bundesratspräsidenten BR-Drs. 37/91.

[28] Gesetz zur Änderung des Grundgesetzes vom 14.7.1992, BGBl. I S. 1254.

[29] V. 23.7.1992, BGBl. I S. 1370, in Kraft getreten am 1.1.1993.

[30] Verordnung zur Beauftragung eines Flugsicherungsunternehmens (Flugsicherungs-Auftrags-Verordnung) v. 11.11.1992, BGBl. I S. 1928.

[31] Hierzu im Ganzen Hofmann/Grabherr § 27c Rn. 1-4; Giemulla in Giemulla/Schmid Vor § 27a LuftVG Rn. 13 ff.

[32] Vgl. hierzu im Ganzen Repkewitz VBlBW 2005, 1, 10; Wysk ZLW 1998, 285, 289.

sind, sodass sie bis zum Vorliegen eines abgewogenen Vorschlags das Verfahren allein in der Hand hat.[33]

c) Rechtliche Bewertung der Rolle der DSF

Nach Ansicht des Bundesverwaltungsgerichts ist die Festlegung von Flugstrecken nicht schon deswegen als willkürlich zu bezeichnen, weil das Luftfahrt-Bundesamt die Abwägungsentscheidung im Wesentlichen der Deutschen Flugsicherung GmbH überlässt. Das gelte jedenfalls dann, wenn das Luftfahrt-Bundesamt für die Entscheidung verantwortlich bleibe, für die Einhaltung der Maßstäbe für die Aufstellung von Flugrouten Sorge trage und die Nachprüfbarkeit ihrer Einhaltung sicherstelle.[34] Der Grund hierfür liegt nach den Ausführungen des OVG NRW darin, dass der notwendige technische und flugbetriebliche Sachverstand vor allem bei der DFS – als Nachfolgerin der Bundesanstalt für Flugsicherung – vorhanden ist.[35]

Der HessVGH führte hierzu weiter aus, dass dieser Aspekt jedoch keine Abweichung von der gesetzlichen Kompetenzordnung rechtfertige. Diesem könne aber im Rahmen der gesetzlichen Kompetenzordnung Rechnung getragen werden. Es sei rechtlich nicht zu beanstanden, wenn die Rechtsverordnungen über die Ausweisung von Flugverfahren weitgehend – bis hin zur Unterschriftsreife – von der DSF vorbereitet werden. Lediglich die abschließende verantwortliche Entscheidung über die Festsetzung der Flugverfahren und die damit verbundene – nachvollziehbare – Entscheidung über die Einhaltung der Anforderungen des Abwägungsgebots müsse dem Luftfahrt-Bundesamt vorbehalten sein.[36]

Der VGH BW hat dagegen in seinem Urteil vom 22.3.2002 die „unterschriftsreife" Vorbereitung einer Flugroutenfestlegung beanstandet. Der DFS dürfe die Abwägung nicht allein überlassen bleiben, vielmehr müsse das Luftfahrt-Bundesamt einen eigenen Beitrag zur Abwägung leisten, um sich nicht dem

---

[33] Repkewitz VBlBW 2005, 1, 10.

[34] BVerwG UPR 2000, 460, 462.

[35] So das OVG NRW, Urteil v. 4.3.2002, Az. 20 D 120/97, S. 4 (nicht veröffentlicht).

[36] HessVGH NVwZ 2003, 875, 879; in einer vorangegangenen Entscheidung des HessVGH v. 12.12.2002, Az. 2 A 717/01 zitiert nach juris Rn. 50 hatte der VGH Zweifel daran geäußert, ob diese Verwaltungspraxis generell einer Prüfung standhalte, dies jedoch nicht weiter ausgeführt.

Vorwurf eines Abwägungsausfalls auszusetzen.[37] In der Revision dieser Entscheidung hatte das BVerwG nicht mehr über diese unterschriftsreife Vorbereitung zu entscheiden, da der Streitgegenstand durch eine Änderung mittlerweile eine andere Verordnung geworden war, die den Anforderungen genügte.[38] Repkewitz sieht in diesem Rückzug des Luftfahrt-Bundesamtes auf eine nachprüfende Funktion Probleme. Der Gesetzgeber habe derartige Übertragungsbefugnisse zumindest im Verfahren zur Aufstellung von Bauleitplänen in § 4b BauGB ausdrücklich – und auf vorbereitende Verfahrensschritte beschränkt – zugelassen. Daraus könne im Gegenschluss entnommen werden, dass eine Übertragung in anderen Fällen ebenfalls einer gesetzlichen Regelung bedürfe.[39] Dies wäre zumindest dann anzunehmen, wenn die DFS nach außen, gegenüber Dritten tätig werde und Verfahrenshandlungen wie etwa Anhörungen vornehme. Diese Verfahrensschritte oblägen der Behörde, die die Verordnung zu erlassen und damit nach außen zu verantworten habe, also dem Luftfahrt-Bundesamt.[40]

Der von Repkewitz aufgeworfene Vergleich mit § 4b BauGB bedarf einer weiteren Betrachtung. Der Gesetzgeber ging nur von einer klarstellenden Funktion der Regelung des § 4b BauGB aus; der Einsatz von sog. Projektmittlern war danach bereits vor Einführung des § 4b BauGB möglich.[41] Vor der Einführung dieser Regelung bestanden jedoch teilweise Zweifel an dem Einsatz von sog. Verfahrensmittlern ohne gesetzliche Normierung,[42] da bereits die Rolle des Konfliktmittlers als Grundrechtsbeauftragten zur Lösung von Konflikten zwischen Grundrechtsinteressen grundrechtsrelevant sei.[43] Grundsätzlich ist wohl die Beteiligung von Privaten am Aufstellungsverfahren – auch ohne gesetzliche Regelung – zulässig. Hier ergibt sich jedoch die Besonderheit daraus, dass die DFS

---

[37] VGH BW DVBl. 2002, 1129, 1134 f.

[38] BVerwG DVBl. 2003, 382, 387.

[39] Schulze-Fielitz in Hofman-Riem/Schmidt-Aßmann, Konfliktbewältigung durch Verhandlung Bd. 2 S. 55, 65.

[40] Repkewitz VBlBW 2005, 1, 10.

[41] Vgl. Begründung des Gesetzentwurfs BT-Drs. 13/6392, S. 47; zustimmend Battis/Krautzberger/Löhr § 4b Rn. 1 m.w.N.

[42] Vgl. Hierzu Battis/Krautzberger/Löhr § 4b Rn. 1; Schulze-Fielitz in Hofman-Riem/Schmidt-Aßmann Konfliktbewältigung durch Verhandlung Bd. 2 S. 55, 65.

[43] Schulze-Fielitz in Hofman-Riem/Schmidt-Aßmann Konfliktbewältigung durch Verhandlung Bd. 2 S. 55, 65.

dem Luftfahrt-Bundesamt einen abgeschlossenen Vorschlag unterbreitet, der durch das Luftfahrt-Bundesamt überprüft wird. Problematisch erscheint dabei die Tätigkeit der DFS im Aufstellungsverfahren vor allem im Falle des Tätigwerdens gegenüber Dritten. Soweit Verfahrenshandlungen gegenüber Außenstehenden vorgenommen werden, wie die Durchführung einer Öffentlichkeitsbeteiligung, ist wohl eine gesetzliche Ermächtigung erforderlich.[44]

d) Exkurs: Die geplante Privatisierung der DFS

(1) Die Single-European-Sky-Verordnungen

Nach langwierigem Ringen wurde mit den so genannten Single-European-Sky-Verordnungen (SES-Verordnungen)[45] der Grundstein für eine Neuordnung der Luftraum- und Flugsicherungsstruktur in der Europäischen Union gelegt.[46] Ziel dieses Verordnungspakets ist gem. Art. 1 Abs. 1 Rahmenverordnung die Schaffung eines einheitlichen europäischen Luftraums. Art. 4 Abs. 1 Rahmenverordnung sieht die Schaffung einer oder mehrerer Stellen als nationale Aufsichtsbehörde vor, die gem. Art. 4 S. 2 Rahmenverordnung von den Flugsicherungsorganisationen strukturell und funktional[47] getrennt ist, um ihre Unabhängigkeit zu gewährleisten. Zu ihren Aufgaben gehört auch die Zertifizierung von Flugsicherungsorganisationen nach Art. 7 Flugsicherungsdienste-VO. Nach Art. 7 Abs. 4 S. 3 Flugsicherungsdienste-Verordnung, müssen die Bedingungen sachlich gerechtfertigt, diskriminierungsfrei, verhältnismäßig und transparent sein. Somit

---

[44] Als Verfahrenshandlungen gegenüber Dritten kommt die Durchführung einer Öffentlichkeitsbeteiligung im Rahmen des SUP-Verfahrens in Betracht, vgl. hierzu Gliederungsabschnitt E.V.1.e).

[45] Verordnung (EG) Nr. 549/2004 des Europäischen Parlaments und des Rates vom 10. März 2004 zur Festlegung des Rahmens für die Schaffung eines einheitlichen europäischen Luftraums (Rahmenverordnung), ABl. EG L 96 vom 31.3.2004, S. 1; Verordnung (EG) Nr. 550/2004 des Europäischen Parlaments und des Rates vom 10. März 2004 über die Erbringung von Flugsicherungsdiensten im einheitlichen europäischen Luftraum (Flugsicherungsdienste-Verordnung), ABl. EG L 96 vom 31.3.2004, S. 10; Verordnung (EG) Nr. 551/2004 des Europäischen Parlaments und des Rates vom 10. März 2004 über die Ordnung und Nutzung des Luftraums im einheitlichen europäischen Luftraum (Luftraum-Verordnung), ABl. EG L 96 vom 31.3.2004, S. 20; Verordnung (EG) Nr. 552/2004 des Europäischen Parlaments und des Rates vom 10. März 2004 über die Interoperabilität des europäischen Flugverkehrsmanagementnetzes (Interoperabilitäts-Verordnung), ABl. EG L 96 vom 31.3.2004, S. 26.

[46] Zu den Inhalten im Einzelnen vgl. Scherer EuZW 2005, 286 ff.; Baumann DVBl. 2006, 332, 333.

[47] Vgl. hierzu Erwägungsgrund 10 der Rahmenverordnung.

können in den Mitgliedstaaten mehr als eine Flugsicherungsorganisation zertifiziert werden, sodass ein Wettbewerb zwischen diesen Organisationen stattfinden kann, eine Verpflichtung hierzu besteht jedoch nicht.[48] Die Flugsicherungsdienste-VO gibt auch keine bestimmte privatrechtliche oder öffentlichrechtliche Ausgestaltung der Flugsicherungsorganisationen vor.[49] Mitgliedstaaten können die Aufgaben der Flugsicherungsdienste für einen funktionalen Luftraumblock[50] exklusiv einer Flugsicherungsorganisation zuweisen, sodass Flugsicherungsdienste weiterhin als Monopol ausgestaltet werden können.[51]

(2) Der Entwurf des Gesetzes zur Neuregelung der Flugsicherung (FSG-E)

Am 17.6.2004 fasste der Bundestag einen Beschluss zur Veräußerung der DFS in Höhe eines Anteils von 74,9%.[52] Das Bundeskabinett beschloss am 15.12.2004 Eckpunkte für eine weitgehende Aufgabenprivatisierung der DFS.[53] Aufgrund der Neuwahlen für den 16. Deutschen Bundestag am 18.9.2005 konnte dieses Projekt in der 15. Legislaturperiode jedoch nicht mehr abgeschlossen werden. Ende 2005 wurde von der Bundesregierung ein Gesetzentwurf zur Neuregelung der Flugsicherung vorgelegt.[54] Dieser enthielt neben anderer Änderung in erster Linie die Einführung des Flugsicherungsgesetzes (FSG). Der FSG-E sah die Einrichtung des Bundesaufsichtsamtes für Flugsicherung vor (§ 2 FSG-

---

[48] So auch die Auslegung der Bundesregierung in ihrem Gesetzentwurf zur Neuregelung der Flugsicherung BT-Drs. 16/240, S. 2, die davon ausgeht, dass die SES-Verordnungen nicht zur Eröffnung des Wettbewerbs von Flugsicherungsdiensten verpflichten, hierzu aber die Möglichkeit bieten; ebenso Sechzehntes Hauptgutachten der Monopolkommission 2004/2005 BT-Drs. 16/2460, S. 77; Baumann DVBl. 2006, 332, 333 geht davon aus, dass sich aus Art. 7 Abs. 4 S. 3 Flugsicherungsdienste-VO auch ohne ausdrückliche normative Aussage unschwer entnehmen lasse, dass die Flugsicherungsorganisationen untereinander im Wettbewerb stehen sollen oder zumindest dürfen.

[49] So Kom (2003); 514 endg. S. 4; vgl. hierzu auch Wieland-Gutachten S. 14 f.; Giemulla DVBl. 2007, 719, 725.

[50] Nach Art. 5 Abs. 1 Luftraum-Verordnung wird der obere Luftraum in funktionale Luftraumblöcke umstrukturiert. Die Festlegung erfolgt gem. Art. 5 Abs. 4 S. 1 Luftraum-Verordnung im gegenseitigen Einvernehmen aller Mitgliedstaaten, die für einen Teil des Luftraums innerhalb des Blocks zuständig sind oder durch Erklärung eines Mitgliedstaates, falls der im Block enthaltene Luftraum vollständig in seine Zuständigkeit fällt.

[51] So Kom (2003); 514 endg., S. 4; vgl. hierzu auch Wieland-Gutachten S. 15.

[52] Vgl. hierzu BT-Drs. 15/4829, S. 1; BT-Drs. 15/5342, S. 1; BT-Drs. 15/5519, S. 1.

[53] FAZ v. 21.12.2004, S. 11; vgl. auch Scherer EuZW 2005, 268, 271.

[54] BT-Drs. 16/240.

E), um der Vorgabe der Rahmenrichtlinie Rechnung zu tragen, die eine strukturelle und funktionale Trennung von Flugsicherungsorganisationen und der nationalen Aufsichtbehörde verlangt.[55] Das Bundesaufsichtsamt für Flugsicherung sollte gem. § 12 Abs. 1 Nr. 5 i.V.m. § 12 Abs. 3 S. 2 FSG-E ermächtigt werden, Flugverfahren als Rechtsverordnungen zu erlassen.[56] Flugsicherungsorganisationen sollen nach § 3 FSG-E, wie bereits bisher die DFS, durch Beleihung durch das Bundesaufsichtsamt für Flugsicherung mit den Aufgaben der Flugsicherung betraut werden. Bei der Wahrnehmung dieser Aufgaben übt das Bundesamt für Flugsicherung die Fach- und Rechtsaufsicht gem. § 3 Abs. 3 S. 1 FSG-E aus. Neben Berichtspflichten (§ 3 Abs. 3 S. 2 FSG-E) und Weisungsrechten (§ 3 Abs. 3 S. 3 FSG-E) besitzt die Aufsichtsbehörde auch das Recht zur Selbstvornahme (§ 3 Abs. 3 S. 4 FSG-E). Zudem kann das Bundesamt unter bestimmten Voraussetzungen gem. § 5 Abs. 2 S. 1 FSG-E die Abberufung der zur Geschäftsführung berechtigten Personen verlangen. [57] Weiterhin sah der Gesetzentwurf vor, dass für einen Übergangszeitraum von 20 Jahren die Streckenkontrolle und für einen Zeitraum von 16 Jahren bestimmte Flugverkehrsdienste einer beliehenen Flugsicherungsorganisation vorbehalten sein sollen, an der der Bund nur noch eine Beteiligung von mindestens 25,1% der Geschäftsanteile halten muss (§ 16 Abs. 3 FSG-E).[58] Damit sollte der Verkauf von 74,9 % der Geschäftsanteile der DFS durch den Bund an private Investoren möglich werden. Mit dem verbleibenden Geschäftsanteil des Bundes von 25,1% soll der Bundeseinfluss gesichert werden, hierzu gehört unter anderem, dass eine nach dem Gesellschaftsrecht mögliche Änderung des Gesellschaftszwecks einer privatisierten DFS verhindert werden kann. Nach dem Ablauf dieser Übergansfrist besteht im Flugsicherungsgesetz keine Vorkehrung für eine obligatorische Bundesbeteiligung an der DFS-GmbH,[59] sodass danach eine Veräußerung der restlichen Bun-

---

[55] BT-Drs. 16/240, S. 2.

[56] Diese Ermächtigung wurde im Laufe des parlamentarischen Verfahrens eingefügt, vgl. hierzu BT-Drs. 16/1161, S. 6.

[57] Vgl. hierzu auch BT-Drs. 16/240, S. 19.

[58] Vgl. BR-Drs. 274/06, S. 6.

[59] Schoch Die Verwaltung 2006, Beiheft 6, S. 65; mit Verweis auf BT-Drs. 16/1161, S. 26 f., wonach es einer ausdrücklichen gesetzlichen Regelung und Klarstellung bedürfe, dass die in § 16 Abs. 3 FSG-E eingeräumten Exklusivrechte nur einer Gesellschaft gewährt werden, an der der Bund noch mindestens 25,1 % der Geschäftsanteile besitze, um auszuschließen, dass durch bloße Änderung der Absicht der Bundesregierung das gesellschaftsrechtlich begründete

desanteile möglich wäre. Weiterhin sah der Entwurf vor, dass eine Verlagerung der Hauptbetriebsstätte der GmbH ins Ausland für 20 Jahre ausgeschlossen sein solle (§ 16 Abs. 6 S. 1 FSG-E).[60]

Nachdem der Bundestag[61] dem Gesetzentwurf zugestimmt hatte und der Bundesrat keinen Antrag auf Einberufung des Vermittlungsausschusses nach Art. 77 Abs. 2 GG gestellt hatte,[62] verweigerte Bundespräsident Horst Köhler am 23.10.2006 die Ausfertigung des Gesetzes.[63] Er begründete dies damit, dass die durch das Gesetz vorgesehene Kapitalprivatisierung der Deutsche Flugsicherung GmbH (DFS) mit Artikel 87d Abs. 1 GG nicht vereinbar sei. Nach Art. 87 Abs. 1 S. 1 GG sei die Luftverkehrsverwaltung in bundeseigener Verwaltung zu führen, wobei über die öffentlich-rechtliche oder privat-rechtliche Form durch eine bundesgesetzliche Regelung entschieden werden könne. Dabei sei aber die privatrechtliche Organisationsform nur möglich, wenn diese in der Sache als „bundeseigen" qualifiziert werden könne. Daher erlaube § 87d Abs. 1 S. 2 GG nach strikter Orientierung an Wortlaut und Entstehungsgeschichte lediglich eine Organisationsprivatisierung.[64]

Selbst wenn eine Kapitalprivatisierung möglich wäre, werde der Gesetzentwurf der Gewährleistungsverantwortung, die der Staat für die hoheitliche Aufgabe Flugsicherung trage, nicht gerecht und sei daher verfassungswidrig. Die öffentlich-rechtlichen Ingerenzbefugnisse seien zwar geeignet, den „von außen" gegenüber der Flugsicherungsorganisation geltend zu machenden Bundeseinfluss sicherzustellen, allerdings könnten sie die verfassungsrechtlich gebotene Steuerung und Kontrolle nicht auf Dauer gewährleisten, da § 16 Abs. 6 S.1 FSG-E nach Ablauf von 20 Jahren eine Verlagerung der Hauptbetriebsstätte ins Ausland zulasse, was die Aufsicht über die Tätigkeit der Flugsicherungsorganisation

---

Kontrollinstrumentarium für den Bund durch eine vollständige Kapitalprivatisierung vor Ablauf des Übergangszeitraums bei der DFS entfalle.

[60] BT-Drs. 16/240, S. 19.

[61] Plenarprotokoll der 33. Sitzung (16. Wahlperiode) des Deutschen Bundestages, S. 2781 ff.

[62] Plenarprotokoll der 822. Sitzung des Bundesrates, S. 139.

[63] Vgl. hierzu und im Folgenden Unterrichtung durch den Bundespräsidenten BT-Drs. 16/3262; vgl. weiterführend zur Entstehungsgeschichte des Art. 87d Abs. 1 S. 2 GG und zur Verweigerung der Ausfertigung des Zehnten Gesetzes zur Änderung des Luftverkehrsgesetzes Gliederungsabschnitt B.II.1.a).

[64] BT-Drs. 16/3262, S. 1.

praktisch ausschließe. Außerdem hänge die Wirksamkeit der öffentlichrechtlichen Ingerenzbefugnisse entscheidend davon ab, dass ihnen keine gesellschaftsrechtlichen Hindernisse entgegenstünden. Dies wäre allenfalls bei einer Mehrheitsbeteiligung des Bundes der Fall. Die geplante Sperrminorität von 25,1 % ermögliche allenfalls eine Vetoposition, die die verfassungsrechtlich notwendige Einflussnahme auf die operative Geschäftsführung jedoch nicht ermögliche. Zudem sehe § 16 Abs. 3 S. 1 FSG-E vor, dass nach 16-20 Jahren die DFS vollständig privatisiert werden könne und der Bund damit jeden gesellschaftsrechtlichen Einfluss verliere.[65]

Aus diesen Gründen ging der Bundespräsident davon aus, dass das Gesetz den Mindestanforderungen des Art. 87d Abs. 1 GG nicht standhalte und dies zu einer evidenten Verfassungswidrigkeit führe. Daher verweigerte der Bundespräsident die Ausfertigung des Gesetzes gem. Art. 82 Abs. 1 S. 1 GG.

(3) Rechtliche Bewertung des Entwurfs

Die bisherigen Literaturstimmen sind uneins darüber, ob und unter welchen Voraussetzungen eine Privatisierung der DFS möglich ist. Nach ganz überwiegender Auffassung wird dabei die Flugsicherung als Teil der Luftverkehrsverwaltung angesehen.[66] Ausgangspunkt der verschiedenen Ansichten zur Zulässigkeit der Privatisierung ist die unterschiedliche Interpretation des Art. 87d Abs. 1 S. 2 GG. Danach wird die Luftverkehrsverwaltung in bundeseigener Verwaltung geführt, wobei strittig ist, was dabei unter „bundeseigene Verwaltung" zu verstehen ist. Zum Teil wird dieser Begriff als sehr weit gefasst verstanden,[67] bzw. als reine Kompetenznorm, sodass bundeseigene Verwaltung mit Bundesverwaltung gleichzusetzen sei.[68] Daraus folgern Literaturstimmen, dass das vorgesehene Aufsichts- und Kontrollnetz so weit reichend sei, dass der Steuerungsverlust durch die Einbuße an Gesellschaftsrechten des Bundes in Folge der Kapitalpri-

---

[65] BT-Drs. 16/3262, S. 2.

[66] Vgl. BVerfGE 58, 1, 31; BGHZ 69, 129, 131; Henneke/Ruge in Schmidt-Bleibtreu/Klein Art. 87d Rn. 1; Schwenk/Giemulla Hdb. LuftverkehrsR S. 72; Giemulla in Giemulla/Schmid § 31b Rn. 2; Wieland-Gutachten S. 27; a.A. Graumann ZLW 1990, 247, 255.

[67] Horn in Mangold/Klein/Starck § 87d Rn. 11; Pabst/Schwartmann DÖV 1998, 315; 317.

[68] Giemulla/Wenzler DVBl. 1989, 283, 284; Lerche in FS-Klein S. 527, 538; Uerpmann in v. Muench/Kunig Art. 87d Rn. 8; Droege DÖV 2006, 861, 865; vgl. zur Darstellung auch Tams NVwZ 2006, 1226, 1228; Giemulla DVBl. 2007, 719, 723.

vatisierung hinreichend kompensiert werde,[69] sodass die verfassungsrechtlichen Vorgaben einer Kapitalprivatisierung in dieser Form nicht entgegenstünden. Andere sehen dies dagegen kritisch und bemängeln insbesondere die in § 16 Abs. 3 FSG-E vorgesehene Befristung der Bundesbeteiligung, da der gesellschaftsrechtliche Einfluss des Bundes auf die DFS nach Ablauf dieser Frist nicht mehr sichergestellt sei.[70] Zudem stelle die nur befristete Verpflichtung der DFS-GmbH, neben ihrem eingetragenen Sitz auch ihre Hauptbetriebsstätte im Inland aufrechtzuerhalten (§ 16 Abs. 6 FSG-E), eine effektive Aufsicht des Bundes nach Ablauf dieser Frist nicht mehr sicher, obwohl dies verfassungsrechtlich unabdingbar sei.[71]

Teilweise wird vertreten, dass die Beleihung „echter" Privater nicht mehr von Art. 87d Abs. 1 S. 2 GG gedeckt sei, da es sich hierbei nicht mehr um „bundeseigene Verwaltung" handele, als solche könnten lediglich formell privatisierte Einrichtungen qualifiziert werden.[72] Als Argument hierfür wird der Wortlaut des Art. 87d Abs. 1 S. 1 GG angeführt, da sich die Aufgabenwahrnehmung durch eine im privaten Eigentum stehende Einrichtung wohl nicht als „bundeseigen" qualifizieren lasse, ihr Eigentum sei vielmehr „bundesfremd".[73] Zudem spreche auch die Systematik des Grundgesetzes für eine solche einschränkende Auslegung. Denn es sei kein Grund ersichtlich, warum der Begriff der „bundeseigenen Verwaltung" in Art. 86 GG anders als in Art. 87d GG auszulegen sei.[74] Au-

---

[69] Droege DÖV 2006, 861, 867.

[70] Schoch Die Verwaltung 2006, Beiheft 6, S. 64 f.

[71] Schoch Die Verwaltung 2006, Beiheft 6, S. 55 f.; dieses Problem hat auch der 15. BT-Ausschuss erkannt und in BT-Drs. 16/1161, S. 27 festgestellt, dass in einem solchem Fall die Bundesaufsicht über die Tätigkeit der Flugsicherungsorganisation ohne entsprechende Vorkehrungen und Maßnahmen erheblich erschwert, wenn nicht sogar ausgeschlossen werde und die Anwendung der im Gesetz für den Bund vorgesehenen Ingerenzrechte stark beeinträchtige.

[72] Wieland-Gutachten S. 30 ff.; Baumann DVBl. 2006, 332, 335 f; Tams NVwZ 2006, 1226, 1228; Kirchhoff/Boewe ZLW 2007, 17, 30; Pabst/Schwartmann DÖV 1998, 315, 323 halten bereits die Ausgestaltung Organisationsprivatisierung für unvereinbar mit Art. 87d GG. Insoweit dagegen offengelassen Schoch Die Verwaltung 2006, Beiheft 6, S. 46, der davon ausgeht, dass das Gesetzesvorhaben aufgrund der fehlenden Einflussmöglichkeiten des Bundes auf das Unternehmen verfassungswidrig sei.

[73] Baumann ZLW 2001 304, 309 f.; Tams NVwZ 2006, 1226, 1228.

[74] Wieland-Gutachten S. 33; Problematisch ist jedoch, ob bei dieser Argumentation die Wahrnehmung dieser Aufgaben durch eine vollständig vom Bund kontrollierte Gesellschaft wie die

ßerdem werden in Art. 87e GG und 87f GG, wo eine Kapitalprivatisierung zulässig sei, andere Formulierungen verwendet. So werden Eisenbahnen des Bundes als Wirtschaftsunternehmen in privatwirtschaftlicher Form geführt (Art. 87e Abs. 3 S. 1 GG) und Dienstleistungen im Bereich des Postwesens und der Telekommunikation werden als privatwirtschaftliche Tätigkeiten durch die aus dem Sondervermögen Deutsche Bundespost hervorgegangenen Unternehmen und durch andere private Anbieter erbracht (Art. 87f Abs. 2 S. 1 GG).[75]

Zudem seien die vorgesehenen Aufsichts- und Kontrollbefugnisse nicht ausreichend, um den verfassungsrechtlichen Anforderungen zu genügen. Aus dem Demokratieprinzip aus Art. 20 Abs. 1 und 2 GG sowie der verfassungsrechtlichen Ordnung der Verwaltungskompetenzen in Art. 83 ff. GG ergebe sich, dass die fortbestehende „Aufgabenverantwortung" des Staates besondere Einwirkungs- und Kontrollpflichten auf das an seiner statt handelnde Privatrechtssubjekt implizieren müsse.[76] Das „Muttergemeinwesen" habe die Vollzugstätigkeit der in die Aufgabenwahrnehmung eingeschalteten Privaten zu kontrollieren und ggf. zu beeinflussen, damit die Letztentscheidung eines dem Parlament verantwortlichen Staatsfunktionärs gesichert sei und auf diese Weise die Recht- und Zweckmäßigkeit des „privaten" Verwaltungshandelns garantiert werden könne.[77] Im Falle der bundeseigenen Verwaltung gelten zudem weitere Anforderungen an die Einschaltung Privater, da die für die bundeseigene Verwaltung charakteristische „innere" Beherrschung der Verwaltungsträger durch den Bund mehr als nur die Verantwortung der demokratisch legitimierten Staatsorgane für die Sicherstellung der rechtsstaatlichen Bindungen sowie der Zweckmäßigkeit des Verwaltungshandelns beinhalte. Vielmehr bedürfe es darüber hinaus auch innerhalb des relativ weiten Rahmens recht- und zweckmäßigen Gesetzesvollzugs der

---

DFS als bundeseigene Verwaltung zu qualifizieren ist, vgl. hierzu Windthorst in Sachs Art. 87d Rn. 30 ff.

[75] So auch Wieland-Gutachten S. 33.

[76] Baumann DÖV 2003, 790, 792 f.

[77] Baumann DVBl. 2006, 332, 337; Pabst/Schwartmann DÖV 1998, 315, 317; in diesem Sinne auch BVerwG Urt. v. 19.3.1976 Az. VII C 67.72 zitiert nach juris Rn. 94, wonach die Übertragung von Teilaufgaben an Private, die innerhalb der bundeseigenen Verwaltung nach Art. 87 Abs. 1 S. 1 zu erfüllen seien, dann zulässig sei, wenn diese – im Gegensatz zu anderen Formen mittelbarer Verwaltung – in den Unterbau dieser Verwaltung integriert und durch Unterstellung unter die Fachaufsicht zum Bestandteil dieses Unterbaus der bundeseigenen Verwaltung gemacht würden; vgl. auch Ehlers Verwaltung in Privatrechtsform S. 119 f.

jederzeitigen Durchsetzbarkeit des Bundeswillens, sodass sich die Bundeseigenverwaltung als Verwaltung mit originär bundeseigener Willensbildung kennzeichne. Da Beliehene die ihnen übertragenen hoheitlichen Kompetenzen im eigenen Namen als eigene Angelegenheiten ausübten und sie als eigenständiger Träger staatlicher Verwaltung dem Staat nur an-, aber nicht in denselben eingegliedert seien, folge aus dieser Selbstständigkeit des Beliehenen, dass ihr Verhalten nur „von außen her" mit den Mitteln der Rechts- und Fachaufsicht von der beleihenden Körperschaft beeinflusst werden könne, wenn nicht – bei juristischen Personen des privaten Rechts – kraft Anteilsmehrheit der die Beleihung vornehmenden Körperschaft der Einfluss des Staates in den maßgeblichen Organen der privatrechtlich organisierten Verwaltungseinheit und damit deren „innere Beherrschung" sichergestellt sei. Derartige Einflussmöglichkeiten gingen dem Bund jedoch verloren, wenn er an der DFS lediglich eine Sperrminorität von 25,1 % halte und an den übrigen zertifizierten Flugsicherungsanbietern voraussichtlich überhaupt nicht beteiligt sein werde. Daher sei die geplante Kapitalprivatisierung auch aufgrund der unzureichenden Ingerenzrechte mit den verfassungsrechtlichen Vorgaben nicht vereinbar.[78]

Dieser Ansicht ist zuzustimmen. Hierfür spricht auch die Entstehungsgeschichte des Art. 87d Abs. 1 S. 2 GG. Der verfassungsändernde Gesetzgeber ging davon aus, dass durch Anfügung des neuen Satz 2 in Art. 87d Abs. 1 GG die Form der bundeseigenen Verwaltung beibehalten wird. Ziel war nur die Schaffung der Möglichkeit, durch Bundesgesetz eine andere Organisationsform der Flugsicherung zu wählen.[79] Daher soll nach dem Willen des verfassungsändernden Gesetzgebers nur eine Organisationsprivatisierung, nicht jedoch die materielle Überführung der sonderpolizeilichen Aufgabe der Flugsicherung in private Hände ermöglicht werden.[80] Dies machte der Gesetzgeber auch in der nachfolgenden Änderung des § 31b Abs. 1 S. 1 LuftVG deutlich, wonach die Aufgaben der Flugsicherung einer privaten Gesellschaft übertragen werden können, deren Anteile ausschließlich vom Bund gehalten werden. In der Gesetzesbegründung heißt es, dass wegen der Beschränkung in Art. 87d Abs. 1 GG (bundeseigene

---

[78] Vgl. hierzu im Ganzen Baumann DVBl. 2006, 332, 337.
[79] BT-Drs. 12/1800, S. 3.
[80] Wieland-Gutachten S. 34 f.

Verwaltung) der Bund Alleingesellschafter der GmbH ist,[81] sodass der Gesetzgeber selbst davon ausging, dass die notwendigen Ingerenzbefugnisse nur durch eine „innere Beherrschung" Kraft Anteilsmehrheit sichergestellt sei.[82] Daher handelt es sich in dem Fall, in dem die Flugsicherung durch eine kapitalprivatisierte DFS wahrgenommen wird, nicht mehr um bundeseigene Verwaltung i.S.d. Art. 87d Abs. 1 GG, sodass die geplante Privatisierung nicht mit der geltenden Fassung des Art. 87 Abs. 1 GG vereinbar ist. Sofern eine Kapitalprivatisierung der DFS weiter angestrebt wird, ist hierfür eine Änderung des Grundgesetzes erforderlich,[83] aufgrund europarechtlicher Vorgaben ist eine Privatisierung der DFS dagegen nicht erforderlich. Es muss jedoch für eine strukturelle und funktionale Trennung der Flugsicherungsorganisation(en) und der nationalen Aufsichtsbehörde(n) in Deutschland gesorgt werden, wie es Art. 4 S. 2 Rahmenverordnung verlangt.

2. Beteiligung öffentlicher Stellen

a) Beratender Ausschuss

Im Bereich der Flugroutenaufstellung ist auch keine Behördenbeteiligung oder eine Beteiligung der Träger öffentlicher Belange gesetzlich vorgeschrieben. § 32a Abs. 1 LuftVG schreibt die Bildung eines repräsentativ zusammengesetzten beratenden Ausschusses beim Bundesministerium für Umwelt, Naturschutz und Reaktorsicherheit (BMU) und dem Bundesministerium für Verkehr, Bau- und Stadtentwicklung (BMVBS) vor.[84] Dieser ist vor Festsetzung der Flugrouten gem. § 32a Abs. 1 S. 1 LuftVG zum Schutz vor Fluglärm und zum Schutz gegen Luftverunreinigungen zu hören und er kann hierzu gem. § 32 Abs. 1 S. 2 LuftVG Empfehlungen aussprechen. Halten die zuständigen Ministerien (BMU und BMVBS) diese Empfehlungen für nicht geeignet oder nicht durchführbar, so ist dem Ausschuss dies unter Angabe der Gründe mitzuteilen. Aufgrund der Tatsache, dass die Mitglieder des Ausschusses die besonderen örtlichen Ver-

---

[81] BT-Drs. 12/1801, S. 19, vgl. hierzu Wieland-Gutachten S. 35.
[82] So auch Baumann DVBl. 2006, 332, 337.
[83] Zur möglichen Änderung des Art. 87d GG vgl. Wieland DFS-Gutachten S. 103 f., Giemulla DVBl. 2007, 719, 726; Windthorst in Sachs Art. 87d Rn. 33.
[84] Bzgl. Zusammensetzung vgl. § 32a Abs. 1 S. 3 LuftVG.

hältnisse in der Umgebung des betreffenden Flughafen meist nicht kennen und die Rechte des Ausschusses auf ein bloßes Vorschlagsrecht beschränkt sind, ist seine tatsächliche Bedeutung für das Planungsverfahren von Flugrouten wohl gering, sodass sich deshalb die Vorschläge nur auf allgemeine Hinweise und Empfehlungen beschränken können.[85]

b) Fluglärmkommission

Für jeden Flughafen, für den ein Lärmschutzbereich gem. § 4 Abs. 1 i.V.m. § 2 FluglärmG festzusetzen ist oder dies gem. § 32b Abs. 7 LuftVG angeordnet wurde, wird gem. § 32b Abs. 1 LuftVG eine Fluglärmkommission gebildet.[86] Diese berät die Genehmigungsbehörde sowie die für die Flugsicherung zuständige Stelle – also die DFS – über Maßnahmen zum Schutz gegen Fluglärm und gegen Luftverunreinigungen durch Luftfahrzeuge. Sie besitzt das Recht, der Genehmigungsbehörde sowie der für die Flugsicherung zuständigen Stelle Maßnahmen zum Schutz der Bevölkerung gegen Fluglärm oder zur Verringerung der Luftverunreinigung durch Luftfahrzeuge in der Umgebung des Flugplatzes vorzuschlagen (gem. § 32b Abs. 3 S. 1 LuftVG). Halten das Luftfahrt-Bundesamt oder die DFS die vorgeschlagenen Maßnahmen für nicht geeignet oder für nicht durchführbar, so teilen sie dies der Kommission unter Angabe der Gründe mit (§ 32 Abs. 3 S. 2 LuftVG). Die Kommission vertritt damit öffentliche und nicht eigene oder private Belange und kann somit als ein Träger öffentlicher Belange nach der für das Baurecht geltenden Definition und somit als öffentliche Stelle angesehen werden.[87] Ihre Beteiligung bei der Aufstellung von Flugrouten ist nach dem Wortlaut des § 32b LuftVG nicht vorgeschrieben[88], jedoch findet in der Praxis eine solche Beteiligung statt.[89] Im Gegensatz zum beratenden Ausschuss stelle die Fluglärmkommission ein wichtiges Element im Planungsverfahren von Flugrouten dar, auch wenn die Kommission nur ein Vorschlagsrecht besitzt.[90]

---

[85] So auch Stoermer S. 181.
[86] Bzgl. Zusammensetzung vgl. § 32b Abs. 4 LuftVG.
[87] Meister ZLW 2004, 23, 34.
[88] Wysk ZLW 1998, 285, 288; Meister ZLW 2004, 23, 34.
[89] Wysk ZLW 1998, 285, 288; Czybulka in Ziekow S. 9, 17; Meister ZLW 2004, 23, 34.
[90] So auch Stoermer S. 181.

3. Öffentlichkeitsbeteiligung

a) Beteiligung betroffener Bürger

Weder die Vorschriften des LuftVG noch der LuftVO sehen eine Öffentlichkeitsbeteiligung vor. Dies ergibt sich auch nicht aus § 13 VwVfG, da Flugrouten gem. § 27a Abs. 2 S. 1 LuftVO als Rechtsverordnungen erlassen werden und es sich somit um ein Rechtssetzungs- und nicht um ein Verwaltungsverfahren i.S.d. § 9 VwVfG handelt.[91]

(1) Die Rechtsprechung

Die Rechtsprechung verneint ein solches Beteiligungsrecht.[92] Als Begründung führt das OVG NRW[93] aus, dass Flugverfahren im Kern Maßnahmen zur Gefahrenabwehr darstellten, in die Lärmschutzaspekte eingebunden seien, originäre Eingriffe in verfassungsmäßig geschützte Positionen würden dagegen nicht zugelassen. Vielmehr seien die Lärmauswirkungen einzelner Flugverfahren lediglich Folgen der vorausgegangenen Entscheidungen über die grundsätzliche Zulässigkeit und Zumutbarkeit des von einer konkreten Anlage ausgehenden Fluglärms. Etwa ausgelösten Grundrechtsbetroffenheiten, die trotz hinreichend erfolgter Berücksichtigung des Lärmschutzaspektes im Rahmen einer konkreten Festlegung von Flugverfahren verblieben, sei mit dem Mittel der Änderung im Bereich der Genehmigung bzw. des Planfeststellungsbeschlusses zu begegnen; so werde jedenfalls insgesamt auch die Erfüllung der – aus dem objektivrechtlichen Gehalt des Art. 2 Abs. 2 GG folgenden – Pflicht der staatlichen Organe hinreichend gewährleistet, sich schützend und fördernd vor die darin genannten Rechtsgüter zu stellen und vor Eingriffen von Seiten anderer zu bewahren. Es bestehe daher keine Notwendigkeit, aus Gründen des Grundrechtsschutzes ein Verfahren mit der Funktion des vorverlagerten Rechtsschutzes und einem gegenüber dem materiellen Recht eigenständigen Gewicht zugunsten von Drittbetroffenen zu fordern, wie dies im Atomrecht, wegen der dort auftretenden, nach Art und Umfang exponentiellen Risiken, die mit den vorliegenden zu bewälti-

---

[91] OVG NRW, Urteil v. 4.3.2002 Az. 20 D 120/97, S. 4 (nicht veröffentlicht); HessVGH Urt. v. 14.03.2006 Az. 12 A 2659/04, S. 12 (nicht veröffentlicht); Wysk ZLW 1998, 285, 288; Stoermer S. 182.

[92] HessVGH NVwZ 2003, 875, 878; OVG NRW, Urteil v. 4.3.2002 Az. 20 D 120/97, S. 4 (nicht veröffentlicht).

[93] OVG NRW, Urteil v. 4.3.2002 Az. 20 D 120/97, S. 4 (nicht veröffentlicht).

genden Gefahren durch Fluglärm nur ansatzweise vergleichbar sind, entwickelt worden ist.[94] Auch wenn man darauf abstellte, dass Flugverfahren ihrem materiellem Gehalt nach Allgemeinverfügungen i.S.d. § 35 S. 2 VwVfG seien,[95] lasse sich keine Beteiligungspflicht ableiten, denn nach den Wertungen des § 28 Abs. 2 Nr. 4 VwVfG bestehe auch bei Allgemeinverfügungen keine zwingende Notwendigkeit zur vorherigen Anhörung und diese würde sich zudem auch nur auf den Adressatenkreis beschränken. Hierzu gehören nur die Luftfahrzeugführer, die zur Befolgung der (vorgeschriebenen) Flugverfahren verpflichtet seien (§ 27a Abs. 1 LuftVO). Schließlich folge aus dem Gebot, den für die Planung erheblichen Sachverhalt zu ermitteln, nicht die Pflicht des Verordnungsgebers, die potentiell betroffenen Grundstückseigentümer anzuhören. Mangels gesetzlicher Bestimmungen und aus vorrangigem Recht abzuleitender Pflichten liege die Gestaltung des Erlassverfahrens als Ausfluss der Aufgabenzuweisung im sachgerecht ausgeübten Ermessen des Luftfahrt-Bundesamtes. Aufgrund dessen sei das Luftfahrt-Bundesamt ermächtigt, selbst zu bestimmen, auf welche Weise es sich die notwendigen Erkenntnisse, auch über die jeweils zu beachtenden örtlichen Verhältnisse und Besonderheiten, verschafft.

(2) Die Literatur

Zum Teil wird in der Literatur vertreten, dass sich eine verfassungsrechtlich verankerte Beteiligungspflicht aus dem Aspekt des Grundrechtsschutzes durch Verfahren ergebe. Möglicherweise betroffene Grundrechte seien Art. 14 Abs. 1 GG im Hinblick auf eine Wertminderung der lärmbelästigten Grundstücke sowie Art 2 Abs. 2 GG im Zusammenhang mit durch Lärm hervorgerufenen Gesundheitsbeeinträchtigungen.[96] Die Begründung dieser Ansicht bezieht sich – ebenso wie das OVG NRW – auf den Mülheim-Kärlich-Beschluß des BVerfG, wonach der Grundrechtsschutz auch durch die Gestaltung von Verfahren zu bewirken sei und demnach Grundrechte nicht nur das gesamte materielle, sondern auch das Verfahrensrecht beeinflussen, soweit dieses für einen effektiven Rechtsschutz von Bedeutung sei.[97] Das Verfahren müsse also so ausgestaltet sein, dass nicht

---

[94] Vgl. BVerfGE 53, 30, 62 ff.; 85, 368, 373 ff.

[95] Vgl. Czybulka/Wandres DÖV 1990, 410 ff., die die Ansicht vertraten, dass es sich bei Flugverfahren materiell um Allgemeinverfügungen handele. Eine genaue Darstellung dieser Ansicht erfolgt in Gliederungsabschnitt C.I.1.

[96] Meister ZLW 2004, 23, 31.

[97] BVerfGE 53, 30, 65 m.w.N.; vgl. Meister ZLW 2004, 23, 31.

die Gefahr einer Entwertung der materiellen Grundrechtspositionen drohe.[98] Daher seien auch im Aufstellungsverfahren für Flugrouten verfahrensmäßige Vorkehrungen zu treffen, die einen wirksamen Schutz der Rechtspositionen gewährleisten. Der Kreis der zu Beteiligenden lasse sich anhand der Betroffenheit im Grundrecht auf Leben und Gesundheit (2 Abs. 2 GG) und dem Eigentumsgrundrecht (Art 14 Abs. 1 GG) für den konkreten Einzelfall festlegen.[99] Die von einer Atomkraftanlage ausgehenden Gefährdungen werde man zwar grundsätzlich deutlich höher bewerten können, jedoch sei umgekehrt deren Verwirklichung weniger wahrscheinlich. Dies bedeute, dass die durch Fluglärm möglichen Schädigungen im Hinblick auf ihren Umfang zwar weniger gravierend seien, aber mit viel höherer Wahrscheinlichkeit einträten. In der Gesamtschau könne die Grundrechtsbetroffenheit durch Fluglärm demnach ähnlich gewichtig sein, wie die Grundrechtsbetroffenheit in atomrechtlichen Verfahren, sodass auch für die Aufstellung von Flugrouten eine verfassungsrechtlich verankerte Beteiligungspflicht bestehe.[100] Etwas anderes ergebe sich auch nicht daraus, dass im Rahmen eines Planfeststellungsverfahrens für den Flughafenbau oder die Flughafenerweiterung ein Anhörungsverfahren durchzuführen gewesen sei und die Betroffenen mithin in der Regel Gelegenheit hatten, sich zu äußern, da die Entscheidung über Flugrouten verfahrensrechtlich außerhalb der Regelungstatbestände luftrechtlicher Genehmigungen oder Planfeststellungsverfahren liege.[101] Außerdem hätten die Betroffenen im Zusammenhang mit der Durchführung eines Planfeststellungsverfahrens keine Möglichkeit abzuschätzen, inwiefern sie von der späteren Flugroutenfestlegung betroffen sein werden. Zudem erscheine es zweifelhaft, die Beteiligung in einem möglicherweise Jahrzehnte zurückliegenden Planfeststellungsverfahren unter vollkommen veränderten tatsächlichen Gegebenheiten für die Verneinung eines separaten Beteiligungsrechts im Rahmen der Flugroutenplanung ausreichen zu lassen.[102] Zudem werde durch die Öffentlichkeitsbeteiligung die Akzeptanz in der Bevölkerung erhöht, sodass spätere gerichtliche Verfahren vermieden werden könnten. Daher könne die fehlende

---

[98] BVerfGE 63, 131, 143; Meister ZLW 2004, 23, 31.

[99] Meister ZLW 2004, 23, 32.

[100] Meister ZLW 2004, 23, 31; Czybulka in Ziekow S. 9, 16 f; a.A. Wysk ZLW 1998, 285, 288, der die gleichgewichtige Grundrechtsbetroffenheit verneint.

[101] Czybulka in Ziekow S. 9, 14; Meister ZLW 2004, 23, 32.

[102] Meister ZLW 2004, 23, 32.

Praktikabilität der Öffentlichkeitsbeteiligung nicht als Gegenargument angeführt werden.[103]

(3) Stellungnahme

Dieser Vergleich mit dem atomrechtlichen Verfahren überzeugt jedoch nicht. Unbestritten sind die gesundheitlichen Auswirkungen von Fluglärm auf die Betroffenen. Andererseits sind die von einer Atomkraftanlage ausgehenden Gefahren ungleich schwerer und auch irreversibel, nämlich durch Strahlenschäden bei Menschen und die radioaktive Verseuchung der Umgebung. Zudem haben diese Folgen auch Langzeitwirkungen, die sich über mehrere Generationen hinweg auswirken können. Eine Aufrechnung von Schwere der Grundrechtsbetroffenheit bei Atomkraftanlagen gegen die Häufigkeit der Grundrechtsbetroffenheit bei Flugrouten erscheint wenig sinnvoll.[104] Außerdem setzt die Ableitung von Verfahrensrechten aus Grundrechten die Möglichkeit von Grundrechtseingriffen voraus. Dies bedeutet, dass die Schwelle der bloßen Belästigung überschritten wird. Dies könnte im Nahbereich des Flughafens der Fall sein; in diesem Bereich wird aber gem. § 4 Abs. 1 FluglärmG i.V.m. § 2 FluglärmG ein Lärmschutzbereich festgesetzt. Gem. § 5 FluglärmG bestehen in Bereich des Lärmschutzbereichs Baubeschränkungen. Im weiteren Verlauf der Flugroute, in dem sich üblicherweise die Frage der Betroffenenbeteiligung stellt, stehen jedoch in aller Regel nur Belästigungen in Frage, die weder zu einer Gesundheitsgefährdung bzw. –verletzung führen, noch eine enteignende Wirkung haben.[105] Somit lässt sich keine Parallele zur Mülheim-Kärlich-Beschluss des BVerfG ziehen, sodass sich daraus auch kein Grundrechtsschutz durch Verfahrenshandlungen ableiten lässt. Unabhängig davon erscheint eine Beteiligung betroffener Bürger aus Gründen der Erhöhung der Akzeptanz sinnvoll aber eben nicht verfassungsrechtlich geboten.

(4) Vorgaben des Völker- und Europarechts

Die Pflicht zur Öffentlichkeitsbeteiligung könnte sich jedoch aus den Vorgaben

---

[103] Meister ZLW 2004, 23, 32; Wysk ZLW 1998, 285, 289.

[104] So auch Wysk ZLW 1998, 285, 288; ein Beteiligungsrecht ablehnend ebenso Stoermer S. 185.

[105] Sydow/Fiedler DVBl. 2006, 1420, 1422.

der Aarhus-Konvention (AK)[106] ergeben. Art. 6 AK enthält Vorgaben über die Öffentlichkeitsbeteiligung an Entscheidungen über bestimmte Tätigkeiten und Art. 7 AK enthält Regelungen zur Öffentlichkeitsbeteiligung bei umweltbezogenen Plänen, Programmen und Politiken. Auf europäischer Ebene wurde zur Umsetzung dieser Konvention in Bezug auf die Beteiligung der Öffentlichkeit die SUP-Richtlinie[107] und die Richtlinie 2003/35/EG[108] (Öffentlichkeitsbeteiligungs-RL) erlassen. Die Pflicht zur Öffentlichkeitsbeteiligung ergibt sich nicht aus der Öffentlichkeitsbeteiligungs-RL, da nach Art. 2 Abs. 2 Öffentlichkeitsbeteiligungs-Richtlinie bei den Plänen oder Programmen eine Öffentlichkeitsbeteiligung durchzuführen ist, die aufgrund der in Anhang I aufgeführten Vorschriften auszuarbeiten sind. Die Flugroutenfestlegung ist hiervon jedoch nicht erfasst, sodass sich auch hieraus keine Pflicht zur Öffentlichkeitsbeteiligung ableiten lässt.[109] Eine Pflicht zur Öffentlichkeitsbeteiligung könnte sich aber daraus ergeben, dass Flugrouten vom Anwendungsbereich der SUP-Richtlinie (2001/42/EG) erfasst werden. Diese Frage wird an anderer Stelle erörtert.[110]

b) Beteiligung von Gemeinden

Auch wenn sich aus den verfassungsrechtlichen Vorgaben kein Beteiligungsrecht betroffener Anwohner ergibt, so könnte sich ein solches Beteiligungsrecht für Gemeinden, mangels anderweitiger Regelungen, aus Art. 28 Abs. 2 GG ergeben.

---

[106] Übereinkommen über den Zugang zu Informationen, die Öffentlichkeitsbeteiligung an Entscheidungsverfahren und den Zugang zu Gerichten in Umweltangelegenheiten, sie wurde am 25.06.1998 als ECE/UN-Konvention unterzeichnet. Die Ratifizierung durch Deutschland erfolgte mit Gesetz vom 09.12.2006, BGBl. II, S. 1251.

[107] Vgl. hierzu Erwägungsgrund 7, der darlegt, dass die Richtlinie auch der Umsetzung der Aarhus-Konvention dient.

[108] Richtlinie 2003/35/EG des Europäischen Parlaments und des Rates vom 26. Mai 2003 über die Beteiligung der Öffentlichkeit bei der Ausarbeitung bestimmter umweltbezogener Pläne und Programme und zur Änderung der Richtlinien 85/337/EWG und 96/61/EG des Rates in Bezug auf die Öffentlichkeitsbeteiligung und den Zugang zu Gerichten - Erklärung der Kommission, ABl. L 156 vom 25.6.2003, S. 17 ff.

[109] Vgl. hierzu Sydow/Fiedler DVBl. 2006, 1420, 1421; selbst wenn Flugrouten in Anhang I aufgeführt würden ,fände die Öffentlichkeitsbeteiligungs-RL keine Anwendung, da gem. Art. 2 Abs. 5 die Öffentlichkeitsbeteiligungs-RL gegenüber der SUP-RL subsidiär ist und diese auf Flugrouten Anwendung findet; vgl. hierzu Gliederungsabschnitt E.

[110] Vgl. hierzu Gliederungsabschnitt E.V.1.e).

Der VGH Baden-Württemberg bejahte zunächst ein solches Beteiligungsrecht.[111] Dabei bezog er sich auf die Rechtsprechung des BVerwG[112], wonach im Verfahren auf Erteilung einer luftrechtlichen Genehmigung den betroffenen Gemeinden und Gemeindeverbänden ein subjektives Recht auf Beteiligung – Information und Anhörung – zustehe, das seine Grundlage nicht im einfachen Recht, sondern in dem den Gemeinden durch Art. 28 Abs. 2 GG eingeräumten Selbstverwaltungsrecht habe. Ebenso hat das BVerfG[113] für die Festsetzung der Lärmschutzbereiche in der Umgebung eines Flugplatzes entschieden, die nach § 4 FluglärmG ebenso wie die Festlegung der in § 27a Abs. 2 LuftVO genannten Flugverfahren durch Rechtsverordnung zu erfolgen hat. Danach gebiete es die dem Verordnungsgeber dabei obliegende Pflicht, den für seine Entscheidung erheblichen Sachverhalt vollständig zu ermitteln, sodass die betreffenden Gemeinden ihre Planungsinteressen in dem geplanten Lärmschutzbereich darlegen können. Der Umstand, dass das Bundesstaatsprinzip unmittelbare Verhandlungen mit den einzelnen Gemeinden unter Umgehung des betroffenen Landes ausschließe, ändere daran nichts, da dies nicht dazu führe, dass der Bund den einzelnen Gemeinden einschneidende Beschränkungen ihrer Planungshoheit auferlege, ohne sie vorher anzuhören. Dies wäre ein Verfahren, das sowohl dem Bund als auch den Ländern durch Art. 28 Abs. 2 GG untersagt sei. Die Rechtsordnung halte deshalb für derartige Fälle von Rechtssetzungsakten des Bundes, die in die Planungshoheit einzelner Gemeinden unter Auferlegung von Sonderopfern eingriffen, die Möglichkeit einer mittelbaren Anhörung dieser Gemeinden durch das Land bereit, das selbst unter Einbeziehung dieser Anhörung zu dem Rechtssetzungsvorhaben Stellung nehme. Der VGH betont, dass die Beschränkungen durch die Festlegung eines Flugverfahrens in aller Regel erheblich weniger einschneidend sei als die Festsetzung eines Lärmschutzbereiches nach dem FluglärmG, da dieser mit seiner Festsetzung aufgrund der Regelung in § 5 FluglärmG einen direkten Eingriff in die gemeindliche Planungshoheit dar-

---

[111] VGH BW DVBl. 2002, 1129, 1132; sich anschließend Meister ZLW 2004, 23, 33; offen gelassen von HessVGH NVwZ 2003, 875, 877, da in diesem Verfahren die Gemeinden angehört wurden.
[112] BVerwG DÖV 1969, 428, 429 f.; DVBl. 1978, 845, 852 f.
[113] BVerfGE 56, 298, 312 ff.

stelle. Denn § 5 FluglärmG enthält Bauverbote für die verschiedenen Lärmschutzzonen. Dadurch wird die Gemeinde unmittelbar in ihrer Planungshoheit beschränkt, sie kann nämlich in bestimmten Bereichen ihres Gemeindegebiets keine Baugebiete mehr ausweisen. Dieser Unterschied sei nach Ansicht des VGH BW jedoch nur graduell, sodass damit ein Ausschluss des Beteiligungsrechtes nicht begründet werden könne. Daher könne für die Festlegung von Flugverfahren nichts anderes gelten, da sich ebenso Beschränkungen ihrer, durch Art. 28 Abs. 2 GG geschützten, Planungshoheit ergeben könnten wie aus der Erteilung einer luftverkehrsrechtlichen Genehmigung oder der Festsetzung eines Lärmschutzbereiches.[114]

Der HessVGH hat es in seiner Entscheidung angezweifelt, ob sich ein Beteiligungsrecht aus Art. 28 GG ergebe, letztlich hat er dies aber offen gelassen.[115]

Das BVerwG ist ebenfalls der Entscheidung des VGH BW nicht gefolgt und lehnte in der Revision des Urteils des VGH BW ein Beteiligungsrecht der betroffenen Gemeinden ab.[116] Begründet wird dies zum einen damit, dass sich aus den einfach-gesetzlichen Vorgaben kein solches Recht ergebe. Zudem stehe den Gemeinden kein Anhörungsrecht aus Art. 28 Abs. 2 GG zu, da der Unterschied zwischen den Auswirkungen durch die Festsetzung von Lärmschutzbereichen nach dem FluglärmG auf die Planungshoheit der Gemeinden und durch die Festlegung von Flugrouten nicht nur graduell, sondern wesentlich sei. Die Anordnung von Flugverfahren greife, anders als Entscheidungen über den Lärmschutzbereich eines Flughafens nach dem FluglärmG oder über den Standort eines Flughafens, weder unmittelbar auf das Gemeindegebiet der betroffenen Gemeinden zu, noch führe sie zu einer vergleichbar gravierenden Einschränkung der gemeindlichen Planungshoheit.[117]

---

[114] VGH BW DVBl 2002, 1129, 1133; zustimmend Meister ZLW 2004, 23, 33; Quaas NVwZ 2003, 649, 651.

[115] HessVGH NVwZ 2003, 875, 877.

[116] BVerwG DVBl. 2004, 382, 384.

[117] Ebenso ein Beteilungsrecht der betroffenen Gemeinde ablehnend Wysk ZLW 1998, 285, 289; Stoermer S. 185; kritisch bez. der Entscheidung des BVerwG Repkewitz VBlBW 2005, 1, 11 mit Verweis auf Laubinger in König/Merten S. 47, 66 f. und Ipsen NdsVBl. 1999, 225 f., der die Entscheidung des BVerwG für problematisch hält, da sie der jüngeren Tendenz der Rechtsprechung, Verfahrensanforderungen zurückzudrängen und ein Richtigkeits- und Vertretbarkeitskontrolle vorzuziehen, entsprächen.

In der Literatur bestehen unterschiedliche Ansichten bezüglich eines verfassungsrechtlich gebotenen Beteiligungsrechts von Gemeinden. Teilweise wird im Anschluss an das Urteil des VGH BW das Bestehen eines solchen Beteiligungsrechts bejaht. Dabei wird vertreten, dass den Anforderungen des Selbstverwaltungsrechts der Gemeinden, die in der Fluglärmkommission vertreten sind, durch ihre dortigen Beteiligungsmöglichkeiten Genüge getan sei.[118] Hiergegen spricht aber, dass sich die Kommission mit der Lärmsituation und dem Lärmschutz befasst, sie ist aber nicht der Realisierung kommunaler Planungsziele verpflichtet. Die Kommission, in der nicht nur Lärmbetroffene sondern auch Lärmverursacher vertreten sind, entscheidet mit Mehrheitsbeschlüssen über ihre Stellungnahmen und kann schon aus diesem Grund die gelegentlich unterschiedlichen Lärmschutzinteressen der Anliegergemeinden nicht vollständig abbilden; vielmehr ist es auch möglich, dass die Vertreter der Gemeinden durch andere Mitglieder, etwa Vertreter der Luftfahrzeughalter oder des Flugplatzunternehmers, überstimmt werden können.[119]

Oftmals wird jedoch das Beteiligungsrecht von Gemeinden abgelehnt. Hierbei wird betont, dass es sich bei dem Beteiligungsrecht der betroffenen Gemeinden bei luftverkehrsrechtlichen Genehmigungen und bei der Festsetzung von Flugrouten um unterschiedliche Konstellationen handele, die zu unterscheiden seien.[120] Das BVerwG habe Gemeinden nur ein subjektives Recht auf Information im luftverkehrsrechtlichen Genehmigungsverfahren zuerkannt, da die Planungshoheit der betroffenen Gemeinden aufgrund der vorentscheidenden Wirkung der luftverkehrsrechtlichen Genehmigung „berührt" sei. Die Ableitung eines – isolierten – Beteiligungsrechts unabhängig von einer materiellen Betroffenheit des Selbstverwaltungsrechts habe ihren Grund in der Vorwegbindung der späteren Planfeststellung in tatsächlicher Hinsicht.[121] In keiner anderen Konstellation habe die Rechtsprechung bisher isolierte formell-subjektive Rechte der Gemeinden anerkannt. Dies widerspreche auch dem Grundsatz, dass formelle Rechte grund-

---

[118] Kämper in Ziekow S. 59, 80; insoweit unzutreffend wiedergegeben in Repkewitz VBlBW 2005, 1, 10, danach ersetze die Beteiligung der Fluglärmkommission eine unmittelbare Beteiligung von Gemeinden.

[119] Vgl. Repkewitz VBlBW 2005, 1, 10, ebenso Sydow/Fiedler DVBl. 2006, 1420, 1422.

[120] Buchner DVBl. 2002, 1136, 1139.

[121] BVerwGE 56, 110, 136 ff.

sätzlich der Durchsetzung materieller Rechte dienten.[122] Maßgeblich komme es daher darauf an, ob die Rechtsverordnungen aufgrund der mit ihnen verbundenen Lärmimmissionen auf Gemeindeterritorium einen Eingriff in Art. 28 Abs. 2 GG enthielten. Ein unmittelbarer Eingriff in das Recht der Gemeinden zur eigenverantwortlichen Regelung ihrer Angelegenheiten stellten die Rechtsverordnungen jedoch nur dann dar, wenn bereits vorhandene, konkrete Planungen der Gemeinde aufgrund der Lärmimmissionen nicht mehr verwirklicht werden könnten. Ebenso stellten schlicht faktische Auswirkungen auf das Gemeindeterritorium Eingriffe in das Selbstverwaltungsrecht nur dann dar, wenn wesentliche Teile des Gemeindegebiets einer durchsetzbaren Planung der Gemeinde entzogen würden.[123] Auch bei faktischen Auswirkungen aufgrund von Planungen auf dem Gebiet von Nachbargemeinden sei das Selbstverwaltungsrecht der Gemeinden nur wehrfähig, wenn eine nachhaltige Störung einer hinreichend bestimmten Planung i.S. unmittelbarer Auswirkungen gewichtiger Art vorliege.[124]

Gegen die Ableitung eines formalen Beteiligungsrechts aus Art. 28 Abs. 2 GG spricht zudem Folgendes. Der VGH BW hat hier eine Parallele zu der Festlegung von Lärmschutzbereichen nach dem FluglärmG gezogen.[125] Er stellt in seiner Begründung zunächst dar, dass die Beschränkungen durch Flugrouten erheblich weniger einschneidend seien als die Festlegung eines Lärmschutzbereiches. In dieser Begründung führt der VGH aber wenig später aus, dass dieser Unterschied nur graduell sei. Schon die Begrifflichkeiten „erheblich weniger einschneidend" und „gradueller Unterschied", mit denen ein und derselbe Sachverhalt beschrieben wird, zeigen, dass die Begründung des VGH nicht klar und logisch ist. Zudem hat die Festlegung von Lärmschutzbereichen nach dem FluglärmG klare Auswirkungen wie Bauverbote und Baubeschränkungen. Bei der Festlegung von Flugrouten sind dagegen nicht solche weitgehenden Beschränkungen zu erkennen. Außerdem schafft die Festlegung von Flugrouten keine unabänderlichen Tatsachen, da sie kurzfristig korrigiert oder revidiert werden können.[126] Daher kann hier keine Parallele gezogen werden und somit

---

[122] Buchner DVBl. 2002, 1136, 1139.

[123] BVerwG DÖV 1993, 826 f.; Johlen DÖV 1989, 202, 207; Buchner DVBl. 2002, 1136, 1140.

[124] BVerwGE 84, 209, 215; Buchner DVBl. 2002, 1136, 1140.

[125] VGH BW DVBl: 2002, 1129, 1132.

[126] Sydow/Fiedler DVBl. 2006, 1420, 1422.

auch kein Beteiligungsrecht betroffener Gemeinden aus Art. 28 Abs. 2 GG abgeleitet werden.

Trotzdem bleibt ein Beteiligungsrecht von Gemeinden, ebenso wie das betroffener Bürger, sinnvoll; es ergibt sich jedoch nicht aus Art. 28 Abs. 2 GG. Ein Entschließungsantrag der Bundesländer Hessen und Baden-Württemberg im Bundesrat zur Sicherung des Anhörungsrechts von Kommunen bei der Festlegung von Flugrouten[127] wurde vom Bundesrat zur weiteren Beratung dem Verkehrsausschuss sowie mitberatend dem Ausschuss für Innere Angelegenheiten und dem Umweltausschuss zugewiesen. Der Verkehrsausschuss empfahl dem Bundesrat die Entschließung nicht zu fassen. Daher ist die hessisch-badenwürttembergische Initiative gescheitert.[128] Ebenso wie bei der Öffentlichkeitsbeteiligung stellt sich auch hier die Frage nach einer Pflicht zur Beteiligung der Gemeinden aufgrund der Pflicht zur Durchführung einer Strategischen Umweltprüfung. Dies wird an anderer Stelle zu erörtern sein.[129]

4. Begründungspflicht

Eine Begründungspflicht ist in den einschlägigen Gesetzen nicht vorgesehen. Der HessVGH hat entschieden, dass die Einhaltung der Anforderungen des Abwägungsgebots aus einer Begründung oder einem Erläuterungsbericht oder aus dem im Zusammenhang mit der Planung einer Flugroute entstandenen Vorgängen ersichtlich sein muss.[130] Hieraus lässt sich jedoch keine generelle Begründungspflicht ableiten, ebenso ergibt sie sich nicht aus den Verfassungsprinzipen.[131] Auch wenn Flugrouten als Rechtsverordnungen erlassen werden, ergibt sich eine Begründungspflicht nicht aus §§ 62 ff. GGO[132], da gem. §§ 1, 78 GGO die GGO sinngemäß nur auf die unmittelbar dem Bundeskanzler unterstellten

---

[127] BR-Drs. 509/03.

[128] Dieser Sachstand wurde von der hessischen Staatskanzlei mitgeteilt (11.10.2005). Pfaff/Heilsborn in Fluglärm S. 95, 96 befürworten die Einführung eines Beteiligungsrechts von Gemeinden, dabei haben sie offengelassen, ob sich solch ein Recht bereits aus Art. 28 Abs. 2 GG ergibt.

[129] Vgl. hierzu Gliederungsabschnitt E.V.1.d).

[130] HessVGH NVwZ 2003, 875, 879.

[131] vgl. Meister ZLW 2004, 23, 35 f.

[132] Gemeinsame Geschäftsordnung der Bundesministerien v. 1.9.2000, GMBl. S. 525 zuletzt geändert am 1.12.2006, GMBl. S. 1133.

obersten Bundesbehörden Anwendung findet und im Umkehrschluss damit nicht auf alle anderen obersten Bundesbehörden. Das Luftfahrt-Bundesamt untersteht gem. § 1 Abs. 1 des Gesetzes über das Luftfahrt-Bundesamt[133] dem Bundesministerium für Verkehr, Bau- und Stadtentwicklung, weshalb es nicht vom Anwendungsbereich der GGO erfasst wird und sich daraus keine Begründungspflicht ergibt.[134]

5. Fazit

Grundsätzlich ist es mit den fachgesetzlichen und verfassungsrechtlichen Vorgaben vereinbar, dass die DFS dem Luftfahrt-Bundesamt einen abgeschossenen Vorschlag für die Änderung oder Neufestlegung der bestehenden Flugrouten unterbreitet, der durch das Luftfahrt-Bundesamt auf seine Rechtmäßigkeit überprüft wird. Allerdings bedarf es einer fachgesetzlichen Ermächtigung, sofern die DFS Verfahrenshandlungen gegenüber Dritten wahrnehmen soll. Eine weitergehende Privatisierung der DFS ist mit der geltenden Fassung von Art. 87d Abs. 1 GG nicht vereinbar und daher erst nach einer Verfassungsänderung möglich. Die Beteiligung des beratenden Ausschusses nach § 32a Abs. 1 LuftVG führt in der Regel nur zu allgemeinen Hinweisen und Empfehlungen. Dagegen stellt die Beteiligung der Fluglärmkommission ein wichtiges Planungselement dar, auch wenn sie nicht zwingend vorgeschrieben ist. Eine Öffentlichkeitsbeteiligung oder eine Beteiligung der betroffenen Gemeinden ist aus verfassungsrechtlicher Sicht nicht erforderlich, obgleich es aufgrund rechtspolitischer Erwägungen wünschenswert wäre. Außerdem besteht keine Begründungspflicht für den Erlass von Flugrouten als Rechtsverordnung.

III. Materielle Anforderungen

1. Das Abwägungsgebot

Das BVerwG hat entschieden, dass die Planung von Flugrouten nicht nur auf Grundlage der § 31 Abs. 1 Nr. 1 LuftVG i.V.m. § 27a Abs. 2 LuftVO erfolge,

---

[133] Gesetz über das Luftfahrt-Bundesamt v. 30.11.1954, BGBl. III Gliederungsnummer 96-4, zuletzt geändert am 31.10.2006, BGBl. I S. 2407.
[134] Hierzu im Ganzen Meister ZLW 2004, 23, 35.

sondern es liege in materieller Hinsicht ein Abwägungsgebot vor,[135] welches weder von seiner fachgesetzlichen Normierung noch von einer bestimmten Handlungs- oder Verfahrensform abhänge, sondern vielmehr aus dem Wesen einer rechtsstaatlichen Planung folge und entsprechend allgemein gelte.[136] Dieses Abwägungsgebot begrenze die planerische Gestaltungsfreiheit, die einerseits unerlässlich sei, um entgegengesetzte private und/oder öffentliche Belange auszugleichen, andererseits könne diese im Rechtsstaat nicht schrankenlos, sondern nur rechtlich gebunden und gerichtlich kontrollierbar sein.[137] In seiner Entscheidung vom 24.6.2004 hat sich das BVerwG gegen eine unbesehene Übernahme des planungsrechtlichen Abwägungsgebots bei der Entscheidung über die Festlegung von Flugrouten ausgesprochen. In dieser Entscheidung leitete das BVerwG die entscheidungserheblichen Abwägungselemente aus der Hinwirkungsverpflichtung des § 29b Abs. 2 LuftVG und dem Verhältnismäßigkeitsgrundsatz her.[138] In der Literatur wird allgemein anerkannt, dass die Aufstellung von Flugrouten dem Abwägungsgebot unterliegt, wobei die dogmatische Herleitung nicht weiter diskutiert wurde. Probleme werden dagegen bei der Bedeutung des Abwägungsgebots für die Klagebefugnis und dem gerichtlichen Prüfungsmaßstab gesehen. Dies wird jedoch an anderer Stelle vertieft werden.[139] Strittig ist jedoch, ob die Sicherheit des Luftverkehrs mit anderen Belangen abwägbar ist und welches Gewicht dem Schutz von Fluglärm im Rahmen der Abwägung zukommt.

a) Die Sicherheit des Luftverkehrs

Nach der Rechtsprechung des BVerwG sei das primäre Ziel der Flugroutenfestlegung die Gewährleistung eines sicheren Verkehrs.[140] Dies betreffe vor allem die kollisionsfreie Führung und die Hindernisfreiheit des Flugweges sowie die Einhaltung flugbetrieblicher Notwendigkeiten der Absturzsicherheit. Eine Flugroute, die keine sichere Verkehrsabwicklung gewährleistet, könne daher nicht

---

[135] BVerwG UPR 2000, 460, 461.

[136] BVerwGE 41, 67, 68; 55, 220, 226; 56, 110, 122, BVerwG UPR 2000, 460, 461.

[137] BVerwG UPR 2000, 460, 461; BVerwGE 55, 220, 226; 56, 110, 116.

[138] BVerwGE NVwZ 2004, 1229, 1231 f.

[139] Vgl. hierzu Gliederungsabschnitte C.II.3.a)(2) und C.III.

[140] OVG NRW Urt. v. 4.3.02- 20 D 180/97.AK, S. 4 (nicht veröffentlicht); VGH BW DVBl. 2002, 1129, 1132; BVerwG NVwZ 2004, 1229, 1230.

rechtmäßig festgelegt werden.[141] Es bestehen jedoch unterschiedliche Auffassungen darüber, ob und wenn mit welcher Gewichtung das Ziel der Gewährleistung eines sicheren Luftverkehrs in die Abwägung einzubeziehen ist.

Teilweise wird vertreten, dass die Gewährleistung einer sicheren, geordneten und flüssigen Abwicklung des Luftverkehrs ebenso wie der Schutz der Bevölkerung vor unzumutbarem Fluglärm gem. § 29b Abs. 2 LuftVG der Abwägung unterliege, wobei Sicherheitsbelangen kein Vorrang einzuräumen sei.[142]

Eine andere Ansicht geht davon aus, dass eine weitere inhaltliche Anforderung aus der durch die Genehmigung des Flugplatzes bestandskräftig vorgegebenen Menge des Flugverkehrs folge. Denn da die Festlegung der An- und Abflugverfahren rechtlich vom Zulassungsverfahren für den Flugplatz unabhängig sei,[143] könne das erstgenannte Verfahren nicht dazu genutzt werden, die Regelungstatbestände des letzteren erneut aufzugreifen.[144] Die Flugrouten seien demnach so festzulegen, dass sie – im Rahmen der betrieblichen und technischen Möglichkeiten – ohne Eingriffe in die genehmigte Flugplatzkapazität den Verkehr sicher gestalten.[145] Dies bedeute aber nicht, dass das Luftfahrt-Bundesamt gezwungen wäre, die Flugroute, die den größten Verkehrsdurchsatz ermöglicht, zu wählen.[146] Die Verordnungsermächtigung verlange nur eine sichere und flüssige Verkehrsgestaltung. Ergäben sich daraus mehrere mögliche Flugrouten, seien diese weiteren Betrachtungen zu unterziehen. Nur die sicheren Routen, die die Flugplatzkapazität nicht wesentlich einschränkten, seien in die Abwägung einzustellen. Dort müsse ein Ausgleich unter den durch den Luftverkehr berührten Lärmschutz- und anderen Belangen hergestellt werden. Sicherheit und Flugverkehrskapazität unterlägen also nicht der Abwägung mit Lärmschutzbelangen, sondern seien strikt einzuhalten.[147]

---

[141] Repkewitz VBlBW 2005, 1, 2.

[142] Meister ZLW 2004, 23, 43.

[143] Wysk ZLW 1998, 285, 291.

[144] Repkewitz VBlBW 2005, 1, 2.

[145] Pfaff/Heilsborn NVwZ 2004, 412, 414.

[146] HessVGH NVwZ 2003, 875, 878.

[147] Repkewitz VBlBW 2005, 1, 2.

Das BVerwG[148] geht dagegen davon aus, dass auch sicherheitsrelevante Belange der Abwägung unterlägen. Aber auch bei der Kollision mit gewichtigen Lärmschutzinteressen hätten sicherheitsrelevante Erwägungen Vorrang. Der Schutz vor unzumutbarem Fluglärm sei von hoher Bedeutung, aber er dürfe nach den Wertungen des Gesetzgebers nicht auf Kosten der Luftsicherheit gehen.[149] Die erstgenannte Ansicht, wonach der Schutz vor unzumutbarem Fluglärm gleichrangig mit der Sicherheit des Luftverkehrs einzubeziehen ist, erscheint abwegig. § 32 Abs. 1 S. 1 Nr. 1 LuftVG spricht von den zur Gewährleistung der Sicherheit des Luftverkehrs notwendigen Einzelheiten. Dies macht ganz klar, was das vorrangige Ziel der Flugrouten ist. § 29b Abs. 2 LuftVG spricht davon, dass auf den Schutz der Bevölkerung vor unzumutbarem Fluglärm hinzuwirken ist. Bereits aus den unterschiedlichen Formulierungen ergibt sich klar ein Rangverhältnis, weshalb diese Ansicht abzulehnen ist und die Sicherheit des Luftverkehrs gegenüber anderen Belangen vorrangig zu beachten ist. Die beiden anderen Ansichten kommen dahingehend zum selben Ergebnis, dass Sicherheitsbelangen stets der Vorrang einzuräumen ist.[150] Da eine Flugroute aber nur rechtmäßig festgelegt werden kann, wenn sie einen sicheren Luftverkehr gewährleistet, ist es nicht notwendig, dass dieser Belang in die Abwägung einzustellen ist, um dann stets vorrangig behandelt zu werden.

b) Der Schutz vor unzumutbarem Fluglärm

(1) § 29b Abs. 2 LuftVG – Optimierungsgebot oder Planungsleitsatz?

Umstritten ist, welche Bedeutung § 29b Abs. 2 LuftVG im Rahmen der Abwägung zukommt. Zum Teil wird vertreten, bei § 29b Abs. 2 LuftVG handele es sich um ein konkretisiertes Optimierungsgebot im Rechtssinne.[151] Diesem Optimierungsgebot werde aber die Rechtsprechung des BVerwG, wonach § 29b

---

[148] BVerwG NVwZ 2004, 1229, 1232.

[149] BVerwG NVwZ 2004, 1229, 1232; Ebenso gehen Pfaff/Heilsborn NVwZ 2004, 412, 413 davon aus, dass auch die Sicherheitsbelange der Abwägung unterliegen, aber gegenüber anderen Belangen übergeordnet sind.

[150] So auch Koch/Wieneke NVwZ 2003, 1153, 1160: sie gehen davon aus, dass die Lärmvorsorge hinter Sicherheitsaspekten zurücktreten muss. Dabei gehen sie auf den Streit, ob die Sicherheitsbelange der Abwägung unterliegen, nicht ein.

[151] Czybulka in Ziekow S. 9, 20.

LuftVG nicht ausschließe, dass eine Abflugstrecke trotz unzumutbarer Lärmbeeinträchtigung für die betroffene Bevölkerung festgelegt werde, nicht gerecht.[152] Andere erachten die Einordnung des § 29b Abs. 2 LuftVG als Optimierungsgebot als zu weitgehend, weil die Kriterien für ein Optimierungsgebot nicht erfüllt seien.[153] Ein Optimierungsgebot liege dann vor, wenn die Vorschrift bestimmte Belange dem Regime des Abwägungsgebot unterstelle und es deutlich werde, dass die Vorschrift die Gewichtung bestimmter Belange beeinflusse und der Ausgleich der Belange nach Maßgabe der Anordnung einer Optimierung für einen bestimmten Belang gesteuert werde, was i.d.R. im Wortlaut der Vorschrift dadurch zum Ausdruck komme, dass der Belang „soweit wie möglich" oder „möglichst weitgehend" zu berücksichtigen sei.[154] Aus dem Wortlaut des § 29b Abs. 2 LuftVG gehe dagegen nicht hervor, dass die Lärmschutzbelange im Rahmen der Abwägung zu optimieren seien, es handele sich dagegen eindeutig um eine Zielvorgabe; eine andere Auslegung führe dazu, dass letztlich alle vom Gesetzgeber festgelegten Planungsziele als Optimierungsgebote anzusehen wären.[155]

Gegen die Annahme, dass § 29 Abs. 2 LuftVG ein Optimierungsgebot enthält, spricht auch der Vergleich mit § 29 Abs. 1 S. 2 LuftVG, der nach der Rechtsprechung des BVerwG ein solches Optimierungsgebot darstellt.[156] Danach ist auf die Nachtruhe der Bevölkerung im besonderen Maße Rücksicht zu nehmen. Nach § 29b Abs. 2 LuftVG ist auf den Schutz der Bevölkerung vor unzumutbarem Fluglärm hinzuwirken. Diese sprachliche Differenzierung macht klar, dass es ein Rangverhältnis zwischen dem Schutz der Nachtruhe der Bevölkerung und dem Schutz der Bevölkerung vor unzumutbarem Fluglärm gibt. Dies spricht gegen das Vorliegen eines Optimierungsgebots in § 29b Abs. 2 LuftVG. Nach der Rechtsprechung des BVerwG enthalten solche rechtliche Regelungen ein Optimierungsgebot, die eine möglichst weitgehende Beachtung bestimmter Belange fordern. Die Bedeutung solcher Vorschriften besteht darin, den in ihnen enthal-

---

[152] Vgl. BVerwG UPR 2000, 460, 462.

[153] Meister ZLW 2004, 23, 43.

[154] BVerwGE 71, 163, 165; Hoppe DVBl. 1992, 853, 854; Meister ZLW 2004, 23, 42.

[155] Meister ZLW 2004, 23, 43; BVerwG NVwZ 2004, 1229, 1231; zustimmend Repkewitz VBlBW 2005, 1, 4.

[156] BVerwG NVwZ 1998, 850, 851.

tenen Zielvorgaben ein besonderes Gewicht zuzumessen und insoweit die planerische Gestaltungsfreiheit einzuschränken.[157] Die inflationäre Annahme von Optimierungsgeboten würde letztendlich dazu führen, dass der Zweck des Optimierungsgebotes – die besondere Berücksichtigung bestimmter Belange – nicht erreicht werden könnte.[158] Daher ist davon auszugehen, dass § 29b Abs. 2 LuftVG kein Optimierungsgebot enthält.

(2) Gewichtung der Belange

Im Rahmen der Abwägung sind zum einen das Interesse an einer geordneten und flüssigen Abwicklung des Luftverkehrs gem. § 27c LuftVG und zum anderen der Auftrag gem. § 29b Abs. 2 LuftVG, auf den Schutz der Bevölkerung vor unzumutbarem Fluglärm hinzuwirken, in die planerische Abwägung einzustellen.[159] Es wird die Ansicht vertreten, dass der Belang eines geordneten Luftverkehrs im engen Zusammenhang mit der Sicherheit des Luftverkehrs stehe, da ein ungeordneter Luftverkehr wohl kaum sicher sein könne, weshalb diesem Belang tendenziell ein höheres Gewicht in der Abwägung zukomme.[160] Zudem wird teilweise angenommen, dass häufig auch der Flüssigkeit der Vorrang einzuräumen sei, da Flugrouten nur eine Lärmverteilfunktion besitzen und keinen Einfluss auf die Menge des Luftverkehrs haben und sich daher anderenfalls das Verkehrsaufkommen nicht bewältigen ließe und damit Risiken für die Sicherheit entstehen könnten.[161]

Dieser Gewichtung der Abwägungsbelange ist jedoch nicht zuzustimmen, denn danach wäre die Ordnung des Luftverkehrs die Voraussetzung bzw. ein Teilaspekt der Sicherheit des Luftverkehrs und die Nennung der Ordnung des Luftverkehrs in § 27c Abs. 1 LuftVG wäre überflüssig. Zur Ordnung des Luftverkehrs gehört aber vielmehr der störungsfreie Ablauf und die weitgehende Verminderung nachteiliger Auswirkungen des Luftverkehrs (u.a. Fluglärm und Abgase).

---

[157] BVerwGE 71, 163, 165.

[158] In diesem Sinne auch Albers S. 203 f.

[159] Wie bereits festgestellt, ist die Sicherheit des Luftverkehrs nicht Bestandteil der Abwägung, vgl. hierzu Gliederungsabschnitt B.III.1.a). Es können aber noch andere Belange zu berücksichtigen sein. Hierzu gehören die Vorgaben des § 50 S. 1 BImSchG zur Vermeidung schwerer Unfälle und Begrenzung ihrer Folgen, vgl. hierzu Gliederungsabschnitt D.III.4.b).

[160] Meister ZLW 2004, 23, 44.

[161] Meister ZLW 2004, 23, 44.

Die flüssige Abwicklung des Luftverkehrs trägt dazu bei, die vorhandenen Kapazitäten auf dem Flugplatz und im Luftraum zu nutzen und damit z.b. Wartezeiten und Umwege für Luftfahrzeuge zu vermeiden, wodurch auch die Emissionen des Luftverkehrs vermindert werden. Werden durch die flüssige Abwicklung die Immissionen gesenkt, so besteht hier kein Widerspruch zum Schutz der Bevölkerung vor unzumutbarem Fluglärm. Dieser Konflikt entsteht erst dann, wenn durch die flüssige Abwicklung, etwa durch Ausschöpfung aller möglichen Kapazitäten, der Fluglärm erhöht wird. In diesem Fall stellt sich die Frage nach dem Rangverhältnis von flüssiger Abwicklung des Luftverkehrs und Schutz der Bevölkerung vor unzumutbarem Fluglärm. Im Hinblick auf das Gebot der Ordnung des Luftverkehrs, welches auch die Vermeidung nachteiliger Auswirkungen des Luftverkehrs erfasst, ist wohl davon auszugehen, dass dem Schutz der Bevölkerung vor unzumutbarem Fluglärm Vorrang gegenüber dem Gebot der Flüssigkeit des Luftverkehrs einzuräumen ist, soweit dadurch die nachteiligen Auswirkungen des Luftverkehrs erhöht werden.[162] Ein Zielkonflikt in der Abwägung besteht daher nur mit dem Gebot der Flüssigkeit des Luftverkehrs, sofern dadurch die negativen Auswirkungen des Luftverkehrs erhöht werden. In diesem Fall genießt das Gebot des § 29b Abs. 2 LuftVG Vorrang.

2. Beachtung von Zielen der Raumordnung

Eine weitere Voraussetzung für die Festlegung von Flugrouten ist möglicherweise auch die strikte Beachtung der Ziele der Raumordnung.[163] Ein solches Ziel könnte die Festlegung in einem Raumordnungsplan sein, dass bestimmte Räume dem Überflug vorbehalten und andere „überflugfrei" gehalten werden müssen oder sich aus der Festlegung besonders empfindlicher und daher nicht zu überfliegender Nutzungen ergeben. Ziele der Raumordnung sind nach § 3 Nr. 2 ROG verbindliche Vorgaben in Form von räumlich und sachlich bestimmten oder bestimmbaren, vom Träger der Landes- oder Regionalplanung abschließend abgewogenen textlichen oder zeichnerischen Festlegungen in Raumordnungsplänen zur Entwicklung, Ordnung und Sicherung des Raums. Ziele können sich also im Raumordnungsplan für ein Landesgebiet (Landesentwicklungsplan oder Lan-

---

[162] Vgl. hierzu insgesamt Hofmann/Grabherr § 27c Rn. 10.

[163] Vgl. hierzu und im folgenden Repkewitz VBlBW 2005, 1, 3; das BVerwG NVwZ 2004, 1229, 1234 konnte die Frage, ob Flugroutenfestlegungen zu Beeinträchtigungen von FFH- und Vogelschutzgebieten führen können, mangels Entscheidungserheblichkeit offen lassen.

desentwicklungsprogramm) oder in Regionalplänen finden. Sie sind nur dann rechtmäßig, wenn sie abschließend abgewogene Festlegungen enthalten, mögen diese auch auf nachfolgenden Planungsebenen der Konkretisierung bedürfen, wobei die verbindliche Formulierung allein nicht genügt, vielmehr muss eine Ermittlung und Abwägung aller für und gegen das Ziel sprechende Belange stattfinden.[164] Nach § 4 Abs. 1 S. 1 ROG haben alle öffentlichen Stellen nach § 3 Nr. 5 ROG die Ziele der Raumordnung bei ihren raumbedeutsamen Planungen und Maßnahmen zu beachten. Raumbedeutsam sind nach § 3 Nr. 6 ROG Planungen, wenn durch sie Raum in Anspruch genommen wird oder die räumliche Entwicklung oder Funktion eines Gebiets beeinflusst wird. Bei der Festlegung von Flugrouten handelt es sich um eine staatliche Planungsaufgabe,[165] wodurch kein Grund und Boden in Anspruch genommen wird.[166] Aber die erhebliche Geräuschentwicklung, die in der näheren Umgebung eines stark belasteten großen Verkehrsflughafens unvermeidbar ist und die durch die Festlegung von Flugrouten in den Flugerwartungsgebieten konzentriert wird, hat einen unmittelbaren Einfluss auf die Siedlungstätigkeit und den Tourismus oder für Natur und Landschaft, sei es in positiver oder auch in negativer Richtung, dass die räumliche Entwicklung oder Funktion eines Gebiets beeinflusst wird, weshalb die Festlegung von An- und Abflugrouten daher als raumbedeutsame Planung anzusehen ist. Dagegen ist die Festlegung von Flugverfahren für den mittleren und oberen Luftraum, mangels der Auswirkung auf die Nutzung des Raumes unterhalb der Route durch die von ihnen ausgehenden Geräuschemissionen, keine solche raumbedeutsame Planung.[167] Flugrouten werden vom Luftfahrt-Bundesamt und

---

[164] BVerwG BauR 2004, 280, 282; HessVGH NuR 2003, 119, 121 f. zu Flughafen FFM.

[165] BVerwG UPR 2000, 460, 461 f.; Repkewitz VBLBW 2005, 1, 3; Buchner DVBl. 2002, 1136, 1137; in einem späteren Urteil betont das BVerwG NVwZ 2004, 1229, 1232 den sicherheitsrechtlichen Charakter der Flugroutenfestlegung, bejaht aber einen planerischen Einschlag und eine gewisse Nähe zu Planungsentscheidungen. Vgl. hierzu Gliederungsabschnitt C.III.2.

[166] Meißner in Ziekow S. 37, 45 f. geht dagegen davon aus, dass es sich bei Flugrouten um eine raumbeanspruchende Maßnahme i.S.d. § 7 S. 1 BauGB handelt. Vgl. hierzu Gliederungsabschnitt B.III.3.

[167] Repkewitz VBlBW 2005, 1, 3; dagegen gehen Sellner/Scheidmann NVwZ 2004, 267, 271 davon aus, dass die Planung von Flugrouten die Flächenausweisung und Flächennutzung unberührt lasse und daher keine raumbedeutsame Maßnahme sei. Sie berufen sich dabei auf den HessVGH NVwZ 2003, 875, 877, wobei sie verkennen, dass der HessVGH sich in der von ihnen zitierten Entscheidung nur zur Anpassungspflicht nach § 7 BauGB geäußert hat, der aber nur auf raumbeanspruchende Maßnahmen Anwendung findet, vgl. VGH BW NVwZ-RR

damit von einer öffentlichen Stelle des Bundes festgelegt, sodass die Bindungswirkung des § 4 Abs. 1 S. 1 ROG nach § 5 Abs. 1 Nr. 1 und 3 ROG eingeschränkt ist, da zum einen bei An- und Abflugrouten der Anfangs- bzw. der Endpunkt durch die Lage der Flughäfen vorgegeben und aus Sicherheitsgründen teilweise eine bestimmte Linienführung erforderlich ist (§ 5 Abs. 1 Nr. 1 ROG) und zum anderen es sich bei der Festlegung von Flugrouten um ein Verfahren nach dem LuftVG handelt (§ 5 Abs. 1 Nr. 3 ROG). Im Kollisionsfall sind Ziele der Raumordnung (§ 4 Abs. 1, Abs. 3 ROG) nach § 5 Abs. 1 ROG nur bindend, wenn die öffentliche Stelle des Bundes, die der Zielbestimmung unterliegen soll, im Verfahren zur Aufstellung des Ziels beteiligt wurde (§ 5 Abs. 1 lit. a), die Stelle Belange geltend macht, aus denen sich ergibt, dass das Ziel auf einer fehlerhaften Abwägung beruht oder mit der Zweckbestimmung des Vorhabens des Bundes nicht in Einklang steht und das Vorhaben nicht auf einer anderen geeigneten Fläche durchgeführt werden kann (§ 5 Abs. 3 ROG), das Konsensverfahren nach § 5 Abs. 2 ROG zwischen dem Bund und dem Träger der Landesplanung nicht innerhalb von drei Monaten zu einer einvernehmlichen Lösung geführt hat (§ 5 Abs. 1 lit. b) und die öffentliche Stelle des Bundes nicht binnen zwei Monaten nach Mitteilung des rechtsverbindlichen Ziels diesem widersprochen hat (§ 5 Abs. 1 lit. c). Nur wenn diese Vorgaben bei der Aufstellung des entsprechen Raumordnungsplanes eingehalten wurden, können die dort festgesetzten Ziele ihre Verbindlichkeit gegenüber der Festsetzung von Flugrouten entfalten. Daher kann die Landesplanung notwendige und nicht anders zu realisierende Vorhaben nicht verhindern, sondern den Bund nur zwingen, die Vorstellungen des betroffenen Landes zur Kenntnis zu nehmen. Gleichzeitig werden die Bundesbehörden verpflichtet, ihre Belange frühzeitig in die Planungsvorstellungen der Länder einzubringen. Aus § 5 ROG ergibt sich damit eine Obliegenheit der Bundesbehörden, die von ihnen wahrzunehmenden Belange in geeigneten Verfahren gegenüber den Ländern zu vertreten.[168]

1998, 221, 223; hierzu auch Hermanns/Hönig NWVBl. 2006, 8, 10. Dagegen sind nach § 3 Nr. 6 ROG Planungen auch dann raumbedeutsam, wenn durch sie die räumliche Entwicklung oder Funktion eines Gebiets beeinflusst wird, sodass diese Ansicht abzulehnen ist. Vgl. hierzu Repkewitz VBlBW 2005, 1,7 in Fn. 73; Hermanns/Hönig NWVBl 2006, 8, 10 in Fn. 15.
[168] Repkewitz VBlBW 2005, 1, 3.

3. Die Bedeutung des § 7 BauGB

Das Luftfahrt-Bundesamt könnte zur Plananpassung und -abstimmung gemäß § 7 S. 1 BauGB verpflichtet sein. Nach dieser Vorschrift haben öffentliche Planungsträger ihre Planungen dem Flächennutzungsplan anzupassen, soweit sie bei dem Verfahren zum Erlass des Flächennutzungsplans beteiligt worden sind und den Darstellungen nicht widersprochen haben. Erfasst werden alle Planungsträger, denen gesetzlich das Recht zuerkannt ist, für die Durchführung ihrer Verwaltungszwecke rechtsverbindliche Planungen für raumbeanspruchende Maßnahmen durchzuführen.[169] Teilweise wird vertreten, dass Flugrouten raumbeanspruchend i.S.d. § 7 S. 1 BauGB seien, da die von ihrer Nutzung ausgehenden Lärmemissionen tatsächliche, rechtliche und insbesondere planerische Auswirkungen auf die Umgebung hätten.[170] Der Wortlaut des § 7 BauGB verlange für die Begründung des Plananpassungs- und Abstimmungsgebotes nicht die physische Inanspruchnahme von Boden, zudem liege es in der Natur der Lärmbelastung, dass sie unabhängig von der physischen Inanspruchnahme des Bodens wirke. Aus der Systematik des § 3 Abs. 1 BImSchG folge, dass der Lärmschutz nicht zwangsläufig anlagenbezogen sei, da die Definition der schädlichen Umwelteinwirkungen nach § 3 Abs. 1 BImSchG auch Immissionen i.S.d. § 3 Abs. 2 einschließe, die im Gegensatz zu Emissionen i.S.d. § 3 Abs. 3 BImSchG keinen Anlagenbezug aufwiesen, sodass es für den Immissionsschutz unerheblich sein müsse, ob eine Lärmquelle physisch Boden in Anspruch nehme. Schließlich müsse auch entsprechend der Rechtsprechung des BVerwG anerkannt werden, dass planungsrechtliche Konflikte zwischen Bauleitplanung und Flugroutenfestlegung nicht ausgeschlossen seien.[171] Zudem sei es für die Anwendbarkeit des § 7 S. 1 BauGB unerheblich, dass die Flugrouten als Rechts-

---

[169] Löhr in Battis/Krautzberger/Löhr § 7 Rn. 1; W. Schrödter in Schrödter § 7 Rn. 7.

[170] Vgl. hierzu im Ganzen Meißner in Ziekow S. 37, 45 f.

[171] So BVerwG NVwZ 2004, 473, 475, das in der Entscheidung zu einem möglicherweise verfassungsrechtlich gebotenen Anhörungsrecht von Gemeinden feststellt, dass durch die Flugroutenfestlegung zwingende Einflüsse auf die gemeindliche Planungshoheit, die den planerischen Gestaltungsspielraum der Gemeinden erheblich einschränken könnten, hier nicht erkennbar seien. Dies schließe es zwar nicht aus, dass sich die klagenden Gemeinden gleichwohl veranlasst sehen mögen, bei ihrer Bauleitplanung wie auch der kommunalen oder sonstigen Nutzung ihrer Grundstücke der vorhandenen Fluglärmbelastung Rechnung zu tragen. Eine erhebliche und nachhaltige Beeinträchtigung verfassungsrechtlich geschützter Rechte der klagenden Gemeinden als wesentliche Voraussetzung für die Annahme eines verfassungsunmittelbaren Anhörungsrechts würde indes auch dies nicht indizieren.

verordnung erlassen werden. Daher sei das Luftfahrt-Bundesamt Planungsträger i.S.d. § 7 S. 1 BauGB und habe die Vorgaben betroffener Flächennutzungspläne zu beachten.[172] Der Hessische VGH hat die Anwendbarkeit des § 7 Abs. 1 BImSchG dagegen abgelehnt,[173] da die Vorschrift öffentliche Planungsträger betreffe und die Konkurrenz verschiedener Planungsträger um dasselbe Planungsobjekt regeln wolle. Planungsobjekt des Flächennutzungsplanes sei das Gemeindegebiet i.S.d. Bodenverordnung und Planungsobjekt der Flugroutenverordnung sei dagegen der Luftraum in den für den zivilen Luftraum vorgesehenen Höhen. Einziges Bindeglied zwischen diesen beiden verschiedenen Planungsobjekten sei die Tatsache, dass die Flugbewegungen über Lärmimmissionen auf das Planungsobjekt Boden einwirken, dies sei jedoch kein Fall des § 7 BauGB.[174] In der Revision dieser Entscheidung hat das BVerwG dies bestätigt und weiter ausgeführt, dass der Gesetzgeber den Gemeinden in § 1 Abs. 1 BauGB die Aufgabe zuweise, im Wege der Bauleitplanung die bauliche und sonstige Nutzung der Grundstücke in der Gemeinde vorzubereiten und zu leiten. Was Inhalt eines Flächennutzungsplanes sein könne, lasse sich der beispielhaften Aufzählung in § 5 Abs. 2 BauGB entnehmen. Zwischen der Festlegung von Flugverfahren und den Bodennutzungsregelungen, die den Gegenstand von Darstellungen in einem Flächennutzungsplan bilden könnten, bestehe kein Konkurrenzverhältnis. Durch Maßnahmen auf Grundlage des § 27a Abs. 2 LuftVO werde kein Grund und Boden in Anspruch genommen. Die Festlegung von Flugrouten führe, selbst wenn sie mit erheblichen Lärmeinwirkungen einhergehe, nicht zu einem Widerspruch sich gegenseitig ausschließender Raumansprüche. Die Gefahr, dass ein und dasselbe Grundstück mit unterschiedlicher oder gar gegensätzlicher Zielrichtung überplant werde, bestehe nicht. Somit komme ein Verstoß gegen die durch § 7 S. 1 BauGB unter den dort genannten Voraussetzungen begründete Anpassungspflicht nicht in Betracht.[175]

---

[172] Vgl. Meißner in Ziekow S. 37, 45 f.

[173] HessVGH NVwZ 2001, 826, 826 f.; NVwZ 2003, 875, 877.

[174] Hierzu im ganzen HessVGH NVwZ 2001, 826, 826 f.; NVwZ 2003, 875, 877; Bohl NVwZ 2001, 764, 765; Repkewitz VBlBW 2005, 1, 3; ebenso das Merkmal der Raumbeanspruchung ablehnend Sellner/Scheidmann NVwZ 2004, 267, 271; zu weiteren Bedenken gegen die Anwendbarkeit von § 7 BauGB vergleiche weitergehend VGH BW NVwZ-RR 1998, 221, 222 f.

[175] BVerwG NvwZ 2004, 1229, 1234.

Hier ist der Ansicht der Rechtsprechung zuzustimmen, dass § 7 S. 1 BauGB keine Anwendung auf die Festlegung von Flugrouten findet. Den Versuchen, eine solche Anwendbarkeit damit zu begründen, dass die Lärmemissionen durch die Benutzung der Flugrouten Auswirkungen auf die Umgebung haben und Flugrouten damit eine raumbeanspruchende Planung seien, kann nicht gefolgt werden. Wie bereits dargestellt,[176] ist dies ein Fall der raumbedeutsamen Maßnahmen, es ist jedoch nicht raumbeanspruchend, da durch die Festlegung von Flugrouten kein Grund und Boden in Anspruch genommen wird. Insoweit ist § 7 BauGB nicht einschlägig, eine Pflicht zur Plananpassung und -abstimmung besteht daher nicht.

4. Fazit

Das „Entscheidungsprogramm" für die Festlegung von Flugrouten enthält in materieller Hinsicht ein Abwägungsgebot, welches sich aus dem Wesen einer rechtsstaatlichen Planung ergibt. Hierbei sind Belange der Sicherheit des Luftverkehrs nicht in die Abwägung einzustellen, sondern stets strikt zu beachten. Das Gebot des § 29b Abs. 2 LuftVG, wonach auf den Schutz der Bevölkerung vor unzumutbarem Fluglärm hinzuwirken ist, stellt kein Optimierungsgebot dar, sondern es handelt sich nur um eine Zielvorgabe. Sofern hier in der Abwägung ein Zielkonflikt mit dem Gebot der Flüssigkeit des Luftverkehrs besteht, genießt das Gebot des § 29b Abs. 2 LuftVG Vorrang. Die Ziele der Raumordnung entfalten bei der Festlegung von Flugrouten keine strikte Bindungswirkung, jedoch ergibt sich aus § 5 ROG eine Obliegenheit des LBA, die von ihnen wahrzunehmenden Belange in geeigneten Verfahren gegenüber den Ländern zu vertreten. Aus § 7 S. 1 BauGB ergeben sich ebenfalls keine weitergehenden Anforderungen an die Aufstellung von Flugrouten.

---

[176] Vgl. hierzu Gliederungsabschnitt B.III.2.

C. Rechtsschutz gegen Flugrouten

I. Entwicklung

1. Flugrouten als Allgemeinverfügungen?

Zum ersten Mal ist die Frage, ob und in welcher Form Rechtschutz gegen Flugrouten möglich ist, 1990 von Czybulka/Wandres[177] erörtert worden. Zu diesem Zeitpunkt war die Bundesanstalt für Flugsicherung (BFS) gem. § 27a Abs. 2 LuftVO a.f. für die Aufstellung von Flugrouten zuständig. Czybulka/Wandres wendeten sich gegen die schon damals übliche Praxis, dass Flugrouten als Rechtsverordnung erlassen wurden, da dies durch § 27a Abs. 2 LuftVO a.f. nicht zwingend vorgeschrieben war.[178] Nach Ihrer Ansicht könnten sich aus Art. 19 Abs. 4 GG Vorwirkungen auf die Ausgestaltung des dem gerichtlichen Rechtsschutzverfahren vorgelagerten Verwaltungsverfahrens ergeben: Dieses dürfe nicht so angelegt werden, um den gerichtlichen Rechtsschutz zu vereiteln oder unzumutbar zu erschweren.[179] Daraus ergebe sich, dass es eine freie Wählbarkeit der Handlungsform wegen der Verknüpfung zwischen Handlungsform und zulässigem Rechtsschutz, auch für den Gesetz- und Verordnungsgeber nicht gebe. Die Verwaltung dürfe zwar zwischen mehreren, ihnen zur Verfügung stehenden Handlungsformen wählen, ohne gerade diejenige auswählen zu müssen, die dem Betroffenen die ihm günstigste Rechtsschutzform zur Verfügung stellt.[180] Ein Formmissbrauch beginne unter Rechtsschutzgesichtspunkten aber dort, wo der Gerichtsschutz aus sachlich nicht mehr vertretbaren Gründen oder in einer für die Betroffenen unzumutbaren Weise begrenzt worden sei.[181] Die

---

[177] Czybulka/Wandres DÖV 1990, 1033 ff.

[178] § 27a Abs. 2 LuftVO a.F. lautete wie folgt: „Die Bundesanstalt für Flugsicherung wird ermächtigt, die Verfahren nach Absatz 1 festzulegen und in dem Bundesanzeiger sowie in den Nachrichten für Luftfahrer bekanntzumachen." Zur Neuorganisation der Flugsicherung vgl. Gliederungsabschnitt B.II.1.a).

[179] BVerfGE 61, 82, 110 Czybulka/Wandres DÖV 1990, 1033, 1037.

[180] Czybulka/Wandres DÖV 1990, 1033, 1037.

[181] Czybulka/Wandres DÖV 1990, 1033, 1037; Schmidt-Aßmann in Maunz/Dürig Art.19 Abs. 4 Rn. 68.

Flugroutenfestlegung in Form der Verordnung sei nach Ansicht der Autoren extrem rechtsschutzfeindlich, da eine gerichtliche Überprüfung kaum möglich sei. Denn zum damaligen Zeitpunkt ging die h.M. davon aus, dass sog. selbstvollziehende Rechtsverordnungen des Bundes nur durch die Verfassungsbeschwerde gerichtlich überprüft werden könnten. Eine Inzidentkontrolle kam zwar auch in Betracht, aber der dafür erforderliche Verwaltungsprozess war allein durch eine Klage eines Flugzeugführers gegen einen, aufgrund einer Flugroute, erlassenen Verwaltungsakt möglich. Dabei konnte der Flugzeugführer als Kläger aber nicht die Lärmbetroffenheit der Bevölkerung durch die Auswahl der Flugrouten rügen.[182] Czybulka/Wandres[183] gingen davon aus, dass sich die Festlegung von Flugrouten an einen bestimmten Personenkreis, nämlich die Luftfahrzeugführer richte. Zudem werde durch die Flugroute für einen spezifischen Verkehrsraum ein bestimmter Normbefehl, vergleichbar mit einem Verkehrszeichen im Straßenverkehr, ausgesandt. Somit sei die Regelung auch hinreichend konkret. Daher handele es sich bei der Flugroutenfestlegung durch die damals zuständige Bundesanstalt für Fugsicherung materiell um Allgemeinverfügungen i.S.d. § 35 S. 2 VwVfG. Gegen diese Allgemeinverfügungen sei als Rechtsschutz die Anfechtungsklage bzw. der Widerspruch statthaft.[184]

Gegen diese Ansicht wendet Repkewitz ein, es könne sich nur um Allgemeinverfügungen i.S.d. § 35 S. 2 3. Alt VwVfG – in Anlehnung an Verkehrszeichen im Straßenrecht – handeln. Derartige Allgemeinverfügungen seien aber nach ihrer wahren Rechtsnatur Rechtsvorschriften[185], für die der Gesetzgeber lediglich die Anwendung der Vorschriften über den Verwaltungsakt angeordnet hat. Für die Flugroutenfestlegung ist aber festzuhalten, dass der Gesetzgeber mit der Festlegung der Form bereits die wahre Rechtsnatur als Rechtssatz getroffen hat.[186]

Czybulka hat später selbst ausgeführt, dass aufgrund der Neufassung des § 27a LuftVO[187], in der die Aufstellung von Flugrouten durch Rechtsverordnung fest-

---

[182] Czybulka/Wandres DÖV 1990, 1933, 1037.
[183] Czybulka/Wandres DÖV 1990, 1033, 1038.
[184] Czybulka/Wandres DÖV 1990, 1033, 1040.
[185] Laubinger in FS-Rudolf S. 305, 321.
[186] Repkewitz VBlBW 2005, 1, 9.
[187] Luftverkehrs-Ordnung i.d.F. v. 18.Mai 1993, BGBl. I S. 710, ber. 747.

geschrieben wird, seine frühere, hier dargestellte Ansicht, wohl keine große Aussicht auf Erfolg mehr habe.[188] Aufgrund der bereits dargestellten Änderung des § 27a Abs. 2 LuftVO kann die Ansicht von Czybulka/Wandres nicht mehr vertreten werden.

2. Ablehnung des Rechtsschutzes durch die frühere verwaltungsgerichtliche Rechtsprechung

Die Rechtsprechung hat diesen Gedanken von Czybulka/Wandres nicht aufgegriffen.[189] Vielmehr hat der VGH München 1993 eine Anfechtungsklage gegen die Festlegung von Abflugrouten mangels Vorliegen eines Verwaltungsaktes für unstatthaft erklärt.[190] Dies begründete er damit, dass selbst die Regelung von Einzelfällen, wenn sie kraft Gesetz durch Rechtsverordnung zu erfolgen habe, für die Frage des Rechtsschutzes nicht als Verwaltungsakte anzusehen sei, die im Wege der Anfechtungsklage angegriffen werden könnten.[191] Hintergrund dieser Begründung ist die bereits beschriebene Änderung der LuftVO, wonach nun ausdrücklich in der LuftVO geregelt ist, dass Flugrouten als Rechtsverordnung erlassen werden. Weiterhin führt der VGH aus, dass die Festlegung der An- und Abflugrouten durch bundesrechtliche Rechtsverordnung nicht gegen Art. 19 Abs. 4 GG verstoße, auch wenn damit weder der Weg der Anfechtungsklage nach § 42 Abs. 1 VwGO noch der des prinzipalen Normenkontrollverfahren nach § 47 VwGO in zulässiger Weise beschritten werden könne. Eine Verletzung dieses Grundrechts scheide schon aus, wenn man mit der ständigen Rechtsprechung des BVerfG eine aus Art. 19 Abs. 4 GG abzuleitende Garantie des Rechtsschutzes gegen Normen verneint. In Konsequenz dieser Rechtsprechung stellten Verfassungsbeschwerden nach Art. 93 Abs. 1 Nr. 4a und 4b GG auch keinen Rechtsweg i.S.v. Art. 19 Abs. 4 GG dar. Wohl aber böten Art 93 Abs. 1 Nr. 4a und 4b GG einen speziellen Rechtsbehelf in Form einer prinzipalen Normenkontrolle, die dem Schutz vor Verletzungen der Grundrechte und der Selbstverwaltungsgarantie diene.[192] Art. 19 Abs. 4 GG fordere lediglich die Ef-

---

[188] Czybulka in Ziekow S. 9, 18.
[189] Hierzu auch Kilian NVwZ 1998, 142, 142.
[190] BayVGH NVwZ-RR 1995, 114, 115; BayVGH NVwZ-RR 1995, 117 f.
[191] Vgl. hierzu Gliederungsabschnitt C.I.1.
[192] BayVGH NVwZ-RR 1993, 114, 116.

fektivität des Rechtsschutzes, diese sei bei einer Rechtsnorm, die sich selbst vollziehe, durch die Verfassungsbeschwerde gewährleistet.[193] Ebenso entschied das NdsOVG, das sich dabei auf die Entscheidung des BayVGH stützte.[194]

3. Eröffnung des Verwaltungsrechtsweges durch das Bundesverfassungsgericht

Gegen die Entscheidung des NdsOVG legte der Betroffene Verfassungsbeschwerde ein, in der er die Verletzung von Art. 2 Abs. 1; 19 Abs. 4, 2 Abs. 2 S. 1; 14 Abs. 1 GG rügte. Das Bundesverfassungsgericht nahm die Verfassungsbeschwerde nicht zur Annahme an.[195] Nach Ansicht des Senats stehe der Verfassungsbeschwerde der Grundsatz der Subsidiarität entgegen. Der Kläger müsse zunächst den Rechtsschutz auf dem Verwaltungsrechtsweg suchen, dieser sei nicht offensichtlich aussichtslos. Es handele sich hierbei nicht um eine verfassungsrechtliche Streitigkeit, für die der Verwaltungsrechtsweg nicht offen stehe. Der Verwaltungsrechtsweg sei auch nicht verschlossen, wenn es für die Entscheidung auf die Gültigkeit einer untergesetzlichen Rechtsnorm – einschließlich ihrer Verfassungsmäßigkeit – ankomme. Gegebenenfalls könnten Verwaltungsgerichte die Verfassungswidrigkeit einer solchen Rechtsnorm in den Gründen ihrer Entscheidung feststellen, das Verwerfungsmonopol des BVerfG beziehe sich dagegen nur auf formale nachkonstitutionelle Gesetze.[196] Mit dieser Entscheidung hat das BVerfG den Weg für die verwaltungsgerichtliche Kontrolle von Flugrouten eröffnet.

II. Sachentscheidungsvoraussetzungen einer Klage

Im Jahr 2000 hatte das Bundesverwaltungsgericht[197] erstmals über eine solche Flugrouten-Klage zu entscheiden. Im Folgenden werden nun die Sachentscheidungsvoraussetzungen einer solchen Klage dargestellt.

---

[193] BayVGH NVwZ-RR 1993, 114, 116.

[194] NdsOVG Beschl. v. 17. 3.1995 Az. 12 M 585/95 und Beschl. v. 25.1.1996 Az. 12 M 7755/95 (beide Beschlüsse wurden nicht veröffentlicht).

[195] BVerfG NVwZ 1998, 169 f.

[196] BVerfG NVwZ 1998, 169, 170.

[197] BVerwG UPR 2000, 460 ff.

1. Eröffnung des Verwaltungsrechtsweges

Wie bereits dargestellt, geht das Bundesverfassungsgericht davon aus, dass der Verwaltungsrechtsweg eröffnet ist.[198] Mangels aufdrängender Sonderzuweisung richtet sich die Eröffnung des Verwaltungsrechtswegs nach § 40 Abs. 1 S. 1 VwGO. Streitentscheidende Normen sind § 32 Abs. 1 Nr. 1, Abs. 3 LuftVG i.V.m. § 27a Abs. 2 LuftVO, die dem öffentlichen Recht zuzuordnen sind und die Streitigkeit ist somit öffentlich-rechtlicher Natur. Mangels doppelter Verfassungsunmittelbarkeit, einerseits im Hinblick auf die der Entscheidung zu Grunde liegenden Normen und andererseits bezüglich der Streitbeteiligten, ist die Streitigkeit auch nichtverfassungsrechtlicher Art.[199] Zudem ist eine anderweitige Zuweisung nicht ersichtlich; somit ist der Verwaltungsrechtweg Klagen gegen Flugrouten eröffnet.

2. Statthafte Klageart

Das Bundesverfassungsgericht hat in der bereits dargestellten Entscheidung[200] keine Aussagen über die statthafte Klageart getroffen, sondern die Wahl der statthaften Klageart der Verwaltungsgerichtsbarkeit überlassen.

a) Anfechtungsklage

Aufgrund der Änderung des § 27a Abs. 2 LuftVO, in der nun explizit der Erlass von Flugrouten durch Rechtsverordnung geregelt wird, kann die Ansicht, dass es sich bei der Festlegung von Flugrouten materiell um Allgemeinverfügungen i.S.d. § 35 S. 2 VwVfG handele und ihre Festlegung als Rechtsverordnung ein Formmissbrauch sei und somit gegen Art. 19 Abs. 4 GG verstoße, nicht mehr aufrechterhalten werden.[201] Daher scheidet die Anfechtungsklage nach § 42 Abs. 1 Alt. 1 VwGO mangels Vorliegen eines Verwaltungsaktes als statthafte Klageart aus.

---

[198] BVerfG NVwZ 1998, 169 f.

[199] Aulehner JA 2001, 291, 292; a.A. wohl Rupp NVwZ 2002, 286, 287: Er hält das Verwerfungsmonopol des BVerfG bez. aller formellen, nachkonstitutionellen Gesetze hier nicht für einschlägig und lehnt die Argumentation des BVerfG NVwZ 1998, 169 f. zur Eröffnung des Verwaltungsrechtsweges ab.

[200] BVerfG NVwZ 1998, 169 f.

b) Normenkontrollverfahren

Ein Normenkontrollverfahren nach § 47 VwGO ist gegen Rechtsverordnungen des Bundes nicht statthaft. Die früher vertretene Ansicht, § 47 VwGO analog auch auf bundesrechtliche untergesetzliche Vorschriften verwaltungsrechtlichen Inhalts anzuwenden, um auf diese Weise dem Rechtsschutzgebot des Art. 19 Abs. 4 GG zu genügen,[202] ist abzulehnen, da eine solche analoge Anwendung im eindeutigen Widerspruch zum Wortlaut und Sinn des § 47 VwGO stünde. Überdies sind allgemein verbindliche Normenkontrollen materiell verfassungsgerichtlicher Art, weshalb der Verwaltungsrechtsweg nach § 40 Abs. 1 S. 1 VwGO nicht eröffnet ist und die Regelung des § 47 VwGO als Erweiterung des verwaltungsrechtlichen Rechtswegs zu verstehen ist.[203] Zudem geht § 47 VwGO in seinen einzelnen Elementen über das hinaus, was Art. 19 Abs. 4 GG unbedingt verlangt.[204] Die verbleibende Rechtsschutzlücke ist daher durch die Fortentwicklung der verfügbaren Klagearten, auch insofern vor allem der Feststellungsklage, zu schließen.[205]

Da § 47 VwGO den Fall der Flugroutenfestlegung nicht erfasst, entfaltet er, entgegen einiger Literaturstimmen[206], auch keine Sperrwirkung in Bezug auf die Überprüfbarkeit abstrakt-genereller Regelungen, sodass die allgemeine Leistungsklage nicht nur auf Einzelakte Anwendung findet. Dem System des verwaltungsgerichtlichen Rechtsschutzes kann nicht entnommen werden, dass außerhalb des § 47 VwGO die Überprüfung von Rechtssetzungsakten ausgeschlossen sein soll. Es gehört seit jeher zur richterlichen Prüfungskompetenz, auch die Gültigkeit einer Rechtsnorm, insbesondere die Vereinbarkeit mit höherrangigem Recht zu überprüfen, sofern es für den Ausgang des Rechtsstreits hierauf an-

---

[201] Ebenso Wysk ZLW 1998, 285, 293, Czybulka in Ziekow S. 9, 18 distanziert sich ebenfalls von seiner früher vertretenen Ansicht, vgl. Hierzu Gliederungsabschnitt C.I.1.

[202] Obermayer DVBl. 1965, 625, 632; Bartlsperger DVBl. 1967, 360, 372; vgl. hierzu Darstellung Alber S. 139.

[203] Schenke JUS 1981, 80, 86.

[204] BVerwG DVBl. 1984, 145, 146; BVerfGE 31, 364, 368.

[205] Schmidt-Aßmann in Maunz/Dürig Art. 19 IV Rn. 75.

[206] vgl. Aulehner JA 2001, 291, 292; Sodan in Sodan/Ziekow § 42 Rn. 51.

kommt.[207] § 47 VwGO hat die Möglichkeiten des subjektiven Rechtsschutzes nicht beschnitten, sondern nur erweitert.[208]

c) Allgemeine Leistungsklage oder Feststellungsklage

Da sowohl die Anfechtungsklage als auch das Normenkontrollverfahren als statthafte Klageart ausscheiden, kommen nur die allgemeine Leistungsklage und die Feststellungsklage in Betracht.

(1) Voraussetzungen der allgemeinen Leistungsklage

Die allgemeine Leistungsklage ist in der VwGO nicht geregelt, sie wird jedoch in § 43 Abs. 2 VwGO vorausgesetzt und ist allgemein anerkannt.[209] Das Rechtsschutzbegehren der Klage müsste auf die Beseitigung des die Streckenbeschreibung beinhaltenden Flugverfahrens gerichtet sein, da dies für das Lärmschutzanliegen des betroffenen Bürgers im Einwirkungsbereich einer betroffenen Flugroute genüge. Prozessual entspreche dies einer teilweisen – nur das störende Verfahren betreffenden – Aufhebung der einschlägigen Verordnung, mit der Folge, dass das Befliegen des durch diese Route gekennzeichneten Luftraums wegen § 1 Abs. 1 LuftVG zwar nicht rechtlich unzulässig werde, aber die Logik der Instrumentenflugregeln und die Mechanik der Verordnung zu einer vollständigen Verdrängung des an- bzw. abfliegenden Luftverkehrs auf andere Strecken führe, da der Luftfahrzeugführer die Route schon faktisch nicht mehr befliegen könne.[210] Somit wäre danach die allgemeine Leistungsklage auf die teilweise Aufhebung der Verordnung gerichtet.

---

[207] BVerwG NJW 1983, 2208, 2208; BVerwG UPR 2000, 460, 461 führt zudem weiter aus, dass von einer „Umgehung" des § 47 VwGO deswegen nur dann die Rede sein könne, wenn mit einem auf eine andere Klageart gestützten Rechtsschutzbegehren lediglich die Klärung einer abstrakten Rechtsfrage aufgrund eines nur erdachten oder eines solchen Sachverhalts erreicht werden soll, dessen Eintritt noch ungewiss sei; in einem solchen Fall diene der Rechtsstreit nicht der Durchsetzung von konkreten Rechten der Beteiligten, sondern dazu, Rechtsfragen gleichsam um ihrer selbst willen rechtstheoretisch zu lösen. Czybulka ZUR 2001, 268, 269 führt dazu aus, dass sich diese Umgehungsproblematik letztlich gar nicht stelle, da wer mit der Klage (lediglich) die Klärung einer abstrakten Rechtsfrage erreichen wolle, an der fehlenden Klagebefugnis scheitere; ebenso Alber S. 139 f.

[208] BVerwG UPR 2000, 460, 461.

[209] BVerwGE 31, 301, 303 f.; Hufen § 17 Rn. 1; Kopp/Schenke Vorb. § 40 Rn. 4.

[210] Wysk ZLW 1998, 285, 295.

Gegen die allgemeine Leistungsklage wendete das BVerwG ein, dass eine rechtwidrige Verordnung nichtig sei und daher nicht mehr aufgehoben werden könne, daher würde das Klagebegehren ins Leere laufen.[211] Dabei ist jedoch zu beachten, dass die ganz herrschende Meinung im vergleichbaren Fall des nichtigen Verwaltungsaktes auch die Anfechtungsklage zulässt, obwohl auch dieser gem. § 43 Abs. 3 VwVfG unwirksam ist.[212] Zudem kann der Normgeber auch den von nichtigen Normen ausgehenden Rechtsschein der Gültigkeit durch einen actus contrarius formell aus der Welt schaffen. Im Streitfall, wenn die Verwaltung eine Norm für gültig hält und sie weiter anwendet, ist eine Verurteilung zur Aufhebung die geeignete Maßnahme, dem Anspruch auf Beseitigung des Rechtsscheins zu genügen.[213] Zudem tritt nach neuerer Rechtsprechung, insbesondere des Bundesverfassungsgerichts, die Rechtsfolge „Nichtigkeit" keineswegs mehr bei Rechtsverstößen „automatisch" ein,[214] sodass der Beseitigung des bösen Rechtsscheins besondere Bedeutung zukommt.[215]

(2) Voraussetzungen der Feststellungsklage

Das Bundesverwaltungsgericht[216] hält das Klagebegehren in Form der Feststellungsklage für statthaft. Dabei geht es jedoch nicht auf die Voraussetzungen der Feststellungsklage ein, sondern setzt das Vorliegen gleichsam voraus. Nach § 43 Abs. 1 VwGO stellt die Feststellungsklage das Bestehen oder Nichtbestehen eines Rechtsverhältnisses fest. Unter Rechtsverhältnis i.d.S. sind die aus einem konkreten Sachverhalt aufgrund einer Rechtsnorm (des öffentlichen Rechts) sich ergebenden rechtlichen Beziehungen einer Person zu einer anderen Person oder

---

[211] BVerwG UPR 2000, 460, 461.

[212] Wysk ZLW 1998, 285, 295; Czybulka ZUR 2001, 268, 269; Kopp/Schenke § 42 Rn. 3; OVG RLP NVwZ 1987, 899, 899; VG Potsdam NVwZ 1999, 214, 214; auch der Gesetzgeber hat in § 43 Abs. 2 S. 2 VwGO anerkannt, dass auch die Verpflichtungsklage gegen einen nichtigen Verwaltungsakt statthaft ist, da nur in diesem Fall die Ausnahme von der Subsidiaritätsklausel einen Sinn ergibt; a.A. Hufen § 14 Rn. 11, der nur die Feststellung der Nichtigkeit für statthaft hält.

[213] Wysk ZLW 1998, 285, 295.

[214] Vgl. BVerfGE 91, 148, 175 f. wonach bei inhaltlichen Fehlern die Nichtigkeit die regelmäßige Folge des Verfassungsverstoßes bilde, dagegen führe ein Verfahrensfehler nur dann zur Nichtigkeit der Norm, wenn er evident sei, dies gebiete die Rücksicht auf die Rechtssicherheit.

[215] Alber S. 142; Czybulka ZUR 2001, 268, 269.

[216] BVerwG UPR 2000, 460, 461.

zu einer Sache zu verstehen. Zu einer Sache allerdings nur in dem Sinn, dass Rechtsbeziehungen zu „dritten" Personen, meist einer unbestimmten Vielzahl von Personen, durch eben diese Sache vermittelt werden.[217] Als Rechtsverhältnis kommt entweder der behauptete Anspruch des betroffenen Bürgers gegen die Bundesrepublik Deutschland, die Rechtsverordnung teilweise aufzuheben, oder die Berechtigung und Verpflichtung von Luftfahrzeugführern gegenüber der Bundesrepublik, das beanstandete Flugverfahren zu befolgen, in Betracht.[218] Im ersten Fall handelt es sich um eine in das Gewand einer Feststellung gekleidete Aufhebungsklage. Die Rechtsprechung lässt dies zu, sofern Gründe der Prozessökonomie nicht entgegenstehen.[219] Der zweite Fall stellt keine, nach verbreiteter Ansicht, unzulässige Klage auf Feststellung der Ungültigkeit einer Norm dar, denn es steht keine abstrakte, vom rechtlich geschützten Interesse des Klägers unabhängige Rechtsfrage im Raum, sondern einzelne unterscheidbare Rechte und Pflichten. Die Feststellungsklage ist auch deshalb nicht unzulässig, weil sie auf die behauptete Nichtigkeit einer Norm gestützt wird, da die durch die Verordnung begründeten Rechte und Pflichten der Luftfahrzeugführer nicht noch durch einen Vollzugsakt begründet werden.[220] Auch steht diesem nicht entgegen, dass ein Nichtbestehen von Drittrechtsverhältnissen geltend gemacht wird. Es ist nicht erforderlich, dass der Kläger an dem streitigen Rechtsverhältnis unmittelbar beteiligt ist.[221] Er kann, wenn die weiteren Voraussetzungen vorliegen, auch die Feststellung verlangen, dass zwischen ihm bzw. dem Beklagten und einem Dritten ein Rechtsverhältnis bestehe oder nicht.[222] Die Konkretheit des Rechtsverhältnisses ist hier durch die immer wieder realisierende Befolgung des streitigen Flugverfahrens unproblematisch.[223]

---

[217] Kopp/Schenke § 43 Rn. 11.

[218] Wysk ZLW 1998, 285, 297.

[219] Wysk ZLW 1998, 285, 297; Pietzcker in S/S/P § 43 Rn. 11.

[220] Wysk ZLW 1998, 285, 297; Pietzcker in S/S/P § 43 Rn. 25.

[221] Kopp/Schenke § 43 Rn. 16 m.w.N.

[222] BVerwG NJW 1997, 3257 f.; Wysk ZLW 1998, 285, 298.

[223] Wysk ZLW 1998, 285, 298; Kopp/Schenke § 43 Rn.17-19; Dagegen geht Rupp NVwZ 2002, 286, 288 davon aus, dass hier überhaupt kein Rechtsverhältnis i.S.d. § 43 Abs. 1 VwGO vorliege, da § 43 Abs. 1 VwGO die Feststellung der Nichtigkeit eines Verwaltungsaktes nicht als Unterfall Rechtsverhältnisfeststellung ansehe, könne daraus geschlossen werden, dass die Feststellung der Nichtigkeit einer Rechtsnorm keine Rechtsverhältnisfeststellung darstelle. Er geht daher von einer analogen Anwendung des § 43 Abs. 1 VwGO durch das Bundesverwal-

Der Statthaftigkeit der Feststellungsklage könnte aber die Subsidiaritätsklausel gem. § 43 Abs. 2 S. 1 VwGO entgegenstehen. Diese soll unnötige Feststellungsklagen verhindern, wenn für die Rechtsverfolgung unmittelbarere, sachnähere und wirksamere Verfahren zur Verfügung stehen.[224] Insbesondere soll das Unterlaufen der für die Anfechtungs- und Verpflichtungsklage vorgeschriebenen Sonderregelungen vermieden und verhindert werden, dass der Kläger das Gericht unter Umständen ein zweites Mal mit der Sache befassen muss, wenn der Beklagte nicht freiwillig bereit ist, aus der festgestellten Rechtslage die gebotenen Folgerungen zu ziehen.[225] Nach Ansicht des Bundesverwaltungsgerichts steht die Subsidiarität nach § 43 Abs. 2 VwGO Klagen gegen Flugrouten nicht entgegen, weil keine Umgehung der für die Anfechtungs- und Verpflichtungsklagen geltenden Bestimmungen über Fristen und Vorverfahren droht.[226] Aber eine auf Feststellung der Nichtigkeit einer Rechtsnorm gerichtete Feststellungsklage entfaltet nur Wirkung inter pares und kann jederzeit von einem anderen Gericht zwischen anderen Parteien anders entschieden werden, sodass die Sache also keineswegs allgemein aus der Welt ist.[227] Dies sei aber nach Ansicht der Rechtsprechung nicht von entscheidender Bedeutung, da die Beklagte als öffentlich-rechtliche Körperschaft aufgrund ihrer Bindung an Recht und Gesetz nach Art. 20 Abs. 3 GG und in der Praxis insbesondere auch wegen der Haftungsrisiken bei rechtswidrigem Handeln diesem Urteil Folge leisten werde.[228] Hierfür spreche auch der Vergleich zum Zivilprozessrecht, wo nach der Rechtsprechung des Reichsgerichts[229] und des BGH[230] anstelle von Leistungsklagen auch Feststellungsklagen gegen den Bund, die Länder oder andere öffentlich-rechtliche Kör-

---

tungsgericht aus. Letztlich überzeugt dieser Einwand aber nicht, denn es liegt, wie dargestellt, ein bzw. zwei Rechtsverhältnisse i.S.d. § 43 Abs. 1 VwGO vor. Zudem verkennt er, dass es sich hier um die Besonderheit einer selbstvollziehenden Rechtsvorordnung handelt, sodass sich dadurch unmittelbar ein Rechtsverhältnis ergeben kann.

[224] BVerwG NJW 1986, 1826, 1829; NVwZ 1987, 216, 217; Kopp/Schenke § 43 Rn. 26.

[225] Kopp/Schenke § 43 Rn. 26 m.w.N.

[226] BVerwG UPR 2000, 460, 461; insoweit zustimmend Czybulka ZUR 1999, 268, 269.

[227] Rupp NVwZ 2002, 286, 288.

[228] BVerwGE 36, 179, 181; 40, 323, 327 f.; 51, 69, 75; 77, 207, 211.

[229] RGZ 92, 1, 8; 129, 31, 34.

[230] BGHZ 28, 123, 126; BGH NJW 1984, 1118, 1119; Hartmann in Baumbach/Lauterbach § 256 Rn. 82.

perschaften zulässig seien.[231] Aus diesem Grund sei auch die fehlende Vollstreckbarkeit des Urteils unbeachtlich,[232] da in diesem Fall auch nicht die Gefahr einer wiederholten Befassung des Gerichts drohe.

Dagegen gehen Teile der Literatur davon aus, dass die Feststellungsklage auch gegenüber der allgemeinen Leistungsklage subsidiär sei.[233] Das Verhältnis der allgemeinen Leistungsklage zur Feststellungsklage werde allein durch § 43 Abs. 2 S. 1 VwGO bestimmt. Dessen teleologische Reduktion verbiete sich, da sowohl in Fällen der allgemeinen Feststellungsklage als auch in Fällen der Leistungsklage Beklagter typischerweise eine juristische Person des öffentlichen Rechts sei.[234] Die Reduzierung der Vorschrift auf den Zweck, die Umgehung der für Anfechtungs- und Verpflichtungsklage geltenden Sondervorschriften zu vermeiden, sei zu eng, dem widerspreche bereits die rechtswegübergreifende Wirkung der Subsidiaritätsklausel. Ferner sei zu bedenken, dass der Gesetzgeber – wie durch § 126 Abs. 3 BRRG bereits geschehen – für bestimmte allgemeine Leistungsklagen durch spezialgesetzliche Anordnung Klagefristen eingeführt habe.[235] Zudem werfe ein solch unbedingtes Vertrauen in den behördlichen Respekt vor gerichtlichen Entscheidungen die Frage auf, warum die VwGO Vorschriften über die Vollstreckung gegen öffentliche Rechtsträger vorsehe; bedingungslos könne daher das Vertrauen des Gesetzgebers in die „Gerichtstreue" der Behörden nicht gewesen sein. Auch die obergerichtliche Rechtsprechung habe keinen Grund, im stärkeren Maße auf die Gerichtstreue der Behörden zu bauen, als die VwGO das tue.[236] Die Beschränkung der Subsidiarität der Feststellungsklage auf das Verhältnis zur Anfechtungs- und Verpflichtungsklage verkenne außerdem, das in § 43 Abs. 2 S. 1 VwGO der Ausschluss der Feststellungsklage, soweit eine Leistungs- oder Gestaltungsklage erhoben werden kann, ohne Einschränkung normiert sei und die VwGO mit der Schaffung von Vollstreckungsmöglichkeiten gegen den Staat einer anderen Konzeption folge, die der Über-

---

[231] BVerwGE 36, 179, 181.

[232] BVerwG UPR 2000, 460, 461.

[233] Kopp/Schenke § 43 Rn. 28; Hufen § 18 Rn.10.

[234] Kopp/Schenke § 43 Rn. 28; ebenso diese teleologische Reduktion ablehnend Kunig JURA 1997, 326, 328.

[235] Sodan in Sodan/Ziekow § 43 Rn. 121.

[236] Happ in Eyermann § 43 Rn. 43; in diesem Sinne auch BGH NJW 1993, 1076, 1079.

nahme der im Zivilprozess entwickelten Grundsätze entgegenstehe.[237] Der Kläger erlange zudem durch die Leistungsklage, im Gegensatz zur Feststellungsklage, einen vollstreckbaren und auf konkrete Handlungen bezogenen Titel, sodass hier das Rechtstreueargument so wenig überzeuge wie andere Varianten des „da nicht sein kann, was nicht sein darf".[238]

Sowohl die allgemeine Leistungsklage als auch die Feststellungsklage kommen als statthafte Klageart in Betracht. Für die Feststellungsklage spricht auch der Feststellungscharakter des Normenkontrollverfahrens nach § 47 Abs. 5 S. 2 VwGO.[239] Jedoch überzeugt letztlich der Einwand, dass die Feststellungsklage gem. § 43 Abs. 2 S. 1 VwGO subsidiär ist. Zwar werden keine für die Anfechtungs- und Verpflichtungsklage vorgeschriebenen Sonderregelungen unterlaufen, jedoch muss hier der deutliche Wille des Gesetzgebers berücksichtigt werden. Denn der Wortlaut des § 43 Abs. 2 VwGO nennt nicht nur die Anfechtungs- und Verpflichtungsklage sondern Gestaltungs- und Leistungsklagen. Hierzu gehört auch die allgemeine Leistungsklage, sodass der Grundsatz der Subsidiarität der Feststellungsklage nach § 43 Abs. 2 VwGO hier greift. Die Begründung der Rechtsprechung, ein vollstreckungsfähiges Urteil sei nicht erforderlich, da sich der Staat in jedem Falle an das Urteil halten werde, vermag nicht zu überzeugen. Daher ist die Leistungsklage die statthafte Klageart.[240] Der Klageantrag ist im Rahmen der Leistungsklage auf die teilweise Aufhebung der Verordnung zu richten.

3. Klagebefugnis

Auch bei Klagen gegen Flugrouten muss der Kläger nach § 42 Abs. 2 VwGO analog klagebefugt sein.[241] Die Klagebefugnis fehlt, nach Ansicht des BVerwG,

---

[237] Redeker/v. Oertzen § 43 Rn. 26; Sodan in Sodan/Ziekow § 43 Rn. 121.

[238] Hufen § 18 Rn. 11.

[239] Vgl. BVerwG UPR 2000, 460, 461, Czybulka ZUR 2001, 268, 269.

[240] Ebenso für die allgemeine Leistungsklage Alber S. 144, wohl auch Wysk ZLW 1998, 285, 297; wohl auch Repkewitz VBlBW 2005, 1, 12.

[241] BVerwGE 18, 154, 157; 36, 192, 199; Kopp/Schenke § 42. Rn. 62, Hufen § 17 Rn. 13.

nur dann, wenn offensichtlich und eindeutig nach keiner Betrachtungsweise subjektive Rechte des Klägers verletzt sein können.[242].

a) Klagebefugnis natürlicher Personen

Die gerichtliche Praxis hat gezeigt, dass in den bisherigen Verfahren in der Regel nicht die Adressaten der Flugrouten, also Luftfahrzeugführer gegen diese vorgegangen sind. Vielmehr wollten sich Anwohner und damit Drittbetroffene gegen Flugrouten gerichtlich zur Wehr setzen. Um klagebefugt zu sein, müssen sie die mögliche Verletzung einer drittschützenden Norm geltend machen. Ob eine Norm des öffentlichen Rechts drittschützende Wirkung hat, hängt davon ab, ob sie ausschließlich objektiv-rechtlichen Charakter hat oder ob sie – zumindest auch – dem Schutz von Individualinteressen derart zu dienen bestimmt ist, dass die Träger der Individualinteressen die Einhaltung des Rechtssatzes verlangen können.[243]

(1) § 29b Abs. 2 LuftVG

Eine solche drittschützende Norm könnte § 29b Abs. 2 LuftVG darstellen. § 29b LuftVG lautet wie folgt:

§ 29b LuftVG [Pflicht zur Vermeindung von Fluglärm]

(1) Flugplatzunternehmer, Luftfahrzeughalter und Luftfahrzeugführer sind verpflichtet, beim Betrieb von Luftfahrzeugen in der Luft und am Boden vermeidbare Geräusche zu verhindern und die Ausbreitung unvermeidbarer Geräusche auf ein Mindestmaß zu beschränken, wenn dies erforderlich ist, um die Bevölkerung vor Gefahren, erheblichen Nachteilen und erheblichen Belästigungen durch Lärm zu schützen. Auf die Nachtruhe der Bevölkerung ist in besonderem Maße Rücksicht zu nehmen.

(2) Die Luftfahrtbehörden und die für die Flugsicherung zuständige Stelle haben auf den Schutz der Bevölkerung vor unzumutbarem Fluglärm hinzuwirken.

---

[242] BVerwG UPR 2000, 460, 461; Rupp NVwZ 2002, 286, 289 lehnt dagegen das Erfordernis der Klagebefugnis ab, er fordert dagegen, in Anlehnung an die Verfassungsbeschwerde, dass der Kläger selbst, gegenwärtig und unmittelbar betroffen sein muss. Letztendlich wird diese Ansicht wohl auch nicht zu anderen Ergebnissen führen, als das Erfordernis der Klagebefugnis.

[243] BVerwGE 92, 313, 316; 107, 215, 220.

Wesentliches Kriterium für den „drittschützenden" Charakter einer Norm ist, inwieweit in der betreffenden Norm das geschützte Interesse, die Art der Verletzung und der Kreis der geschützten Personen hinreichend klargestellt und abgegrenzt wird.[244] Von besonderer Bedeutung sind auch unter verfassungsrechtlichen Gesichtspunkten die Art des geschützten „Rechtsguts", die Intensität seiner Beeinträchtigung und die Individualisierbarkeit des Kreises der Betroffenen.[245]

Weitgehende Einigkeit besteht darüber, dass es sich bei § 29b Abs. 1 S. 2 LuftVG um eine drittschützende Norm handelt.[246] Dagegen ist die Auslegung von § 29 Abs. 2 LuftVG umstritten. Das BVerwG hat es offen gelassen, ob es sich hierbei um eine drittschützende Norm handelt.[247] Teilweise wird daraus, dass § 29 b Abs. 2 LuftVG vom „Schutz der Bevölkerung vor unzumutbarem Fluglärm" spricht, abgeleitet, dass Begünstigter der Vorschrift somit nicht der Einzelne, sondern die Allgemeinheit sei und es sich daher nicht um eine drittschützende Vorschrift handeln könne.[248] Gleichzeitig folgert diese Ansicht aus § 29b Abs. 1 S. 2 LuftVG, der von der Nachruhe der Bevölkerung spricht, dass sich hieraus eine besondere Rücksichtnahme auf das Ruhebedürfnis der Anwohner in der Nacht ergebe.[249] Der Begriff „Bevölkerung" wird einmal als Allgemeinheit und einmal als Anwohner verstanden. Daher kann diese Ansicht, die allein auf den Begriff "Bevölkerung" abstellt, nicht überzeugen.[250] Legt man den Begriff „Bevölkerung" einheitlich aus, so sind sowohl §29b Abs. 1 S. 2 als auch § 29 b Abs. 2 LuftVG drittschützend oder beide sind es nicht.

Andere Literaturstimmen vertreten die Ansicht, bei § 29b LuftVG handele es sich um eine immissionsschutzrechtliche Norm für den „Betrieb", die ihrer Struktur § 41 Abs. 1 BImSchG ähnle.[251] § 41 Abs. 1 BImSchG entfalte nach der

---

[244] BVerwGE 27, 29, 33; 41, 58, 63; 52, 122, 129; Kopp/Schenke § 42 Rn. 84.

[245] BVerwGE 27, 29, 33; 28, 268, 275; 32, 173, 175; 41, 58, 63; 52, 122, 129; Kopp/Schenke § 42 Rn. 84.

[246] Vgl. hierzu Hofmann/Grabherr § 29b Rn. 3.

[247] BVerwG UPR 2000, 460, 461.

[248] So Hofmann/Grabherr § 29b Rn. 3.

[249] Hofmann/Grabherr § 29b Rn. 3.

[250] Alber S. 146.

[251] Czybulka DÖV 1991, 410, 411.

Rechtsprechung des BVerwG für Nachbarn drittschützende Wirkung.[252] Das gleiche müsse auch für § 29 Abs. 2 LuftVG gelten, sodass er drittschützend für die überflogenen natürlichen Personen sei.[253] Die weite Fassung der möglicherweise betroffenen Dritten („Bevölkerung") ergebe sich aus der Natur der Sache durch den potentiellen Einwirkungsbereich der Anlage „Flughafen" einschließlich ihrer Start und Landebahnen samt der hierauf ausgerichteten Anflugsektoren und An- und Abflugwege.[254] Der Gesetzgeber sei nicht daran gehindert, auch einem großen, zahlenmäßig nicht von vornherein bestimmten Kreis von Personen subjektive Rechte einzuräumen.[255] Anwohner von Flughäfen und im Bereich von An- und Abflugrouten werde ein Sonderopfer dahingehend abverlangt, dass sie gegenüber anderen Bevölkerungsgruppen erhöhte Lärmbelastungen zu tragen haben.[256] Daher sei es erforderlich, dass den Betroffenen, die insoweit eine „Schicksalsgemeinschaft" bilden, quasi als Kompensation für diese Belastungen ein subjektives Recht auf Schutz vor vermeidbarem Fluglärm eingeräumt werde.[257] Klagebefugt seien die in einem Lärmauswirkungsbereich eines Flughafens Lebenden, dieser Lärmauswirkungsbereich könne mittels der TA Lärm abgegrenzt werden.[258] Somit ist davon auszugehen, dass § 29b Abs. 2 LuftVG ein

---

[252] BVerwGE 101, 73, 84; NVwZ-RR 1999, 556, 557; Jarass BImSchG § 41 Rn. 66; Czybulka DÖV 1991, 410, 411 f.

[253] Czybulka DÖV 1991, 410, 412.

[254] Czybulka DÖV 1991, 410, 411.

[255] BVerwGE 78, 40, 43; Kopp/Schenke § 42 Rn. 84.

[256] Alber S. 146.

[257] Kopp/Schenke § 42 Rn. 84; Alber S. 146 f.

[258] Czybulka DÖV 1991, 410, 411; zur Abgrenzung der Klagebefugnis mittels der TA Lärm OVG Lüneburg NVwZ 1985, 357, 358; Czybulka UPR 1999, 126, 127 stützt dieses Ergebnis auch auf das aus Art. 20a GG folgende allgemeine Verschlechterungsgebot bezüglich der Umweltsituation; weshalb auch bei Zunahme der Flugbewegungen keine erhöhte Lärmbelästigung auftreten dürften. Daher sei eine lärmvorsorgende Planung gleichsam verfassungsrechtlich geboten. Alber S. 147 lehnt dies mit der Begründung ab, dass Art. 20a GG zwar grundrechtserweiternde Wirkung aus Seiten des Umweltbelasteten habe, wodurch aufgrund anderer subjektiver Rechte bereits bestehende Klagebefugnisse in ihrer Reichweite dahingehend erweitert werden könnten, dass dort, wo der Staat in Freiheit oder Eigentum eingreife, der Betroffene einen grundrechtlich verbürgten – subjektiven Anspruch darauf habe, dass der Eingriff nicht nur in Übereinstimmung mit den tangierten Grundrechten steht, sondern auch in jeder Hinsicht verfassungsgemäß sei. Dies ändere jedoch nichts daran, dass Art. 20a GG kein subjektives Recht gewährt und sich dabei auch nicht auf die einfachgesetzliche Klagebefugnis auswirken könne. Vorschriften, die keinen drittschützenden Charakter haben, erhalten diesen nicht dadurch, dass sie den Schutzauftrag des Art. 20a GG erfüllen bzw. konkre-

subjektives öffentliches Recht zum Schutz vor vermeidbarem, unzumutbarem Fluglärm beinhaltet. Eine Verletzung dieses subjektiven Rechts liegt aber nur dann vor, wenn es sich um unzumutbaren Fluglärm handelt. Für die Konstellationen, in denen der Fluglärm unterhalb der Zumutbarkeitsschwelle bleibt, kann § 29b Abs. 2 LuftVG daher kein subjektives öffentliches Recht vermitteln.[259]

(2) Das Abwägungsgebot

(a) Das Urteil des BVerwG vom 28.6.2000

Wie bereits dargestellt[260] geht das BVerwG davon aus, die Planung von Flugrouten erfolge nicht nur auf Grundlage der § 32 Abs. 1 Nr. 1 LuftVG i.V.m. § 27a Abs. 2 LuftVO, vielmehr liege in materieller Hinsicht ein Abwägungsgebot vor, das dem Kläger ein subjektives Recht auf gerechte Abwägung seiner rechtlich geschützten Interessen vermittele.[261] Dieses Abwägungsgebot hänge weder von seiner fachgesetzlichen Normierung noch von einer bestimmten Handlungs- oder Verfahrensform ab, es folge vielmehr bereits aus dem Wesen einer rechtsstaatlichen Planung und gelte entsprechend allgemein.[262] Es begrenze die planerische Gestaltungsfreiheit, die einerseits unerlässlich sei, um entgegengesetzte private und/oder öffentliche Belange auszugleichen, andererseits im Rechtsstaat nicht schrankenlos, sondern nur rechtlich gebunden und gerichtlich kontrollierbar sein könne.[263] Diesem Abwägungsgebot komme auch Schutznormcharakter gegenüber dem Kläger zu.[264] Das BVerwG hat es offen gelassen, ob sich dieses subjektive Recht entsprechend der älteren Rechtsprechung[265] nur auf rechtlich geschützte Belange beziehe, oder ob dem Abwägungsgebot mit der neueren Rechtsprechung[266] drittschützender Charakter hinsichtlich aller abwägungsrecht-

---

tisieren; vgl. hierzu grundlegend auch Kloepfer DVBl. 1996, 73, 78; Murswiek NVwZ 1996, 222, 230. Ein solcher Rückgriff auf Art. 20a GG ist aber nicht erforderlich, denn auch ohne ihn lässt sich der drittschützende Charakter des § 29b Abs. 2 LuftVG begründen.

[259] So auch Sydow/Fiedler DVBl. 2006, 1420, 1423.

[260] Vgl. Gliederungsabschnitt B.III.1.

[261] BVerwG UPR 2000, 460, 461.

[262] BVerwGE 41, 67, 68; 55, 220, 226; 56, 110, 122.

[263] BVerwG UPR 2000, 460, 461; BVerwGE 55, 220, 226; 56, 110, 116.

[264] BVerwG UPR 2000, 460, 462.

[265] BVerwGE 48, 55, 66.

[266] So BVerwGE 107, 215, 220 zu § 1 Abs. 7 BauGB, das Urteil nennt § 1 Abs. 6 BauGB a.F.

lichen privaten Belange zukomme, ohne dass diese selbst rechtlich geschützt sein müssen, da bisher immer auch die Gesundheit (Art. 2 Abs. 2 GG) und das Eigentum (Art. 14 Abs. 1 S. 1 GG) und somit rechtlich geschützte Belange betroffen waren.[267] Auch in späteren Urteilen hat das BVerwG deutlich gemacht, dass die Frage nach der Reichweite des Schutznormcharakters keiner Entscheidung bedürfe[268] und festgestellt, dass es nicht Sinn der Klagebefugnis sei, ernsthaft streitige Fragen über das Bestehen eines subjektiven Rechts, von deren Beantwortung der Klageerfolg abhängen könne, bereits vorab im Rahmen der Zulässigkeitsprüfung zu klären,[269] sodass sich dem Interesse, vor Fluglärm ohne Rücksicht auf den Grad der Beeinträchtigung bewahrt zu bleiben, nicht von vornherein jegliche rechtliche Relevanz absprechen lasse. Die Prüfung, ob die erforderliche Relevanz gegeben ist, sei der Prüfung im Rahmen der Begründetheit vorzubehalten.[270] Das BVerwG lässt damit weiterhin die Frage nach der Reichweite des Schutznormcharakters der Abwägungsentscheidung offen und bejaht die Klagebefugnis bei der Geltendmachung eines Lärmschutzbelanges, ohne auf die Frage des Bestehens eines subjektiven Rechts einzugehen, sodass diese Frage in die Begründetheitsprüfung der Klage verlagert wird. Aus dogmatischen Gesichtspunkten ist dieser Prüfung nicht zuzustimmen, da im Rahmen der Klagebefugnis die Frage nach dem Bestehen oder Nichtbestehen eines subjektiven öffentlichen Rechts abschließend zu klären ist, wobei die Möglichkeit bestehen muss, dass dieses verletzt wurde. Im Rahmen der Begründetheit ist dann abschließend zu prüfen, ob dieses Recht verletzt wurde oder nicht.[271] Daher ist die Reichweite des Schutznormcharakters der Abwägungsentscheidung zu klären.

(b) Reichweite des Schutznormcharakters der Abwägung

Das BVerwG hat zu der Entscheidung zu § 1 Abs. 7 BauGB ausgeführt, dass ein privater Belang, der in der Abwägung zu berücksichtigen sei, durch den drittschützenden Charakter des Abwägungsgebots nicht selbst zum subjektiven

---

[267] BVerwG UPR 2000, 460, 461.
[268] BVerwG DVBl. 2004, 382, 383.
[269] BVerwG DVBl. 2004, 382, 384; BVerwG NVwZ 2004, 1229, 1230.
[270] BVerwG NVwZ 2004, 1229, 1230.
[271] Vgl. Kopp/Schenke § 42 Rn. 66.

Recht werde und auch als solcher nicht wehrfähig in dem Sinne sei, dass der Private die Durchsetzung seines Belangs – wie bei einem subjektiven Recht – verlangen könne. Der Private habe lediglich ein subjektives Recht darauf, dass sein Belang in der Abwägung seinem Gewicht entsprechend „abgearbeitet" werde. Das Ergebnis sei damit noch offen und könne von der völligen Zurückstellung des Belangs über seine teilweise Berücksichtigung bis zu seiner vollen Durchsetzung führen.[272]

Der VGH Baden-Württemberg hat entschieden, dass die Grundsätze des Urteils des BVerwG zu § 1 Abs. 7 BauGB[273] auch auf Flugrouten-Verfahren Anwendung fänden, sodass dem Abwägungsgebot drittschützender Charakter hinsichtlich aller abwägungserheblichen privaten Belange zukomme, ohne dass diese selbst rechtlich geschützt sein müssten.[274] In der Revision dieser Entscheidung hat das BVerwG betont, dass die Frage, ob sich der Schutzcharakter des rechtsstaatlichen Abwägungsgebots auch auf rechtlich nicht geschützte Belange erstreckt, weiterhin keiner Entscheidung bedürfe.[275]

Masing stellt dagegen auf die Unterschiedlichkeit des einfachgesetzlichen und des verfassungsrechtlichen Abwägungsgebotes ab. In Bezug auf die Übertragbarkeit des Urteils des BVerwG zu § 1 Abs. 7 BauGB führt er aus, dass, auch wenn im Fachplanungsrecht teilweise keine dem § 1 Abs. 7 BauGB entsprechenden Abwägungsnormen existierten, die Ausweitung des Verfahrensschutzes auf nicht rechtlich geschützte Positionen nicht aus der Verfassung, sondern aus der gesetzlichen Ausgestaltung des Verfahrens folge. Der rechtliche Schutz privater Belange in fachplanerischen Abwägungen sei also nicht natur- oder verfassungsgegeben, sondern Resultat der gesetzgeberischen Entscheidung für ein umfassendes Planfeststellungsverfahren mit entsprechenden Beteiligungsrechten und Präklusionsvorschriften. Durch die Verfahrensausgestaltung als Planfeststellungsverfahren etwa bringe der Gesetzgeber zum Ausdruck, dass im individuellen Interesse eine formalisierte Abwägung privater Belange zu erfolgen habe, die eine entsprechende Sachverhaltsermittlung, Gewichtung und Abwägung

---

[272] BVerwGE 107, 215, 221.

[273] BVerwGE 107, 215, 220 ff.

[274] VGH BW DVBl. 2002, 1129, 1131; ebenso für die Einbeziehung rechtlich nicht geschützter Belange Schmidt-Preuß DVBl. 1999, 103, 106.

[275] BVerwG DVBl. 2004, 383, 384.

im privaten Interesse umfasse. Aus der Verfahrensausgestaltung lasse sich daher auf ein entsprechendes subjektives Recht, auf eine entsprechende Abwägung schließen. Dagegen lasse sich für das in der Verfassung vorgefundene, generelle rechtsstaatliche Abwägungsgebot eine derartige Reichweite nicht feststellen. Dieses Gebot sei zwar nach der Rechtsprechung zu den Flugverfahren ebenfalls ein Verfahrensgebot, welches das Recht auf eine gerichtliche Kontrolle der Behandlung von privaten Belangen in der von weiten Gestaltungsspielräumen geprägten planerischen Abwägung vermittle. Über die Frage, welche Belange entsprechend verfahrensmäßig geschützt sind, sei damit aber noch keine Aussage getroffen. Dies könnten nur die unmittelbar aus der Verfassung abzuleitenden Belange sein, soweit sich nicht aus dem einfachen Recht besonders geschützte Rechtspositionen ergäben.[276]

Auch Sydow und Fiedler erkennen den Unterschied zwischen gesetzlich angeordneter Abwägung und der nicht normierten, aber rechtsstaatlich gebotenen Abwägung. Allerdings werde nach ihrer Ansicht durch die Zuerkennung subjektiver Rechte bei der Klagebefugnis eine gesetzgeberische Entscheidung nicht umgangen. Vielmehr beruhe auch die Qualifikation des Abwägungsgebots als eigenständige Schutznorm im Bauplanungsrecht nicht auf einer gesetzgeberischen Entscheidung, sondern auf einer Rechtsprechungsänderung aus dem Jahre 1998.[277] Auch in anderen Bereichen warte also das BVerwG nicht auf explizite Äußerungen des Gesetzgebers, sondern entwickle die Dogmatik selbst fort. Der Gesetzgeber müsse aber die Kompetenz behalten, korrigierend einzugreifen. Diese Möglichkeit habe er aber nur dann, wenn man dem Abwägungsgebot Schutznormcharakter zuschreibt, soweit private Interessen abzuwägen sind. Daher komme dem Abwägungsgebot drittschützender Charakter hinsichtlich aller abwägungserheblichen privaten Belange zu, ohne dass diese selbst rechtlich geschützt sein müssten.[278]

Letztlich sprechen die besseren Argumente für eine Übertragung der Grundsätze der fachgesetzlichen Abwägung auf die verfassungsrechtlich gebotene Abwägung. § 1 Abs. 7 BauGB gibt vor, dass bei der Aufstellung der Bauleitpläne die öffentlichen und privaten Belange gegeneinander und untereinander gerecht ab-

---

[276] Masing NVwZ-Sonderheft 2005, 24, 29.
[277] Vgl. BVerwGE 107, 215, 220.
[278] Sydow/Fiedler DVBl. 2006, 1420, 1424.

zuwägen sind. Genaue Vorgaben über die Art und Intensität der Abwägung werden hier nicht gemacht. Insbesondere finden sich hier keinerlei Anhaltspunkte bez. der Berücksichtigung der rechtlich nicht geschützten Belange. Bis zum 24. 9. 1998 ging die Rechtsprechung davon aus, dass nur rechtlich geschützte Belange ein subjektives Recht auf gerechte Abwägung vermitteln. Erst mit der Änderung der Rechtsprechung des BVerwG[279] und ohne Zutun des Gesetzgebers wurde anerkannt, dass auch ein subjektives Recht auf gerechte Abwägung der rechtlich nicht geschützten Belange besteht. Daher wird deutlich, dass aufgrund des schlichten Wortlauts des § 1 Abs. 7 BauGB und der Entwicklung der Rechtsprechung hierzu keine so erheblichen Unterschiede zwischen der fachgesetzlich vorgeschriebenen und der verfassungsrechtlich gebotenen Abwägung bestehen, die eine solche unterschiedliche Behandlung der Belange der Betroffenen rechtfertigen. Somit erstreckt sich der Schutznormcharakter des Abwägungsgebots auch auf rechtlich nicht geschützte Belange und vermittelt daher auch in diesem Fall die erforderliche Klagebefugnis.

(3) Grundrechte

Die notwendige Klagebefugnis könnte sich auch aus den Grundrechten ergeben. Hierzu muss die mögliche Grundrechtsverletzung durch die Festlegung konkreter An- und Abflugrouten bzw. deren Veränderung dargelegt werden.[280]

(a) Art. 14 Abs. 1 S. 1 GG

Die Klagebefugnis aus Art. 14 Abs. 1 GG ist gegeben, wenn durch eine Genehmigung die Situation des Nachbargrundstücks „schwer und unerträglich" verändert wird.[281] §§ 5, 6 FluglärmG enthalten planungsrechtliche Schranken hinsichtlich der „bisher zulässigen baulichen Nutzung" des Grundeigentums und ordnen gleichzeitig in §§ 8, 12 FluglärmG die nach Art. 14 GG gebotene Entschädigungsverpflichtung an.[282] Ob es sich hierbei um eine Entschädigungsverpflichtung nach Art. 14 Abs. 3 GG[283] oder um eine Ausgleichspflicht nach Art. 14 Abs. 1 S. 2 GG handelt, kann hier dahinstehen. In jeden Fall ist bei einer solchen Be-

---

[279] BVerwGE 107, 215, 220 ff.
[280] Vgl. hierzu insgesamt Czybulka DÖV 1991, 410, 413.
[281] BVerwGE 32, 173, 179; 36, 248, 249; 50, 282, 287.
[282] BGH NJW 1977, 1917, 1919.
[283] So Czybulka DÖV 1991, 410, 413.

schränkung ein Eingriff in Art. 14 Abs. 1 S. 1 GG zu bejahen. Aber auch die Grundstückseigentümer, deren Grundstücke außerhalb dieses Bereichs liegen, könnten, im Falle einer Wertminderung, eine Verletzung von Art. 14 Abs. 1 S. 1 GG geltend machen. Durch die Festlegung von Flugrouten kann eine unmittelbare Betroffenheit einsetzen, die den Wert des Grundstücks im Hinblick auf die Aussichten ständiger Fluglärmbelästigungen drastisch vermindert.[284] Jedoch kommt Art. 14 GG hier nicht zum Tragen, wenn im einfachen Recht drittschützende Regelungen vorhanden sind und sie eine vertretbare Ausgestaltung des Art. 14 GG bilden.[285] § 29 Abs. 2 LuftVG verleiht ein subjektives öffentliches Recht auf Schutz vor unzumutbarem Fluglärm und es besteht ein subjektives öffentliches Recht auf gerechte Abwägung der Belange des Betroffenen; hierzu gehören auch der Schutz vor nicht unzumutbarem Fluglärm. Insoweit ist hier davon auszugehen, dass es eines Rückgriffs auf Art. 14 Abs. 1 S. 1 GG bezüglich der Auswirkungen der Lärmbelästigungen nicht bedarf.

(b) Art. 2 Abs. 2 S. 1 GG

Fluglärm lässt eine nicht unerhebliche Gefährdung für das Grundrecht auf Gesundheit befürchten.[286] Allein eine solche Gefährdung reicht grundsätzlich für die Bejahung der Klagebefugnis aus.[287] Jedoch bedarf es auch hier dieses Rückgriffs auf Art. 2 Abs. 2 S. 1 GG nicht. § 29b Abs. 2 LuftVG ist – wie dargelegt – drittschützend, sodass sich die Frage stellt, ob überhaupt jemand möglicherweise in seinem Grundrecht aus Art. 2 Abs. 2 S. 1 GG verletzt ist und gleichzeitig nicht vom Drittschutz des § 29b Abs. 2 LuftVG erfasst wird.[288] Letztendlich kann eine Klagebefugnis aufgrund einer möglichen Grundrechtsverletzung, wenn überhaupt, nur in seltenen Spezialfällen eine Rolle spielen.

(4) Zusammenfassung

Zusammenfassend lässt sich daher festhalten, dass sich die Klagebefugnis drittbetroffener natürlicher Personen in erster Linie aus einer möglichen Verletzung des drittschützenden Abwägungsgebots ergeben kann; dabei werden auch recht-

---

[284] Czybulka DÖV 1991, 410, 413.
[285] BVerwGE 89, 69, 78; 101, 364, 373; Jarass in Jarass/Pieroth Art. 14 Rn. 32.
[286] BVerfGE 56, 54, 78.
[287] BVerfGE 56, 54, 78 mit Verweisen auf BVerfGE 49, 89, 140 ff.; 52, 214, 220; 53, 30, 57.
[288] So wohl auch Alber S. 148.

lich nicht selbst geschützte Belange erfasst. Zudem kann sich die Klagebefugnis aus einer möglichen Verletzung der drittschützenden Norm des § 29b Abs. 2 LuftVG ergeben, sofern der Kläger möglicherweise von unzumutbarem Fluglärm betroffen ist, jedoch kann in diesem Fall auch die mögliche Verletzung des Rechts auf gerechte Abwägung der eigenen Belange geltend gemacht werden. Weiterhin kann sich die Klagebefugnis auch aus einer möglichen Verletzung der Grundrechte (Art 2 Abs. 2 S. 1, 14 Abs. 1 GG) ergeben, in diesem Fall liegt aber in der Regel sowieso eine mögliche Verletzung des § 29b Abs. 2 LuftVG und des Rechts auf gerechte Abwägung vor, sodass dieser Rückgriff nicht erforderlich ist.

b) Klagebefugnis von Gemeinden

Neben Privatpersonen versuchen aber auch Städte und Gemeinden sich gegen Flugrouten zur Wehr zu setzen. Auch sie müssen dabei die mögliche Verletzung einer drittschützenden Norm rügen, um nach § 42 Abs. 2 VwGO analog klagebefugt zu sein.

(1) Abwägungsgebot

Die betroffene Gemeinde könnte aufgrund einer möglichen Verletzung des subjektiven Rechts auf gerechte Abwägung klagebefugt sein. Da Gemeinden weder dazu berufen noch ermächtigt sind, die Immissionsschutzbelange ihrer Bürgerinnen und Bürger als eigene Angelegenheiten oder nach Art einer Prozessstandschaft in eigenem Namen wahrzunehmen,[289] kommt die Verletzung des Abwägungsgebots nur durch die Nichtberücksichtigung gemeindlicher Belange in Betracht. Einen solchen abwägungserheblichen Belang könnten die aus dem Eigentum der betroffenen Gemeinde an Wohnungen und Grundstücken resultierenden Lärmschutzbelange darstellen. Gemeinden sind angesichts des personalen Schutzzwecks der Eigentumsgarantie nicht Inhaber des Grundrechts aus Art 14 GG.[290] Verfassungsrechtlich ist das Eigentum von Gemeinden vielmehr nur im Rahmen der Gewährleistung der kommunalen Selbstverwaltung Art. 28 Abs. 2 Satz 1 GG geschützt, also insoweit, als es Gegenstand und Grundlage kommunaler Betätigung ist. Fehlt dem Eigentum jeder Bezug zur Erfüllung gemeindlicher Aufgaben, so genießt es lediglich den Schutz des einfachen Rechts. Für

---

[289] BVerwG NVwZ 2001, 82, 85; HessVGH NVwZ 2003, 875, 877.
[290] BVerfGE 61, 82, 100 f.

fachplanerische Entscheidungen bedeutet dies, dass die planungsbedingte Beeinträchtigung derartigen Eigentums, sei es unmittelbar durch Inanspruchnahme oder mittelbar durch die Auswirkungen des Vorhabens, als abwägungserheblicher Belang nach Maßgabe der allgemeinen Grundsätze in die Abwägung einzubeziehen ist.[291] Daher besitzen Gemeinden ein subjektives öffentliches Recht auf gerechte Abwägung ihrer Belange in Form von Grundstücks- und Wohnungseigentum und der damit verbundenen Lärmschutzinteressen.[292] Im Falle einer möglichen Verletzung sind sie daher gem. § 42 Abs. 2 VwGO klagebefugt.

(2) Art. 28 Abs. 2 GG

Hierbei kommt die mögliche Verletzung der gemeindlichen Selbstverwaltungsgarantie aus Art. 28 Abs. 2 GG in Betracht. Zu der Selbstverwaltungsgarantie aus Art. 28 Abs. 2 GG gehört die Planungshoheit, dies ist die Befugnis, voraussehbare Entwicklungen längerfristig zu steuern und insbesondere für das eigene Gebiet die Bodennutzung festzulegen.[293] Nach der Rechtsprechung des BVerwG liegt ein Eingriff in die kommunale Planungshoheit vor, wenn entweder eine hinreichend konkretisierte und verfestigte Planung der Gemeinde durch eine andere (in der Regel überörtliche) Planung vereitelt oder zumindest nachhaltig beeinträchtigt wird oder wesentliche Teile des Gemeindegebiets einer durchsetzbaren Planung entzogen werden oder kommunale Einrichtungen erheblich beeinträchtigt werden.[294] Diese Voraussetzungen müssen, um in einem verwaltungsgerichtlichen Verfahren berücksichtigt werden zu können, von den Gemeinden im Einzelnen dargelegt werden.[295] Im ersten Fall ist daher die konkrete Planung zu benennen, die beeinträchtigt wird, diese muss in einem fortgeschrittenen Pla-

---

[291] BVerwGE 69, 256, 261; 87, 332, 391 f.; vgl. hierzu insgesamt BVerwGE 97, 143, 150; VGH BW DVBl. 2002, 1129, 1132; HessVGH NVwZ 2003, 875, 876; in einem vorangegangenen Verfahren im einstweiligen Rechtsschutz hatte der HessVGH NVwZ 2001, 826, 826 den Antrag von Gemeinden u.a. mit der Begründung abgelehnt, dass es Gemeinden, denen selbst hoheitliche Befugnisse zustehen, von vornherein verwehrt ist, sich auf Grundrechte als Abwehrrechte gegenüber staatlichen Handelns zu berufen. Vgl. auch die Ausführungen in Gliederungsabschnitt C.II.3.a)(2)(b) zur Reichweite des Schutznormcharakters des Abwägungsgebots.

[292] Vgl. hierzu HessVGH Urt. v. 14.3.2006, Az. 12 A 2659/04, S. 10 (nicht veröffentlicht).

[293] Pieroth in Jarass/Pieroth Art. 28 Rn. 13.

[294] BVerwG NVwZ-RR 1999, 554, 555; BVerwGE 69, 256, 261; 81, 95, 106; 84, 209, 214 f.; Bohl NVwZ 2001, 764, 765.

[295] BVerwG, NuR 1999, 631, 631.

nungsstadium stehen, darf aber noch nicht vollzogen sein, denn bei vollzogenen Planungen steht der Rechtsschutz nur noch den Grundstückseigentümern und –nutzern zu.[296] Im zweiten Fall ist Rechtsschutz nur dann möglich, wenn die Gemeinde nachweisen kann, dass sie ihrer Planungsmöglichkeiten fast gänzlich beraubt wird, der verbleibende Planungsspielraum also nicht mehr den Anforderungen des Art. 28 Abs. 2 GG genügt, bei Flächengemeinden dürfte dies derzeit jedoch unmöglich sein.[297] Im letzten Fall muss eine erhebliche Beeinträchtigung der kommunalen Einrichtung wie z.b. Kindergärten, Kindertagesstätten oder Spotanlagen in ihrer Funktionsfähigkeit vorliegen. Auch dies ist nur selten der Fall. Daher ist eine mögliche Verletzung der in Art. 28 Abs. 2 GG garantierten Planungshoheit aufgrund der dargestellten relativ hohen Anforderungen wohl nur in wenigen Fällen anzunehmen. Ist dies der Fall, so wird es sich in der Regel um Gemeinden handeln, die sich in unmittelbarer Nähe zum Flughafen befinden, da in diesem Bereich aufgrund der geringen Flughöhe der an- und abfliegenden Luftfahrzeuge die Lärmentwicklung relativ hoch ist.[298]

4. Zuständiges Verwaltungsgericht

a) Zuständigkeit bei Flugrouten allgemein

Nach § 48 Abs. 1 S. 1 Nr. 6 VwGO entscheidet das OVG im ersten Rechtszug über sämtliche Streitigkeiten, die das Anlegen, die Erweiterung oder Änderung von Verkehrsflughäfen und Verkehrslandeplätzen mit beschränktem Bauschutzbereich betreffen, wobei gem. § 48 Abs. 1 S. 2 VwGO § 48 Abs. 1 S. 1 Nr. 6

---

[296] Bohl NVwZ 2001, 764, 765; Solch ein Fall könnte beispielsweise dann vorliegen, wenn bestimmte Gebäude nach § 5 FluglärmG aufgrund des Dauerschallpegels nicht mehr errichtet werden dürfen. Dies betrifft jedoch nicht die Festlegung von Flugrouten, sondern vielmehr den Flughafenbau bzw. –ausbau, da der Lärmschutzbereich gem. § 1 S. 1 FluglärmG für den Flughafen und nicht für Flugrouten festgelegt wird.

[297] Bohl NVwZ 2001, 764, 765.

[298] VGH BW DVBl. 2002, 1129, 1132 hatte es offengelassen, ob sich die Klagebefugnis aus Art. 28 Abs. 2 GG ableiten lässt. Der HessVGH NVwZ 2003, 875, 876 f. hatte dagegen eine mögliche Verletzung der Planungshoheit gem. Art. 28 Abs. 2 GG abgelehnt. In einer späteren Entscheidung hat der HessVGH Az. 12 A 2659/04, S. 10 (nicht veröffentlicht) die Klagebefugnis bejaht und festgestellt, dass die Klägerinnen als Selbstverwaltungskörperschaften grundsätzlich geltend machen könnten, in Ihrem durch Art. 28 Abs. 2 S. 2 GG gewährleisteten Recht auf kommunale Planungshoheit beeinträchtigt zu sein. Ob diese vorliege, sei in der Begründetheitsprüfung zu klären, jedoch spielte dies in dem vorliegenden Fall aus tatsächlichen Gründen keine Rolle mehr.

auch für Streitigkeiten über sämtliche Genehmigungen und Erlaubnisse, die mit dem Flughafen in einem engen räumlichen und betrieblichen Zusammenhang stehen, gilt. Da der Flugbetrieb erst durch die Festlegung der An- und Abflugrouten seine unmittelbare Ausgestaltung erhält, ergibt sich nach allgemeiner Ansicht hieraus die Zuständigkeit des OVG bzw. des VGH.[299] Die örtliche Zuständigkeit ergibt sich aus § 52 Nr. 1 VwGO, da die An- und Abflugverfahren in einem engen räumlichen und betrieblichen Zusammenhang mit dem Flughafen selbst stehen.[300]

b) Die Rechtsprechung zu Flugrouten des Flughafens Zürich

In einem Verfahren, das die An- und Abflugrouten des Flughafens Zürich betraf, hat der VGH BW, abweichend von der bisherigen Rechtsprechung, die örtliche Zuständigkeit damit begründet, dass § 52 Nr. 1 VwGO solche Rechte erfasse, die zu einem Territorium in besonderer Beziehung stehen, bzw. eine weitergehende Verbindung zwischen dem strittigen Recht und dem Territorium aufweisen, auf dem es ausgeübt wird.[301] Die belegene Sache sei hier aber nicht der Flughafen Zürich, sondern die Benutzung der An- und Abflugrouten über deutschem bzw. baden-württembergischem Gebiet. Streitig sei daher nur das Durchfliegen des Luftraums über diesem Gebiet, woraus für die Anwendung des § 52 Nr. 1 VwGO ein ausreichender territorialer Bezug resultiere.[302] Die sachliche Zuständigkeit des VGH ergebe sich aus § 48 Abs. 1 S. 1 Nr. 6 VwGO, wonach der Verwaltungsgerichtshof im ersten Rechtszug über sämtliche Streitigkeiten, die das Anlegen, die Erweiterung oder Änderung und den Betrieb von Verkehrsflughäfen und von Verkehrslandeplätzen mit beschränktem Bauschutzbereich betreffen, entscheide. Wegen des engen räumlichen und betrieblichen Zusammenhangs mit dem Betrieb des internationalen Flughafens Zürich würden von

---

[299] Nach § 184 VwGO können die Länder bestimmen, dass das OVG die bisherige Bezeichnung „Verwaltungsgerichtshof" weiterführt. Von dieser Regelung haben Baden-Württemberg, Bayern und Hessen Gebrauch gemacht. Im Folgenden wird jedoch nur der Begriff Oberverwaltungsgericht bzw. OVG verwandt.

[300] Czybulka DÖV 1991, 410, 410; Kopp/Schenke § 48 Rn. 9 und § 52 Rn. 7; ebenso ständige Rechtsprechung: BayVGH NVwZ-RR 1995, 114, 114; BVerwG UPR 2000, 460, 461; HessVGH NVwZ 2003, 875, 875; VGH BW DVBl. 2002, 1129, 1130.

[301] VGH BW VBlBW 2003, 193, 196 mit Verweisen auf BVerwG BayVBl. 1962, 382, 382; BVerwG NJW 1997, 1022, 1022.

[302] VGH BW VBlBW 2003, 193, 196.

dieser Vorschrift auch Streitigkeiten über die Festlegung von An- und Abflugwegen nach § 27a Abs. 2 LuftVO erfasst.[303] In einer vorangegangenen Entscheidung des VGH BW[304] hatte das Gericht lediglich festgestellt, dass der VGH nach § 46 Abs. 1 Nr. 6 VwGO zuständig sei. In der folgenden Entscheidung hatte jedoch die Antragsgegnerin geltend gemacht, dass die Zuständigkeit des VGH BW nicht gegeben sei, da der den „räumlichen Bezugspunkt" für den Gerichtsstand der belegenen Sache darstellende Flughafen nicht im Gerichtsbezirk liege. Zuständig sei vielmehr das gem. § 52 Nr. 2 VwGO für den Behördensitz zuständige Verwaltungsgericht,[305] sodass sich der VGH BW mit der Zuständigkeitsfrage intensiv auseinandersetzen musste.

c) Kritische Würdigung

In dieser Begründung der örtlichen und sachlichen Zuständigkeit des OVG liegt nach der Ansicht von Hermanns und Hönig[306] ein Widerspruch in der Argumentation. Der VGH BW habe bei der Begründung des nach § 52 Nr. 1 VwGO erforderlichen territorialen Bezugs nicht auf den Flughafen Zürich abgestellt, sondern auf die Benutzung bestimmter An- und Abflugrouten über deutschem bzw. baden-württembergischem Gebiet. Bei der Begründung der sachlichen Zuständigkeit habe der VGH seiner eigenen Argumentation widersprochen und diese mit dem engen räumlichen und sachlichen Zusammenhang mit dem Flughafen Zürich begründet. Konsequenterweise wäre wegen der Begründung der örtlichen Zuständigkeit ohne Bezug zum Flughaften Zürich auch das OVG nach § 48 Abs. 1 S. 1 Nr. 6 VwGO wegen des fehlenden engen räumlichen und betrieblichen Zusammenhangs von An- und Abflugwegen mit dem Betrieb des internationalen Flughafens Zürich nicht zuständig gewesen, sondern gem. § 45 VwGO das örtliche Verwaltungsgericht. Weiterhin gehen Hermanns und Hönig davon aus, dass § 52 Nr. 1 VwGO bei Klagen gegen An- und Abflugrouten des Flughafens Zürich sowieso nicht einschlägig sei, da § 52 Nr. 1 VwGO nur ortsgebundene Rechte erfasse, die zu einem bestimmten Territorium in besonderer Beziehung

---

[303] VGH BW VBlBW 2003, 193, 196; mit Verweis auf BVerwG UPR 2000, 460, 461; in späteren Entscheidungen hat der VGH diese Rspr. bestätigt: VGH BW VBlBW 2003, 388, 391; UPR 2007, 312, 312.

[304] VGH BW DVBl. 2002, 1129, 1130.

[305] Vgl. hierzu VGH BW VBlBW 2003, 193, 195 f.

[306] Vgl. hierzu und zum folgenden Hermanns/Hönig VBlBW 2004, 373, 375.

stünden. Für eine solche Ortsgebundenheit der streitgegenständlichen Verordnungen spreche zwar, dass sie den konkreten An- und Abflug regelten, der zumeist über landschaftlich markanten Orten angesiedelt sei. Dagegen sei jedoch anzuführen, dass sich die auf den Luftraum bezogenen Regelungen nicht auf ein bestimmtes Gebiet, sondern vielmehr auf bestimmte – weit entfernte – Flugziele bezögen, die in den Fällen des VGH BW noch nicht einmal in der Bundesrepublik liegen müssten. Zudem erstreckten sich Flugrouten nicht selten auf das Gebiet mehrerer Verwaltungsgerichtsbezirke. Nehme man in einem solchen Fall die Ortsgebundenheit einer solchen Rechtsverordnung an, so bedeute dies, dass trotzdem mehrere verwaltungsgerichtliche Gerichtsstände begründet wären. Zudem spreche gegen die Ortsgebundenheit der streitgegenständlichen Verordnung auch, dass es vielfach von Zufälligkeiten abhänge, inwieweit sich der auf ihr beruhende Luftverkehr letztlich bemerkbar mache. Nach ihrer Ansicht ergibt sich die örtliche Zuständigkeit für Klagen gegen An- und Abflugrouten des Flughafen Zürich aus § 52 Nr. 5 VwGO, wonach in allen anderen als den vorgenannten Fällen das Verwaltungsgericht örtlich zuständig sei, in dessen Bezirk der Beklagte seinen Sitz habe. Dieser ist für die Verwaltungsstelle der Flugsicherung des Luftfahrt-Bundesamtes in der Stadt Langen in Hessen,[307] sodass für Klagen gegen An- und Abflugrouten des Flughafens Zürich das VG Darmstadt, in dessen Bezirk die Stadt Langen liegt, zuständig sei. Für Klagen gegen An- und Abflugrouten von Flughäfen in der Bundesrepublik ergebe sich dagegen die Zuständigkeit aus § 48 Abs. 1 S. 1 Nr. 6 und § 52 Nr. 1 VwGO für das OVG, in dessen Bezirk der betroffene Flughafen liegt.[308]

d) Lösungsansätze

Die von Hermanns und Hönig aufgegriffene Problematik beruht darauf, dass die An- und Abflugrouten des Flughafens Zürich über deutsches Hoheitsgebiet führen und vom Luftfahrt-Bundesamt als Rechtsverordnungen erlassen werden. Folgte man ihrer Ansicht, so führte dies dazu, dass grundsätzlich bei Klagen gegen An- und Abflugverfahren das OVG gem. §§ 48 Abs. 1 S. 1 Nr. 6 und § 52 Nr. 1 VwGO zuständig wäre, aber bei Klagen gegen An- und Abflugrouten des Flughafens Zürich wäre dagegen das VG Darmstadt gem. §§ 45, 52 Nr. 5

---

[307] Verwaltungsanordnung über den Sitz des Luftfahrt-Bundesamtes vom 28.4.2003, BAnz. v. 14.5.2003, S. 10593 Nr. 2.

[308] Hermanns/Hönig VBlBW 2004, 373, 375 f.

VwGO zuständig. Allein die Tatsache, dass Flugrouten zu unterschiedlichen Flughäfen führen, rechtfertigt es nicht, dass in einem Fall das OVG und im anderen das VG zuständig sein soll.

Die von Hermanns und Hönig vertretene Ansicht, dass An- Abflugrouten des Flughafens Zürich nicht zu dem Betrieb eines Flughafens i.S.d. 48 Abs. 1 S. 1 Nr. 6 VwGO gehören, überzeugt nicht. Gerade An- und Abflugrouten und auch Warteverfahren machen die Nutzung eines Verkehrsflughafens erst möglich, daher sind sie unabdingbar für den Betrieb eines Verkehrsflughafens. Außerdem ist es unverständlich, warum nur bei Flugrouten für den Flughafen Zürich diese Ortsgebundenheit fehlen sollte, jedoch nicht bei Flugrouten generell. Somit ergibt sich die sachliche Zuständigkeit des OVG aus § 48 Abs. 1 S. 1 Nr. 6 VwGO. Im Falle von Klagen gegen An- und Abflugrouten ausländischer Flughäfen über deutsches Gebiet muss dabei die örtliche Zuständigkeit isoliert von der sachlichen Zuständigkeit betrachtet werden, da nicht der Flughafen als Bezugsobjekt herangezogen werden kann. Daher bezieht sich in einem solchen Fall die Ortsgebundenheit nicht auf den Flughafen, sondern auf das überflogene Gebiet. Das Argument von Hermanns/Hönig, wonach Flugrouten sich auf Flugziele bezögen, erscheint dagegen nicht einleuchtend. An- und Abflugrouten bilden das Bindeglied zwischen Verkehrsflughäfen und Luftverkehrsstraßen und haben keinen Einfluss auf das Ziel der Flugzeuge. Zudem begründet das Überfliegen eines Gebietes in relativ niedriger Höhe die erforderliche weitergehende Verbindung zwischen dem strittigen Recht und dem Territorium, auf dem es ausgeübt wird.[309] Somit liegt hier der geforderte territoriale Bezug vor, sodass sich die örtliche Zuständigkeit aus § 52 Nr. 1 VwGO ergibt. Gegen dieses Ergebnis spricht auch nicht, dass trotz der Ortsgebundenheit des Rechts mehrere Gerichte mit der Sache befasst sein könnten und so der Sinn der Regelung des § 52 Nr. 1 VwGO unterlaufen würde[310], da im Falle ausländischer Flughäfen wie Zürich wohl nur der Gerichtsbezirk eines OVG betroffen ist.

Daher bleibt es bei der bereits eingangs dargestellten Zuständigkeit des OVG gem. §§ 46 Abs. 1 S. 1 Nr. 6, 52 Nr. 1 VwGO. Dabei besteht bei An- und Abflugrouten ausländischer Flughäfen die Besonderheit, dass sich die örtliche Zu-

---

[309] BVerwG BayVBl. 1962, 382, 382; BVerwG NJW 1997, 1022, 1022; VGH BW VBlBW 2003, 193, 196.

[310] So Hermanns/Hönig VBlBW 2004, 373, 375.

ständigkeit nicht auf den Standort des Flughafens, sondern auf das überflogene Gebiet bezieht.

5. Fazit

Der Verwaltungsrechtsweg ist gem. § 40 Abs. 1 S. 1 VwGO für Klagen gegen Flugrouten eröffnet. Statthafte Klageart ist entgegen der Rechtsprechung nicht die Feststellungsklage, sondern die allgemeine Leistungsklage, gerichtet auf die Beseitigung des die Streckenbeschreibung beinhaltenden Flugverfahrens. Die Klagebefugnis gem. § 42 Abs. 2 VwGO kann sich für betroffene Anwohner aus § 29b Abs. 2 VwGO ergeben, sofern sie unzumutbarem Fluglärm ausgesetzt sind. Aber auch wenn die Schwelle der Unzumutbarkeit noch nicht überschritten wurde, ist der Betroffene nicht rechtsschutzlos gestellt. In diesem Fall kann er sich auf die mögliche Verletzung des Rechts auf gerechte Abwägung seiner Belange berufen. Dabei ist es nicht erforderlich, dass seine Belange selbst rechtlich geschützt sein müssen. Gemeinden können grundsätzlich die mögliche Verletzung ihrer in Art. 28 Abs. 2 GG garantierten Planungshoheit rügen, jedoch wird dies aufgrund der hohen Anforderungen nur in wenigen Fällen erfolgreich sein können. Aber auch sie können die mögliche Verletzung ihres Rechts auf gerechte Abwägung ihrer Belange rügen. Dabei kommen in erster Linie Lärmschutzbelange aufgrund gemeindlichen Grundstücks- und Wohnungseigentums in Betracht. Zuständig für Klagen gegen Flugrouten ist gem. § 48 Abs. 1 S. 1 Nr. 6, § 52 Nr. 1 VwGO grundsätzlich das OVG, in dessen Bezirk der Flughafen liegt, zu dem die streitigen An- und Abflugrouten hin- bzw. wegführen. Führen jedoch die streitigen An- und Abflugrouten über deutsches Gebiet zu einem grenznahen ausländischem Flughafen, so ist das OVG zuständig, über dessen Gerichtsbezirk die betroffenen Flugrouten führen.

III. Begründetheit der Klage

1. Der Prüfungsmaßstab der Rechtsprechung

a) Sachliche Besonderheiten der Abwägungsentscheidung

Wie bereits wiederholt dargestellt, bildet nach Ansicht des 11. bzw. 9. Senats des Bundesverwaltungsgerichts[311] das Abwägungsgebot das Kernstück der Begründetheitsprüfung. Danach ist die Klage begründet, soweit das Luftfahrt-Bundesamt bei der Abwägungsentscheidung über die Festlegung der Flugroute die Rechte des Klägers verletzt hat. Allerdings werde der anzulegende Prüfungsmaßstab durch die besondere sachliche Eigenart der Entscheidung über die Festlegung von Flugrouten bestimmt und zugleich begrenzt: Dies ergebe sich zunächst aus der Vorschrift des § 29b Abs. 2 LuftVG, wonach unzumutbare Lärmbeeinträchtigungen der Festlegung einer entsprechenden Abflugroute nicht von vornherein entgegenstehen. Weiterhin bestünden aufgrund der Genehmigung bzw. der Planfeststellung des betreffenden Flughafens Vorgaben hinsichtlich des „Lärmpotentials", das insgesamt nicht verändert, sondern nur – wiederum im vorgegebenen Rahmen der Lage der Start- und Landebahnen – verteilt werden könne. Schließlich sei die Flugstreckenfestlegung dadurch gekennzeichnet, dass sie im Gegensatz zu Verkehrsplanungen am Boden keine „parzellenscharfe" Beurteilung der Beeinträchtigung Dritter ermögliche, weil sie lediglich eine Ideallinie beschreibe, der ein Flugerwartungsgebiet zugeordnet sei, innerhalb dessen die Flüge tatsächlich abgewickelt würden.

Das OVG NRW[312] führte in einer nachfolgenden Entscheidung zu diesen sachlichen Besonderheiten ergänzend aus, dass die eigentliche Ursache einer möglichen Betroffenheit innerhalb der Abwägung bei der Festlegung von Flugrouten nicht mehr zur Disposition stehe. Denn diese Ursache liege in dem vom konkreten Flugplatz ausgehenden Luftverkehr, dessen Zulässigkeit auf einer anderweitig getroffen Entscheidung beruhe, die im Verfahren zur Festlegung von An- und Abflugstrecken vom Verordnungsgeber hinzunehmen sei. Auch erlaube das als Ergebnis der Abwägung festzulegende Flugverfahren keine klare und verbindliche Aussage über die tatsächliche räumliche Ausdehnung und die Schwer-

---

[311] BVerwG UPR 2000, 460, 462; DVBl. 2004, 382, 386.
[312] OVG NRW, Urt. v. 4.4.2003 Az. 20 D 180/97.AK, S. 5 (nicht veröffentlicht).

punkte des Lärmgeschehens im Bereich einzelner Strecken. Die Berechnungsmethoden ermöglichten zwar eine Prognose der langfristigen mittleren Lärmbelastung innerhalb einiger Meilen um das Start- und Landebahnsystem herum. Da aber aufgrund der technischen und natürlichen Gegebenheiten diese Flugrouten nicht exakt eingehalten werden könnten, sei der Aussagewert der Berechnungen gemindert.

b) Folgen für den Prüfungsmaßstab

Diese Umstände bedingen und rechtfertigen es nach Ansicht des BVerwG[313], dass dem Luftfahrt-Bundesamt bei der Festlegung der Flugstrecke ein weiter, allerdings nicht unbegrenzter Gestaltungsspielraum einzuräumen sei. Die Festlegung von An- und Abflugstrecken sei deswegen nur daraufhin zu überprüfen, ob das Luftfahrt-Bundesamt von einem richtigen Sachverhalt ausgegangen sei, den gesetzlichen, insbesondere durch § 29b LuftVG bestimmten, Rahmen erkannt und die Lärmschutzinteressen der Betroffenen in die gebotene Abwägung eingestellt und nicht ohne sachlichen Grund zurückgesetzt habe. Eine Klage werde danach letztlich nur dann erfolgreich sein können, wenn die Behörde das Interesse des Klägers am Schutz vor unzumutbaren Lärmbeeinträchtigungen willkürlich unberücksichtigt gelassen habe. Die Höhe der Lärmbelastungen allein vermöge den Schluss, die Festlegung der Abflugstrecke sei willkürlich, jedenfalls nicht zu begründen. In Falle einer nicht als willkürlich zu beanstandenden, aber zu einer unzumutbaren Lärmbeeinträchtigung führenden Streckenführung sei Rechtsschutz dagegen nur gegenüber der Flughafengenehmigungsbehörde zu erlangen. Dabei sei der Weg für nachträgliche Schutzansprüche gem. § 75 Abs. 2 S. 2-4 VwVfG i.V.m. § 9 Abs. 2 LuftVG eröffnet.[314] Das BVerwG hat später dazu ergänzend ausgeführt, dass mangels ausdrücklicher Normierung der Abwägungspflicht im LuftVG oder in der LuftVO, wie § 8 Abs. 1 S. 2 LuftVG für die Planfeststellung von Flugplätzen, die Abwägung dem Luftfahrt-Bundesamt nur im Umfang des rechtsstaatlich für jede Abwägung unabdingbar Gebotenem obliege. Danach habe das Luftfahrt-Bundesamt nach raumbezogenen Präferenzen, die in der räumlichen Umgebung des Flughafens auftretenden Probleme und Interessenkonflikte im Rahmen des ihm hierbei zustehenden Ges-

---

[313] BVerwG UPR 2000, 460, 462.

[314] Hierzu im Ganzen BVerwG UPR 2000, 460, 462.

taltungsspielraums zu bewältigen. Dies umschließe auch die abwägende Berücksichtigung der Lärmbelastungen von Bevölkerung und Gemeinden bei der durch die Flugrouten bedingten räumlichen Lärmverteilung.[315]

2. Änderung der Rechtsprechung?

2004 hat sich der nun zuständige 4. Senat des Bundesverwaltungsgerichts detailliert mit dem Begriff des unzumutbarem Fluglärms i.S.d. § 29 Abs. 2 LuftVG auseinandergesetzt.[316] In diesem Verfahren ging es um Klagen mehrerer Hochtaunusgemeinden gegen Abflugverfahren über den Abflugpunkt TABUM. Hierbei machten die Gemeinden insbesondere geltend, dass ihnen gehörende Wohngrundstücke in unzulässiger Weise durch Fluglärm betroffen seien. Im vorangegangen Verfahren hatte der HessVGH den Klagen teilweise stattgegeben. Der Senat stellt zunächst fest, dass die Festlegung von Flugrouten im Kern sicherheitsrechtlichen Charakter habe. Dies ergebe sich aus § 27c Abs. 1 LuftVG, wonach die Flugsicherung der sicheren, geordneten und flüssigen Abwicklung des Luftverkehrs diene. Daher verbiete es sich, die im Fachplanungsrecht zum Abwägungsgebot entwickelten Grundsätze unbesehen auf die Festlegung von Flugverfahren zu übertragen.[317] Der Gesetzgeber bringe zum Ausdruck, dass bei der Festlegung von Flugverfahren eine Abwägungsentscheidung zu treffen sei, bei der auch anderen Belangen Rechnung zu tragen sei und sich das Luftfahrt-Bundesamt bei seiner Entscheidung nicht nur von Sicherheitsüberlegungen leiten lassen dürfe. Die Luftfahrtbehörden seien nicht nur zur Abwehr von Gefahren für die Sicherheit des Luftverkehrs nach § 29 Abs. 1 S. 1 LuftVG verpflichtet, sondern auch die Abwehr von Gefahren und erheblichen Nachteilen und erheblichen Belästigungen durch Fluglärm und Luftverunreinigungen gehöre zu den Aufgaben der Luftaufsicht. Eine Sonderbestimmung hierzu bilde § 29b Abs. 2 LuftVG, wonach die Luftfahrtbehörden auf den Schutz der Bevölkerung vor unzumutbarem Fluglärm hinzuwirken haben. Zum Begriff des unzumutbaren Fluglärms führt er aus, dass dieser nicht nur auf die Abwehr etwaiger Gesundheitsgefährdungen oder die Beeinträchtigung sonstiger verfassungsrechtlich

---

[315] BVerwG DVBl. 2004, 382, 386; NVwZ 2004, 1229, 1230.

[316] BVerwG NVwZ 2004, 1229 ff.; vorher waren der 11. bzw. 9. Senat zuständig.

[317] BVerwG NVwZ 2004, 1229, 1231; bestätigt in BVerwG NVwZ 2005, 1061, 1063; dieser Rechtsprechung hat sich auch der HessVGH Urt. v. 14.3.2006 Az. 12 A 2659/04, S. 12 ff. (nicht veröffentlicht) und HessVGH UPR 2007, 116, 120 angeschlossen.

geschützter Rechtsgüter zugeschnitten sei. Das Luftfahrt-Bundesamt verletze seine Pflicht zum Schutz aller Rechtsgüter, die Verfassungsrang genießen, wenn es an der Herstellung oder Fortsetzung rechtswidriger Eingriffe mitwirke. Es habe verfassungsmäßige Zustände zu gewährleisten und dürfe sich nicht damit begnügen, auf dieses Ziel bloß hinzuwirken. § 29b Abs. 2 LuftVG setze daher im Interesse des Lärmschutzes unterhalb der durch das Verfassungsrecht markierten äußeren Zumutbarkeitsgrenze an. Als unzumutbar stufe der Gesetzgeber nur Lärmeinwirkungen ein, die durch das Qualifikationsmerkmal der Erheblichkeit die Schadensgrenze überschritten.[318] Für Klagen gegen Flugrouten aus Gründen der Lärmbelastung ergebe sich daher Folgendes: Das Luftfahrt-Bundesamt sei aufgrund seiner eingeschränkten Möglichkeiten bei der Festlegung von Flugrouten bei der Ausschöpfung aller sicherheitsrechtlich vertretbaren Möglichkeiten nicht daran gehindert, sich in dem Zielkonflikt zwischen Luftsicherheit und Lärmschutz für eine mit unzumutbaren Folgen verbundene Lösung zu entscheiden. In diesem Fall unterliege es nach der Konzeption des Gesetzgebers einem besonderen Rechtfertigungszwang. Den Nachweis, dass schonendere Mittel nicht in Betracht kämen, könne es nur dann führen, wenn ihm überwiegende Gründe der sicheren, geordneten und flüssigen Abwicklung des Luftverkehrs zur Seite stünden. Auch in der Kollision mit gewichtigen Lärmschutzinteressen hätten sicherheitsrelevante Erwägungen Vorrang. Der Schutz vor unzumutbarem Fluglärm sei von hoher Bedeutung, er dürfe aber nach der Wertung des Gesetzgebers nicht auf Kosten der Luftsicherheit gehen.

Der 4. Senat stellt weiter fest, dass anders als für den Fall unzumutbaren Fluglärms der Gesetzgeber für geringere Lärmbelästigungen kein Lösungsmodell zur Verfügung stelle. Eine dem § 8 Abs. 1 S. 2 LuftVG entsprechende Vorschrift, wonach die öffentlichen und die privaten Belange untereinander und gegeneinander abzuwägen seien, fehle. Dieses gesetzgeberische Schweigen verbiete es, auf die in der Rechtsprechung zum fachplanerischen Abwägungsgebot entwickelten Grundsätze zurückzugreifen. Soweit das Luftfahrt-Bundesamt zwischen verschiedenen Alternativen wählen könne, sei es mit rechtsstaatlichen Grundsätzen nicht vereinbar, Lärmeinwirkungen, die sich ohne weiteres vermeiden oder vermindern lassen, in Kauf zu nehmen, nur weil sie von ihrem Ausmaß her noch nicht als schädlich, sondern bloß als lästig einzustufen seien. Auch unterhalb der

---

[318] BVerwG NVwZ 2004, 1229, 1231; BVerwGE 68, 62, 68 f.; 79, 254, 259 f.; 81, 197, 200.

Zumutbarkeitsschwelle bräuchten Lärmbetroffene Belastungen nicht hinzunehmen, die sich zur Erreichung des mit einer bestimmten Maßnahme verfolgten Ziels objektiv als unnötig erwiesen. Allerdings unterlägen die Luftfahrtbehörden in dem der Abwehr unzumutbaren Fluglärms vorgelagerten Bereich der Lärmvorsorge nicht dem Nachweis- und Rechtfertigungszwang, der für § 29b Abs. 2 LuftVG charakteristisch sei. Insoweit sehe der Gesetzgeber davon ab, die Abwägungsentscheidung mit den Mitteln des einfachen Rechts zu steuern. Er verpflichte die Luftfahrtbehörden nicht, gezielt darauf hinzuwirken, dass der Bevölkerung Fluglärm jeder Art erspart bleibe, unabhängig davon, ob er den Rahmen des Zumutbaren überschreite oder nicht. Die Wertung, die § 29b Abs. 2 LuftVG zu Grunde liege, lasse den Schluss zu, dass das Interesse am Schutz vor Fluglärm, der nicht unzumutbar sei, hintangestellt werden dürfe, wenn sich hierfür sachlich einleuchtende Gründe ins Feld führen ließen. Dies treffe auch für die Festlegung von Flugverfahren zu. Müsse die Entscheidung für eine bestimmte Flugroute nicht mit unzumutbaren Lärmbelastungen erkauft werden, so genüge es, wenn sie sich mit vertretbaren Argumenten untermauern lasse. Das Luftfahrt-Bundesamt brauche nicht obendrein den Nachweis zu erbringen, auch unter dem Blickwinkel des Lärmschutzes die angemessenste oder gar bestmögliche Lösung gefunden zu haben. Einen Rechtsverstoß begehe es nur dann, wenn es die Augen vor Alternativen verschließe, die sich unter Lärmschutzgesichtspunkten als eindeutig vorzugswürdig aufdrängten, ohne zur Wahrung der für den Flugverkehr unabdingbaren Sicherheitserfordernisse weniger geeignet zu sein.[319] Im Falle des nicht unzumutbaren Fluglärms i.S.d. § 29b Abs. 2 LuftVG ist die Festlegung von Flugverfahren nur daraufhin zu überprüfen, ob sie mit guten Gründen sachlich vertretbar sind.[320]

Der Tenor dieser ersten Entscheidung des 4. Senats unterscheidet sich deutlich von der bisherigen Rechtsprechung des bisher zuständigen 9. bzw. 11. Senats. Im Gegensatz zu früheren Entscheidungen wird hier der sicherheitsrechtliche Charakter von Flugrouten betont. Hieraus, sowie aus der Prüfung der Beachtung der Lärmschutzbelange wird gefolgert, dass sich der 4. Senat dem System der ordnungsrechtlichen Eingriffsbefugnisse zugewandt habe. Zentral sei nicht mehr die Abwägung der widerstreitenden Belange, sondern die Rechtfertigung der

---

[319] Vgl. hierzu insgesamt BVerwG NVwZ 2004, 1229, 1231 f.
[320] BVerwG NVwZ 2004, 1229, 1234.

Flugroute. Diese Rechtsprechung folge damit nicht mehr dem planerischen Ansatz der Abwägung widerstreitender Belange, sondern reflektiere das System der ordnungsrechtlichen Eingriffsbefugnisse. Auch wenn der 4. Senat des BVerwG auf die Abwägung hinweist, findet eine Abwägung widerstreitender Interessen nicht statt. Die Rechtsprechung des 4. Senats hebe damit die vom 9./11. Senat entwickelten Grundsätze auf, nach denen auch für die Festsetzung von Flugrouten ein allgemeines Abwägungsgebot gelte.[321] Auffällig sei zudem, dass der 4. Senat die allein entscheidungserheblichen Abwägungselemente bezüglich des Lärmschutzes aus der Hinwirkungsverpflichtung des § 29b Abs. 2 LuftVG sowie aus dem Verhältnismäßigkeitsgrundsatz herleite.[322] Nach der bisherigen Rechtsprechung werde eine Klage gegen Flugrouten letztlich nur dann erfolgreich sein können, wenn die Behörde das Interesse des Klägers am Schutz vor unzumutbaren Lärmbeeinträchtigungen willkürlich unberücksichtigt gelassen habe.[323] Dieses „Willkürverbot" ähnelt der Rechtsprechung des 4. Senats zu nicht unzumutbarem Fluglärm, wonach das LBA nur dann einen Rechtsverstoß begehe, wenn es die Augen vor Alternativen verschließe, die sich unter Lärmschutzgesichtspunkten als eindeutig vorzugswürdig aufdrängten, ohne zur Wahrung der für den Flugverkehr unabdingbaren Sicherheitserfordernisse weniger geeignet zu sein. Aufgrund der Vergleichbarkeit der Formulierungen ist festzuhalten, dass auch der 4. Senat die bisherige Rechtsprechung in Bezug auf nicht unzumutbaren Fluglärm bestätigt hat.[324] Auch die Vorgaben des 4. Senats zu unzumutbaren Fluglärmbelastungen, wonach diese hinzunehmen sind, wenn überwiegende Gründe der sicheren, geordneten und flüssigen Abwicklung des Luftverkehrs dies verlangten, ähneln eher einer Verhältnismäßigkeitskontrolle als der Überprüfung einer Abwägungsentscheidung.

Strittig war in diesem Verfahren die Lärmbelastung der klagenden Hochtaunusgemeinden. Aufgrund dieser Bipolarität der Interessen, nämlich zum einen die sichere und flüssige Abwicklung des Luftverkehrs und zum anderen von unzumutbarem Fluglärm möglichst verschont zu bleiben, hat sich der 4. Senat verleiten lassen, in der Abwägungsprüfung so stark den sicherheitsrechtlichen Aspekt

---

[321] Meißner in Ziekow S. 37, 53.

[322] Repkewitz VBlBW 2005, 1, 4; BVerwG NVwZ 2004, 1229, 1231 ff.

[323] BVerwG UPR 2000, 460, 462.

[324] So auch Sydow/Fiedler DVBl. 2006, 1420, 1425.

der Flugrouten zu betonen, dass die gesamte Prüfung eher einer Verhältnismäßigkeitsprüfung gleicht.[325] Unabhängig von diesen sprachlichen Unterschieden ist die Prüfungsintensität mit der „Willkürverbot-Rechtsprechung" vergleichbar, sodass auch im Falle von unzumutbarem Fluglärm keine andere Entscheidung getroffen würde. Daher kann nicht von einer Änderung, sondern allenfalls von einer Weiterentwicklung der Rechtsprechung ausgegangen werden. Der Prüfungsmaßstab des Bundesverwaltungsgerichts lässt sich unter Berücksichtigung der Rechtsprechung des 4. Senats somit wie folgt zusammenfassen: Die Festlegung von An- und Abflugstrecken ist nur daraufhin zu überprüfen, ob das Luftfahrt-Bundesamt von einem richtigen Sachverhalt ausgegangen ist, die Lärmschutzinteressen der Betroffenen in die gebotene Abwägung eingestellt hat und die Lärmschutzinteressen nicht ohne sachlichen Grund zurückgesetzt hat. Hierbei ist zu beachten, dass das Interesse am Schutz vor unzumutbarem Fluglärm aus Gründen der Luftsicherheit zurückgestellt werden darf. Im Falle des Schutzes vor Fluglärm, der nicht unzumutbar ist, genügen zur Zurückstellung sachliche Gründe. Erfolgreich ist eine Klage aber erst dann, wenn das Luftfahrt-Bundesamt Alternativen nicht berücksichtigt, die sich unter Lärmschutzgesichtspunkten als eindeutig vorzugswürdig aufdrängen, ohne zur Wahrung der für den Flugverkehr unabdingbaren Sicherheitserfordernisse weniger geeignet zu sein.

3. Kritik am Prüfungsmaßstab des BVerwG

a) Nur Lärmverteilung durch Flugrouten?

Auf Kritik ist die Annahme des BVerwG gestoßen, dass mit der Festlegung von Flugrouten das Lärmpotential nicht verändert, sondern nur verteilt werden könne. Dagegen wird eingewandt, dass die „Vorgaben" bezüglich des „Lärmpotentials" durch Genehmigung bzw. Planfeststellung des Flughafens in der Regel „blankettartig" seien (vgl. § 42 LuftVZO), eine effektive Begrenzung des Lärmpotentials finde dagegen nur über die Kapazität der Start- und Landebahnen (und die erforderlichen Sicherheitsabstände bei Start und Landung) statt.[326] Aufgrund technischer Entwicklungen, insbesondere aufgrund des Einsatzes der Sa-

---

[325] In diesen Sinne auch Repkewitz VBlBW 2005, 1, 4.
[326] Czybulka ZUR 2001, 268, 270.

tellitennavigation (GPS/FMS) ist eine Steigerung der Flugbewegungszahl möglich, was zu einer erhöhten Lärmbelastung führt.[327] Daher hat der Verlauf der Flugroute Einfluss auf die Zahl der maximal möglichen Starts bzw. Landungen auf einem Flughafen. Dies hat auch der HessVGH erkannt und entschieden, dass das Luftfahrt-Bundesamt nicht gezwungen sei, die Flugroute, die den größten Verkehrsdurchsatz ermöglicht, zu wählen.[328] Somit hat auch die Rechtsprechung anerkannt, dass durch Flugrouten die Kapazitäten eines Flughafens beeinflusst werden können. Daher hat die Wahl des Streckenverlaufs einer Flugroute Einfluss auf die Kapazitäten eines Flughafens und somit – wenn auch nur mittelbar und im begrenzten Rahmen – Einfluss auf die Menge des entstehenden Fluglärms. Außerdem ist in diesem Zusammenhang zu berücksichtigen, dass der Schutz vor Fluglärm nicht nur die von den Flugzeugen verursachten Emissionen, sondern vor allem die am Boden dadurch entstehenden Immissionen betrifft. Das Lärmpotential mag am Beginn der Landebahn und am Ende der Startbahn durch die Flughafengenehmigung weitgehend definiert sein, aber bis zur Landung und bis zum Start können Lärmimmissionen am Boden aufgrund einer ungeschickten Flugroute höher und einer geschickten Flugroute niedriger sein.[329] Daher ist die Annahme, dass der vorhandene Lärm nur verteilt werde, nicht schlüssig, weshalb die Beschränkung des Prüfungsmaßstabes mit diesem Argument nicht begründet werden kann.

b) Nur eingeschränkte Überprüfbarkeit der Abwägungsentscheidung?

Das BVerwG hat in seiner Flugroutenrechtsprechung grundsätzlich anerkannt, dass es sich bei der Festlegung von Flugrouten um eine Abwägungsentscheidung handele, wobei die Grundsätze der Überprüfbarkeit einer fachplanerischen Abwägungsentscheidung keine Anwendung fänden.[330] Diese eingeschränkte Ü-

---

[327] Vgl. Czybulka in Ziekow S. 9, 20.

[328] HessVGH NVwZ 2003, 875, 878.

[329] Meißner in Ziekow S. 37, 50, der zudem darauf verweist, dass sich für die Lärmminderung durch Flugrouten eine Vielzahl von Möglichkeiten anbieten, etwa Steilstartverfahren, Flugrouten über niedrigerem, weniger besiedeltem Gebiet, alternierende oder mehrere parallele Routen.

[330] So grundlegend BVerwG UPR 2000, 460, 462; bestätigt durch BVerwG DVBl. 2004, 382, 386; NVwZ 2004, 1229, 1231; NVwZ 2005 1061, 1063.

berprüfbarkeit der Abwägungsentscheidung stößt in der Literatur auf geteiltes Echo.

Unterstützt wird dies von Masing[331], der davon ausgeht, dass die Ableitung des Abwägungsgebots aus der Verfassung zugleich wesentliche Grenzen des Rechts nach sich ziehe. Das Abwägungsgebot könne dabei nicht weitergehen als die verfassungsrechtlichen Gewährleistungen. Das in der Verfassung vorgefundene, generelle, rechtsstaatliche Abwägungsgebot vermittle das Recht auf eine gerechte Abwägung von privaten Belangen in der von weiten Gestaltungsspielräumen geprägten planerischen Entscheidung. Geschützt würden dabei nur die unmittelbar aus der Verfassung abzuleitenden Belange, soweit sich nicht aus dem einfachen Recht besonders geschützte Belange ergäben. Dies führe nicht zu einer Rechtsschutzlosigkeit, da wesentliche Belange unmittelbaren Grundrechtsschutz und damit den Schutz des Verhältnismäßigkeitsgrundsatzes genössen. Die Abwehr von Gesundheitsgefahren und unzumutbaren Eingriffen in das Eigentum folge unmittelbar aus Art. 2 Abs. 2 GG bzw. aus Art. 14 GG. Soweit das Abwägungsergebnis diese Rechte verletze, bestehe ein Abwehrrecht. Auch unterhalb der Schwelle der einer Abwägung nicht mehr zugänglichen unmittelbaren Grundrechtsverletzung verbleibe ein gerichtlich überprüfbarer Raum, da Grundrechtseingriffe naturgemäß bereits vor der Schwelle der durch eine Abwägung nicht mehr zu rechtfertigenden Grundrechtsverletzung vorliegen könnten und damit rechtfertigungsbedürftig seien. Soweit nicht spezielle Grundrechte betroffen seien, biete das Willkürverbot des Art. 3 Abs. 1 GG eine rechtliche Grenze der Abwägung, die selbstverständlich den Weg zum erfolgreichen Rechtsschutz eröffne. Schließlich stelle Art. 2 Abs. 1 GG eine – wenn auch aufgrund der weiten Schrankenregelung letzte – Grenze für Abwägungen dar, die der Sache nach bei entsprechender Abwägung zumeist im Willkürverbot aufgehen dürfte. Die Grundrechte vermittelten de facto auch die vom Gericht aufgestellten Anforderungen an die Entscheidungsfindung, das heißt ein Mindestmaß erforderlicher Sachverhaltsermittlung und Rechtfertigung, die sich an den jeweiligen Zielen der jeweiligen Abwägungsentscheidung zu orientieren hätten. Seien weitergehende Verfahrensvorgaben gewünscht oder sollten weitere Verfahrensrechte

---

[331] Masing NVwZ-Sonderheft 2005, 24, 29 f.

eingeräumt werden, sei das Handeln des Gesetzgebers gefordert, der allein zur Entscheidung berufen ist, solche Rechte zu verleihen.[332]

Die Mehrheit der Literaturstimmen setzt sich dagegen in unterschiedlicher Weise sehr kritisch mit der Flugroutenrechtsprechung des BVerwG und der eingeschränkten Kontrolldichte auseinander.

Sydow und Fiedler kritisieren, dass das BVerwG bereits für die Zusammenstellung und Gewichtung des Abwägungsmaterials die Kontrolle reduziere und bereits hier eindeutige Fehler nicht moniere und nicht wie bei allen Abwägungsentscheidungen die Kontrolle auf der letzten Stufe auf eine Abwägungsdisproportionalität beschränke.[333] Die Begründung des BVerwG für diese eingeschränkte Kontrolldichte aufgrund der Kapazitätsvorgaben trage nicht, da diese weder eine Abwägung zwischen verschiedenen leistungsfähigen Flugrouten noch eine gerichtliche Kontrolle mit der sonst üblichen Kontrolldichte ausschließe. Sie wenden sich gegen die Feststellung des 4. Senats des BVerwG, dass die Tatsache, dass der Gesetzgeber für Lärmbelästigungen unterhalb der Zumutbarkeitsschwelle kein Lösungsmodell zur Verfügung gestellt habe, einen Rückgriff auf die zum fachplanerischen Abwägungsgebot entwickelten Grundsätze verbiete, insbesondere da eine dem § 8 Abs. 1 S. 2 LuftVG entsprechende Abwägungsvorschrift fehle. Denn dort sei gar nicht normiert, welche privaten Belange abwägungsrelevant seien. Zudem sei § 29b Abs. 2 LuftVG eine Schutznorm, die besonders bedeutende Belange nochmals hervorhebe. Im Vergleich zu allgemeinen Regelungen wie § 8 Abs. 1 S. 2 LuftVG oder auch § 17 BFernStrG sei § 29b Abs. 2 LuftVG daher als Schutzverstärkung zu verstehen,

---

[332] Vgl. hierzu im Ganzen Masing NVwZ-Sonderheft 2005, 24, 29 f; Sellner/Scheidmann NVwZ 2004, 267, 272 sehen vor allem praktische Gründe für die Einschränkung der Kontrolldichte. Angesichts der riesigen zu betrachtenden Räume und der Vielzahl wäre eine strenge Abwägungskontrolle tatsächlich nicht möglich und dürfte praktisch zu einer weitgehenden Lähmung der Planung führen. Daher könne die gerichtliche Kontrolle eine sinnvolle Planung der Flugrouten wesentlich behindern.

[333] Sydow/Fiedler DVBl. 2006, 1420, 1425 stellen hierbei auf die Entscheidung des BVerwG NVwZ 2004, 1229 ff. ab. Darin wurde die Computersimulation der Lärmverteilung bemängelt, da sie auf Kartenmaterial beruhte, das den Geländeanstieg über den Taunus nicht berücksichtigte, sodass die betroffenen Gebiete in einer geringeren Höhe überflogen wurden, als in der Simulation berücksichtigt wurde. Daher konnte das Gewicht des Lärmschutzinteresses nicht richtig in die Abwägung eingestellt werden, da das Ausmaß der Betroffenheit dieses Belanges falsch berücksichtigt worden sei. Das BVerwG habe diese Fehlgewichtung zwar gesehen, aber nicht als willkürlich erachtet und die Klage abgewiesen.

die es gerade nicht rechtfertige, die Kontrolle der Abwägungsentscheidung zu beschränken. Auch aus dem Normenprogramm des Luftverkehrsgesetzes ergebe sich kein Grund, der eine Sonderdogmatik für die gerichtliche Abwägungskontrolle bei Flugroutenplanungen rechtfertigen würde.[334] Czybulka bemängelt die Schlussfolgerung des BVerwG, dass aufgrund der Kompliziertheit des zu bewältigenden Sachverhalts – die Aufstellung der Flugrouten unter Berücksichtigung der Sicherheit des Flugverkehrs und Lärmschutzgesichtpunkten – der Verwaltung ein größerer Gestaltungsspielraum zugestanden werde, wenn es dabei gleichzeitig um den Schutzbereich des Art. 2 Abs. 2 GG gehe. Vielmehr müsste, je komplexer die Situation sei, das umweltrechtliche „Vorsichtprinzip" zum Tragen kommen und höhere Anforderungen an die Verwaltung zur Sachverhaltsermittlung und Beurteilung gestellt werden. Denn sonst könne man auch im Atomrecht der Verwaltung die größten Spielräume einräumen,[335] was das BVerfG aber als verfassungswidrig eingestuft habe.[336] Nach seiner Ansicht sei die Begrenzung des Rechtsschutzes der Betroffenen auf „willkürliche" Nichtberücksichtigung ihrer Interessen am Schutz vor unzumutbaren Lärmbeeinträchtigungen unverständlich. Das Willkürverbot habe seine Wurzeln im Gleichheitssatz des 3 Abs. 1 GG, der in diesem Fall nicht einschlägig sei. Art. 3 Abs. 1 GG sei auch kein Supergrundrecht, das den betroffenen Schutzbereich von Art. 2 Abs. 2 GG modifizieren könne. Verstehe man „Willkürlichkeit" als Erläuterung eines weiten aber nicht unbegrenzten Gestaltungsspielraums, so sei die Nennung überflüssig, weil Willkürlichkeit in diesem Sinne ohnehin verfassungswidrig sei.[337] Sollte dagegen der Gestaltungsspielraum in Anlehnung zum „Normsetzungsermessen" als besonders weit charakterisiert werden, so werde übersehen, dass es der Sache nach hier nicht um eine „echte" Normsetzung gehe, sondern um konkrete Regelungen mit einer gewissen planerischen Komponente.[338] Wenn das BVerwG davon ausgehe, dass das Luftfahrt-Bundesamt auf die Verteilung des vorhandenen Lärms beschränkt sei, könnte es

---

[334] Sydow/Fiedler DVBl. 2006, 1420, 1425 f.

[335] Czybulka ZUR 2001, 268, 270.

[336] Czybulka ZUR 2001, 268, 270; BVerfGE 53, 30, 65.

[337] Czybulka ZUR 2001, 268, 270; zustimmend Quaas NVwZ 2003, 649, 652 f.

[338] Czybulka ZUR2001, 268, 271.

möglich sein, dass das BVerwG sich durch ein früheres Urteil des BVerwG[339] zur gerechten Lastenverteilung (Art. 3 Abs. 1 GG) von Lärm von Militärfahrzeugen habe leiten lassen. Dies wäre aber fehlerhaft, denn die mit Verfassungsrang ausgestattete Funktionsfähigkeit der Bundeswehr führe dazu, dass es in den Fällen militärischen Lärms nur einen Anspruch auf gerechte Verteilung geben könnte. Diesen Verfassungsrang besitzt der zivile Luftverkehr dagegen nicht.[340]

Repkewitz[341] führt aus, dass der begriffliche Rückzug auf eine Willkürkontrolle bei näherer Betrachtung eher ein sprachliches Problem denn eine Besonderheit der gerichtlichen Kontrolle der Flugroutenfestlegung sei. Vergleiche man die hier beschriebene mit der in der Prüfung von Planungsentscheidungen üblichen gerichtlichen Kontrolldichte, seien die Differenzen eher marginal. Die Abwägungsfehler, auf die die Gerichte andere Planungsentscheidungen überprüfen, fänden sich in Ausführungen des BVerwG – leider in abweichender Terminologie und durch den Begriff der Willkür mit einem an den Gleichheitssatz erinnernden und damit unzutreffenden Zungenschlag – durchaus wieder. Problematischer sei dagegen die Anwendung des Grundsatzes der Planerhaltung, wie er etwa in § 75 Abs. 1a VwVfG seinen Niederschlag gefunden habe, ohne einen gesetzlichen Anhaltspunkt auf die Flugroutenfestlegung. Für die Festlegung der Verletzung in eigenen Rechten sei ein solcher Grundsatz schon nicht akzeptabel, weil die zu seiner Begründung vor der flächendeckenden gesetzlichen Einführung herangezogenen Vorschriften wie § 46 VwVfG an der Rechtswidrigkeit der Verwaltungsentscheidung nichts änderten, sondern lediglich den Aufhebungsanspruch des Bürgers beseitigten.[342]

---

[339] BVerwG NVwZ 1989, 255 ff.

[340] Czybulka in Ziekow S. 9, 21 f.; Grundüberlegung stammte von J. Berkemann, Verfassungsrechtlicher Schutzanspruch der Bürger versus Förderung des Luftverkehrs und Notwendigkeit der Verteidigung, in: DAL (Hrsg.), Interdisziplinäre Konferenz Fluglärm, 2001, 133, 138 f. Das von Czybulka zitierte Werk ist jedoch nicht verfügbar, vgl. Czybulka in Ziekow S. 21 Fn. 46.

[341] Repkewitz VBlBW 2005, 1, 13.

[342] Ule/Laubinger § 58 Rn. 25; Repkewitz VBlBW 2005, 1, 13, wobei Repkewitz darauf abstellt, dass dies nur bei der Feststellungsklage der Fall sei, da hier nur die Rechtswidrigkeit festgestellt werde und insoweit für diese Differenzierung kein Platz sei. Anders sei dies nach seiner Ansicht im Rahmen der Leistungsklage als Normaufhebungsklage zu bewerten, wobei er nicht drauf eingeht, woraus sich die Beseitigung des Aufhebungsanspruchs bei einer rechtswidrigen Rechtsverordnung ergeben könnte.

Der Rechtsprechung des BVerwG ist nicht zuzustimmen. Nach Ansicht des 11. und 9. Senats des BVerwG ist die Flugroutenfestlegung nur daraufhin zu überprüfen, ob das Luftfahrt-Bundesamt von einem richtigen Sachverhalt ausgegangen ist, den gesetzlichen, insbesondere durch § 29b LuftVG bestimmten Rahmen erkannt und die Lärmschutzinteressen der Betroffenen in die gebotene Abwägung eingestellt und nicht ohne sachlichen Grund zurückgesetzt hat.[343] Diese Formel klingt sehr vertraut und erinnert an die Abwägungsfehlerlehre bzw. die Abwägungsregeln.[344] Danach ist die Abwägung dahingehend zu überprüfen, dass sachgerechte Abwägung überhaupt durchgeführt wurde, alle betroffenen Belange sorgfältig ermittelt und in die Abwägung eingestellt wurden und weder die Bedeutung der betroffenen öffentlichen oder privaten Belange verkannt, noch der Ausgleich zwischen ihnen in einer Weise vorgenommen wird, die zur objektiven Gewichtigkeit einzelner Belange außer Verhältnis steht.[345] Warum das BVerwG diese „neue Formel" geschaffen hat und nicht auf die bekannte Abwägungsfehlerlehre zurückgegriffen hat, ist letztlich unbedeutend, die unterschiedliche Terminologie verändert im Wesentlichen nicht den Prüfungsumfang. Daher ist hier Repkewitz zuzustimmen, der von einem sprachlichen Problem ausgeht und die Differenzen zur üblichen gerichtlichen Kontrolldichte für marginal hält.[346] Problematisch ist dagegen die Formulierung des BVerwG, wonach eine Klage letztlich nur dann erfolgreich sein könne, wenn die Behörde das Interesse des Klägers am Schutz vor unzumutbaren Lärmbeeinträchtigungen willkürlich unberücksichtigt gelassen habe.[347] In der ersten Flugroutenentscheidung[348] handelte es sich hierbei um ein orbiter dictum, da es in dieser Entscheidung nur um das Vorliegen der Klagebefugnis ging und das BVerwG die Sache an das OVG gem. § 144 Abs. 3 S. 1 Nr. 2 VwGO zurückverwiesen hatte. Allerdings wurde dieses orbiter dictum zu einem isolierten Leitsatz erhoben und in der nächsten

---

[343] Vgl. hierzu BVerwG UPR 2000, 460, 463; DVBl. 2004, 382, 386; NVwZ 2004, 1229, 1231.

[344] In diesem Sinne auch Repkewitz VBlBW 2005, 1, 13; Sydow/Fiedler DVBl. 2006, 1420, 1424.

[345] BVerwGE 48, 56, 64; Koch/Hendler § 17 Rn. 14 f.

[346] Vgl. Repkewitz VBlBW 2005, 1, 13.

[347] Vgl. hierzu BVerwG UPR 2000, 460, 462.

[348] BVerwG UPR 2000, 460, 462 f.

Entscheidung aus dem Jahr 2003[349] zu einem tragenden Entscheidungsgrund, welcher durch die Entscheidung aus dem Jahr 2004 bestätigt wurde,[350] auch wenn der nun zuständige 4. Senat nicht mehr von Willkür in diesem Zusammenhang spricht und zwischen unzumutbarer und nicht unzumutbarer Fluglärmbelastung unterscheidet.[351] Wie Czybulka treffend bemerkt, erinnert diese Formulierung stark an die Rechtsprechung zu Art. 3 Abs. 1 GG.[352] Diese Rechtsprechung führt dazu, dass Flugrouten zwar fehlerhaft zustande gekommen sein können, aber trotzdem gegen sie nicht erfolgreich gerichtlich vorgegangen werden kann. Repkewitz zieht hier zur Verdeutlichung einen Vergleich zur Planerhaltung nach § 75 Abs. 1a VwVfG.[353] Eine rechtliche Grundlage für diese „Planerhaltung" wird vom BVerwG nicht genannt und ergibt sich auch nicht aus dem LuftVG. Daher kann der Rechtsprechung des BVerwG, wonach Flugrouten einer reinen Evidenzkontrolle unterzogen werden, nicht gefolgt werden. Ein weiteres Problem stellt sich insoweit, als das BVerwG in seiner Entscheidung festgestellt hat, dass im Falle einer nicht als willkürlich zu beanstandenden, aber zu einer unzumutbaren Lärmbeeinträchtigung führenden Streckenführung Rechtsschutz dagegen nur gegenüber der Flughafengenehmigungsbehörde zu erlangen ist, wobei der Weg für nachträgliche Schutzansprüche gem. § 75 Abs. 2 S. 2-4 VwVfG i.V.m. § 9 Abs. 2 LuftVG eröffnet sei.[354] Grund für diese Feststellung ist wohl wieder die fehlerhafte Annahme des BVerwG, Flugrouten hätten keinen Einfluss auf die Kapazitäten und somit käme ihnen nur eine Lärmverteilungsfunktion zu. Wie dargestellt, ist dies jedoch nicht der Fall und ein Verweis auf mögliche Schutzansprüche gem. § 75 Abs. 2 S. 2-4 VwVfG i.V.m. § 9 Abs. 2 LuftVG ist daher nicht zielführend. Denn die Flughafengenehmigungsbehörde ist nicht identisch mit dem Luftfahrt-Bundesamt, sodass sie keine Einflussmöglichkeiten auf die festgelegten Flugrouten hat. Außerdem enthält § 75 Abs. 3 S. 2 VwVfG eine Ausschlussfrist von 30 Jahren, sodass bei der Festlegung von neuen An- und Abflugrouten unter Umständen keine Ansprüche gegen

---

[349] BVerwG DVBl. 2004, 382, 386.

[350] BVerwG NVwZ 2004, 1229, 1231; Vgl. zu dieser Darstellung insgesamt Sydow/Fiedler DVBl. 2006, 1420, 1425.

[351] Vgl. hierzu die Darstellung in Gliederungsabschnitt C.III.2.

[352] Czybulka in Ziekow 9, 21 f.

[353] Repkewitz VBlBW 2005, 1, 13.

[354] BVerwG UPR 2000, 460, 462.

die Genehmigungsbehörde geltend gemacht werden könnten. Schließlich bestimmt § 75 Abs. 2 S. 4 VwVfG, dass nur eine Entschädigung in Geld zu zahlen ist, wenn Schutzvorkehrungen oder Schutzanlagen untunlich oder mit dem Vorhaben unvereinbar sind, was zu dem unbefriedigenden Zustand führen könnte, dass ein Betroffener letztlich nur eine Entschädigung erhalten könnte, ohne dass die Störquelle beseitigt wird. Daher reicht ein Verweis auf mögliche nachträgliche Auflagen gem. § 75 Abs. 2 S. 2-4 VwVfG i.V.m. § 9 LuftVG nicht aus, um eine Beschränkung des Prüfungsmaßstabs zu begründen.[355] Somit wird aus dieser Darstellung deutlich, dass die Argumente des BVerwG zur Begrenzung des Prüfungsumfangs nicht greifen.[356] Im einem gerichtlichen Verfahren sind Flugrouten daher darauf zu überprüfen, ob das Luftfahrt-Bundesamt von einem richtigen Sachverhalt ausgegangen ist, den gesetzlichen, insbesondere durch § 29b LuftVG bestimmten Rahmen erkannt und die Lärmschutzinteressen der Betroffenen in die gebotene Abwägung eingestellt und nicht ohne sachlichen Grund zurückgesetzt hat.

4. Fazit

Entgegen der Rechtsprechung besitzen Flugrouten Einfluss auf die Menge des Fluglärms, sodass sich daraus keine Beschränkung der Überprüfbarkeit der Abwägungsentscheidung ergibt. Auch wenn man davon ausgeht, dass Flugrouten vor allem einen sicherheitsrechtlichen Charakter haben, ergibt sich hieraus nichts anderes. Das bedeutet, dass sie darauf zu überprüfen sind, ob das Luftfahrt-Bundesamt von einem richtigen Sachverhalt ausgegangen ist, den gesetzlichen, insbesondere durch § 29b LuftVG bestimmten Rahmen erkannt und die Lärmschutzinteressen der Betroffenen in die gebotene Abwägung eingestellt und nicht ohne sachlichen Grund zurückgesetzt hat.

---

[355] Vgl. hierzu Czybulka in Ziekow S. 9, 22; Kukk NVwZ 2001, 408, 410.
[356] So auch Quaas NVwZ 2003, 649, 653.

D. Flugrouten und Störfallbetriebe

I. Hintergrund

1. Die Ist-Situation am Flughafen Frankfurt/Main

Der Flughafen Frankfurt/Main ist der größte Verkehrsflughafen Deutschlands und der nach London (Heathrow) und Paris (Charles de Gaulle) der drittgrößte Verkehrsflughafen Europas.[357] Im Jahr 2004 nutzten 51, 1 Mio. Passagiere den Flughafen und es gab in diesem Jahr 477.500 Flugbewegungen.[358] Bis 2015 wird mit einem lokalen Passagieraufkommen von 81 Mio. und 656.000 Flugbewegungen gerechnet.[359] In unmittelbarer Nähe zum Flughafen Frankfurt/Main befindet sich das Werk der Ticona GmbH in Kelsterbach. Dieses Werk stellt einen Betriebsbereich dar, der der Störfallverordnung (12. BImSchV) unterliegt. Teilweise verlaufen die Abflugrouten des Flughafens über das Werksgeländes der Ticona. Das mit diesen Überflügen verbundene Absturzrisiko hat zur Folge, dass die zuständige Behörde eine Sicherheitsüberprüfung nach § 29a BImSchG angekündigt und am 6.4.2006 angeordnet hat. Hierdurch sollen die Gefahren durch toxische Gase, Brandlasten und Explosionen im Fall eines Flugzeugabsturzes ermittelt werden, um eine Grundlage für weitere Maßnahmen zu schaffen. Außerdem wurde ein Antrag auf Betriebserweiterung nach § 16 BImSchG aus dem Jahre 2002 aufgrund des Absturzrisikos nicht beschieden. Am 17.8.2005 erhob die Ticona GmbH Klage beim zuständigen HessVGH gegen die betroffenen Flugrouten. Hierbei macht sie geltend, dass durch die Flugrouten das Risikominimierungsgebot des Art. 12 Abs. 1 Seveso-II-RL und das Recht auf gerechte Abwägung verletzt wird. Diese Klage wurde am 24.10.2006 vom HessVGH als unbegründet abgewiesen.[360]

---

[357] Airpot Council International, Airport Traffic Report 2004.
[358] Geschäftsbericht 2004 der Fraport AG.
[359] Vgl. hierzu www.fraport.de.
[360] HessVGH Urt. v. 24.10.2006 Az. 12 A 2216/05, teilweise abgedruckt in UPR 2007, 116 ff.; vgl. zur Ist-Situation insgesamt S. 3 ff. des Urteilabdrucks.

2. Ausbau des Flughafens Frankfurt/Main

Im Rahmen der Ausbauplanung des Frankfurter Flughafens entschied man sich zwischen mehreren Varianten für den Bau der Landebahn Nord-West. Die Landebahn bei dieser Variante wäre ca. 700m vom Werk der Ticona GmbH entfernt. Diese Nachbarschaftssituation zwischen Flughafen und Störfallanlage stellt auch im internationalen Vergleich eine Ausnahmesituation dar. [361] Das Bundesministerium für Umwelt, Naturschutz und Reaktorsicherheit beauftragte die Störfall-Kommission mit einer Stellungnahme zum geplanten Ausbau des Flughafens Frankfurt unter Berücksichtigung der Ticona-Problematik. Die Störfall-Kommission hielt in ihrer Stellungnahme dieses Ausbauvorhaben mit dem Betrieb der existierenden Anlagen am Standort Ticona für nicht vereinbar. Die erwartete Störfallhäufigkeit durch einen Flugzeugabsturz sowie der damit verbundene Schadensumfang führten zu einem nicht akzeptablen Risiko. Daraus ergebe sich, dass die Gefahrenquelle Flugzeugabsturz am Standort Ticona gemäß § 3 Abs. 2 Nr. 2 StörfallV (12. BImSchV) vernünftigerweise nicht auszuschließen sei. Die Planung der Landebahn Nord-West würde damit auch der Zielsetzung des Art. 12 Abs. 1 S. 2 lit. c Seveso-II-RL widersprechen. Bei der Planung von An- und Abflugrouten sei eine mögliche Erhöhung des Risikos von Betriebsbereichen nach der StörfallV zwingend in den Abwägungsprozess einzubeziehen.[362] Am 29.11.2006 wurde bekannt, dass sich die Fraport AG und Ticona darauf geeinigt haben, das betroffene Chemiewerk zu verlagern, damit die neue Landebahn 2011 in Betrieb genommen werden kann. Für die Verlagerung zahlt die Fraport AG 650 Millionen Euro, wobei das Gesamtvolumen der Flughafenerweiterung drei bis vier Milliarden Euro beträgt.[363] Auch wenn durch diese Einigung das Verhältnis von Flugroutenfestlegung und Störfallbetrieben an Ak-

---

[361] Vgl. zur Darstellung der Probleme am Flughafen Frankfurt/M insgesamt Ergebnis der Beratungen der Arbeitsgruppe „Flughafenausbau Frankfurt/M" der Störfallkommission, Stand: 30.1.2004.

[362] Beschlüsse der Störfall-Kommission vom 18.2.2004 zum geplanten Ausbau des Flughafens Frankfurt/M.

[363] Vgl. hierzu FAZ v. 30.11.2006, S. 1, 17; Frankfurter Rundschau v. 30.11.2006, S. 2. Am 27.7.2007 wurde bekannt, dass das neue Werk im Industriepark Höchst errichtet werden wird, vgl. Frankfurter Rundschau v. 28.7. 2007, S. D1 ff. Die eingelegte Revision gegen das Urteil des HessVGH wurde zurückgenommen und das Verfahren gem. §§ 141 Satz 1, 125 Abs. 1 Satz 1, 92 Abs. 3 Satz 1 VwGO eingestellt, vgl. BVerwG Beschl. v. 27.7.2007 Az. 4 C 14/07 (zitiert nach juris).

tualität und politischer Brisanz verloren hat, so ist die grundsätzliche rechtliche Problematik noch nicht abschließend geklärt.

Vor diesem Hintergrund soll im Folgenden die Problematik der Flugroutenaufstellung in der Nähe von Störfallanlagen erörtert werden. Zunächst wird deshalb überprüft werden, ob die Seveso-II-RL auf diese Problematik anwendbar ist. Weiterhin wird erörtert, ob die Richtlinie ordnungsgemäß in das nationale Recht umgesetzt wurde und welche Folgen sich gegebenenfalls aus einer fehlerhaften Umsetzung ergeben. Schließlich soll dargestellt werden, welche Auswirkungen diese Problematik auf das Aufstellungsverfahren und den Rechtsschutz gegen Flugrouten haben wird.

II. Die europarechtlichen Vorgaben

1. Die Systematik der Seveso-II-RL

Für die hier zu diskutierende Frage, ob eine Koexistenz zwischen Flugrouten und Störfallbetrieben möglich ist, ist zunächst zu klären, welche Ziele mit der Seveso-II-RL erreicht werden sollen und wer durch sie geschützt wird.

a) Die Ziele der Seveso-II-RL

Ziel der Seveso-II-RL ist nach Art. 1 die Verhütung schwerer Unfälle mit gefährlichen Stoffen und die Begrenzung der Unfallfolgen für Mensch und Umwelt. Die Seveso-II-RL differenziert daher nicht zwischen verschiedenen Personengruppen. Ebenso nennt auch Art. 3 Nr. 5 Seveso-II-RL die menschliche Gesundheit und Art. 5 Abs. 1, Art. 7 Abs. 1 S. 2 sowie Art. 9 Abs. 1 lit. b Seveso-II-RL sprechen von den Folgen für Menschen. Zudem sind in die internen Notfallpläne nach Nr. 1 lit. d Anh. IV Seveso-II-RL Angaben und Informationen über „Vorkehrungen zur Begrenzung der Risiken für Personen auf dem Betriebsgelände" aufzunehmen, wobei diese Pläne nach Art. 11 Abs. 3 Seveso-II-RL „unter Beteiligung der Beschäftigten des Betriebes" zu erstellen sind. Schließlich stellen der Erwägungsgrund 10 und Art. 2 Abs. 2 Seveso-II-RL klar, dass die Richtlinienbestimmungen „unbeschadet bestehender Gemeinschaftsvorschriften über den Gesundheitsschutz und die Sicherheit am Arbeitsplatz" gelten.[364] Somit schützt die Seveso-II-RL grundsätzlich sowohl Außenstehende als

---

[364] Vgl. hierzu auch Hendler LEP-Gutachten S. 58.

auch das Betriebspersonal vor den Auswirkungen schwerer Unfälle.[365] Eine andere Zielrichtung kann sich nur dann ergeben, wenn eine einzelne Vorschrift dies deutlich macht.[366]

b) Die Gebote des Art. 12 Abs. 1 Seveso-II-RL

Zur Erreichung dieses Ziels regelt Art. 12 Abs. 1 Seveso-II-RL die Überwachung und Ansiedlung von Betrieben, dieser bestimmt folgendes:

„Artikel 12

Überwachung und Ansiedlung

(1) Die Mitgliedstaaten sorgen dafür, dass in ihren Politiken der Flächenausweisung und Flächennutzung und/oder anderen einschlägigen Politiken das Ziel, schwere Unfälle zu verhüten und ihre Folgen zu begrenzen, Berücksichtigung findet. Dazu überwachen sie

a) die Ansiedlung neuer Betriebe,

b) Änderungen bestehender Betriebe im Sinne des Art. 10,

c) neue Entwicklungen in der Nachbarschaft bestehender Betriebe wie beispielsweise Verkehrswege, Örtlichkeiten mit Publikumsverkehr, Wohngebiete, wenn diese Ansiedlungen oder Maßnahmen das Risiko eines schweren Unfalls vergrößern oder die Folgen eines solchen Unfalls verschlimmern können.

Die Mitgliedstaaten sorgen dafür, dass in ihrer Politik der Flächenausweisung oder Flächennutzung und/oder anderen einschlägigen Politiken sowie den Verfahren für die Durchführung dieser Politiken langfristig dem Erfordernis Rechnung getragen wird, dass zwischen den unter diese Richtlinie fallenden Betrieben einerseits und Wohngebieten, öffentlich genutzten Gebäuden und Gebieten, wichtigen Verkehrswegen (soweit wie möglich), Freizeitgebieten und unter dem Gesichtspunkt des Naturschutzes besonders wertvollen bzw. besonders empfindlichen Gebieten andererseits ein angemessener Abstand gewahrt bleibt und dass bei bestehenden Betrieben zusätzliche technische Maßnahmen nach Art. 5 er-

---

[365] Hendler LEP-Gutachten S. 30 f., 58 f., Sellner/Scheidmann NVwZ 2004, 267, 268.

[366] Hendler LEP-Gutachten S. 58.

griffen werden, damit es zu keiner Zunahme der Gefährdung der Bevölkerung kommt.

(1a) Die Kommission wird ersucht, bis zum 31.12.2006 in enger Zusammenarbeit mit den Mitgliedstaaten Leitlinien zur Definition einer technischen Datenbank einschließlich Risikodaten und Risikoszenarien aufzustellen, die der Beurteilung der Vereinbarkeit zwischen den unter die Richtlinie fallenden Betrieben und den in Abs. 1 genannten Gebieten dient."

Der Richtlinientext enthält mehrere Gebote an die Mitgliedstaaten.

(1) Art. 12 Abs. 1 S. 1 und 2 Seveso-II-RL

Das Berücksichtigungsgebot des Art. 12 Abs. 1 UAbs. 1 Satz 1 Seveso-II-RL gibt vor, dass die Mitgliedstaaten in den einschlägigen Politiken das Ziel der Unfallverhütung und Unfallfolgenbegrenzung zu berücksichtigen haben.[367] Zudem haben die Mitgliedstaaten nach dem Überwachungsgebot des Art. 12 Abs. 1 UAbs. 1 Satz 2 Seveso-II-RL die Ansiedlung neuer Betriebe, die Änderung bestehender Betriebe und die Entwicklungen in der Nachbarschaft bestehender Betriebe zu überwachen, wenn diese Ansiedlungen oder Maßnahmen das Risiko eines schweren Unfalls vergrößern oder die Folgen verschlimmern können.[368]

(2) Art. 12 Abs. 1 UAbs. 2 Seveso-II-RL

Die Mitgliedstaaten haben nach Art. 12 Abs. 1 UAbs. 2 Seveso-II-RL in ihren einschlägigen Politiken und bei ihrer Durchführung langfristig dafür zu sorgen, dass zwischen bestimmten Gebieten und der Anlage ein angemessener Abstand gewahrt bleibt. Zudem haben sie dafür zu sorgen, dass bei bestehenden Betrieben zusätzliche technische Maßnahmen ergriffen werden, damit es zu keiner Zunahme der Gefährdung der Bevölkerung kommt.[369] Ziel ist eine unangemessene Gefährdungszunahme für die Bevölkerung durch Wahrung eines angemesse-

---

[367] Ebenso Sellner/Scheidmann NVwZ 2004, 267, 268; Hendler LEP-Gutachten S. 26.
[368] Ebenso Sellner/Scheidmann NVwZ 2004, 267, 268; Hendler LEP-Gutachten S. 26.
[369] Repkewitz VBlBW 2005, 1, 7 spricht in diesem Zusammenhang von einem Optimierungsgebot vor schweren Unfällen und Weidemann/Freytag StoffR 2004, 225, 228 f. bezeichnen dies als zwingenden Planungsleitsatz.

nen Abstandes und zusätzliche technische Maßnahmen zu verhindern.[370] Hieraus lassen sich ein Abstands-, Maßnahmen- und ein Risikobegrenzungsgebot ableiten und zu einem Umgebungsschutzgebot zusammenfassen.[371]

Umstritten ist, ob Art. 12 Abs. 1 UAbs. 2 Seveso-II-RL neben dem Schutz vor den Folgen schwerer Unfälle auch den Schutz vor der Gefahr schwerer Unfälle erfasst.[372] Zum Teil wird vertreten, dass es das Ziel des Umgebungsschutzgebotes sei, dass zwischen den unter diese Richtlinie fallenden Betrieben einerseits und wichtigen Verkehrswegen (soweit wie möglich) andererseits ein angemessener Abstand gewahrt bleibe, um die Folgen schwerer Unfälle für die Bevölkerung, die sich in den schutzbedürftigen Gebieten befinden, zu begrenzen. Art. 12 Abs. 1 UAbs. 2 Seveso-II-RL diene nicht der Verringerung des Risikos von Unfällen, sondern nur der Reduzierung seiner Auswirkungen. Nur im Rahmen des Berücksichtigungsgebotes und des Überwachungsgebotes könne das generelle Gebot der Berücksichtigung der Erhöhung des Risikos schwerer Unfälle in der Abwägung erfolgen.[373] Danach würde sich das Risikobegrenzungsgebot nur auf die Folgen schwerer Unfälle beziehen. Somit bestünden die verschiedenen Gebote des Art. 12 Abs. 1 isoliert voneinander mit der Folge, dass die Mitgliedstaaten nur im Rahmen des Berücksichtigungs- und Überwachungsgebots den Aspekt des Unfallrisikos zu berücksichtigen hätten. Im Rahmen des Umgebungsschutzgebotes nach UAbs. 2, also in dem Schritt, in dem die Ergebnisse des Berücksichtigungs- und Überwachungsgebots umgesetzt werden sollen, würde nach dieser Ansicht das Unfallrisiko keine Berücksichtigung finden.

---

[370] Auch wenn der Wortlaut des Art. 12 Abs. 1 UAbs. 2 vermuten lässt, dass jegliche Risikoerhöhung verboten ist, so ist das Gebot auch aus dem Gesichtspunkt der Weiterentwicklung von Betrieben dahingehend zu verstehen, dass es zu keiner Risikozunahme kommen darf, wodurch die Grenze überschritten wird, was noch hingenommen werden kann. Vgl. hierzu und zur Argumentation Hendler LEP-Gutachten S. 54, dargestellt in Gliederungsabschnitt D.II.1.b)(1).

[371] Vgl. hierzu Hendler LEP-Gutachten S. 26; die Bezeichnung des kompletten UAbs. 2 als Abstandsgebot, wie Sellner/Scheidmann NVwZ 2004, 267, 268 sie vornehmen, erscheint dagegen zu ungenau.

[372] Die meisten Autoren setzen voraus, dass Art. 12 Abs. 1 UAbs. 2 beide Ziele erfasst, ohne es zu problematisieren. Sellner/Scheidmann NVwZ 2004, 267, 269; Repkewitz VBlBW 2005, 1, 7; Weidemann/Freytag StoffR 2004, 225, 228.

[373] Hierzu insgesamt Hermanns/Hönig NWVBl. 2006, 8, 10; ebenso Thürmer StoffR 2007, 40, 43.

Diese Ansicht ist unbefriedigend und läuft dem Ziel der Richtlinie – die Vermeidung schwerer Unfälle – zuwider, da nur dann, wenn auch im Rahmen des Maßnahmengebots das Ziel der Unfallvermeidung zu beachten ist, dieses Ziel effektiv erreicht werden kann. Daher vermag die Annahme von Hermanns/Hönig nicht zu überzeugen. Grundgedanke dieser Ansicht ist, dass durch die Einhaltung angemessener Abstände nur die Auswirkungen eines schweren Unfalls verringert werden können, die Abstände selbst aber keine Auswirkung auf das Störfallrisiko haben. Der Wortlaut des UAbs. 2 bildet für diese Ansicht auch keine Stütze. Das Abstands- und das Maßnahmengebot sollen dafür sorgen, dass es zu keiner Zunahme der Gefährdung der Bevölkerung kommt. Eine Gefährdung der Bevölkerung kann zum einen durch die Auswirkungen eines schweren Unfalls, zum anderen aber auch durch die Gefahr eines schweren Unfalls entstehen. Eine Begrenzung des Schutzbereichs auf die Auswirkungen schwerer Unfälle liefe dem Zweck des Risikobegrenzungsgebots zudem entgegen. Daher lässt sich eine Beschränkung der Schutzrichtung auf die Auswirkung schwerer Unfälle nicht begründen. Art. 12 Abs. 1 UAbs.2 Seveso-II-RL enthält daher ein Risikobegrenzungsgebot, wonach sowohl die Gefahr eines schweren Unfalls als auch dessen Auswirkungen erfasst werden.

2. Die Anwendbarkeit der Seveso-II-RL auf Flugrouten

Nachdem die Grundzüge der Seveso-II-RL dargestellt wurden, ist nun zu klären, ob die Seveso-II-RL auch Anwendung auf die bereits beschriebene Konstellation von Flugrouten und Störfallbetrieben findet.

a) Das Umgebungsschutzgebot

Art. 12 Abs. 1 UAbs. 2 Seveso-II-RL verpflichtet die Mitgliedstaaten, durch die langfristige Einhaltung eines angemessenen Abstandes zwischen Betrieben und zu schützenden Gebieten sowie durch zusätzliche technische Maßnahmen bei bestehenden Betrieben, dafür zu sorgen, dass es zu keiner Zunahme der Gefährdung der Bevölkerung kommt. Voraussetzung für die Anwendbarkeit ist, dass es sich bei Flugrouten um einen wichtigen Verkehrsweg i.S.d. Art. 12 Abs. 1 Seveso-II-RL handelt.

(1) Die Rechtsprechung des HessVGH

Der HessVGH lehnt es ab, Flugrouten als Verkehrswege i.S.d. Seveso-II-RL einzuordnen und begründet dies mit dem Wortlaut der Systematik und dem Schutzzweck der Richtlinie.[374]

(a) Wortlaut und Systematik der Richtlinie

Nach Ansicht des HessVGH sei schon nach allgemeinem Sprachgebrauch unter einem Verkehrsweg ein körperlich-gegenständlicher Bereich als Teil der Erdoberfläche zu verstehen, der hergestellt oder in der Natur vorhanden sei und der der Abwicklung von Verkehrsabläufen – in der Regel nach bestimmten Verkehrsregeln – diene. Die Eigenschaft der Beanspruchung bestimmter oder zumindest bestimmbarer Flächen teilten die Verkehrswege mit den sonstigen in Art. 12 Abs. 1 UAbs. 2 Seveso-II-RL genannten Gebieten (Baugebiete, Gebäude, Freizeitgebiete, naturschutzrechtlich besonders bedeutsame oder empfindliche Gebiete). Der Richtliniengeber betrachte Verkehrswege selbst als Gebiete, denn er fasse die Verkehrswege, die öffentlich genutzten Gebäude und die im UAbs. 2 ausdrücklich als solche bezeichneten Gebiete sowohl in Art. 12 Abs. 1a Seveso-II-RL als auch in der Erwägung Nr. 22 mit dem Begriff „Gebiete" zusammen und stelle sie den Störfallanlagen gegenüber. Der Schienenverkehr, der Schiffsverkehr und grundsätzlich auch der Straßenverkehr seien auf die gegenständliche Existenz der Verkehrswege angewiesen, um ihre Verkehrsfunktion erfüllen zu können. Flugverfahren erschöpften sich dagegen in Verkehrsregelungen oder Verhaltensvorschriften für die Luftfahrzeugführer (und nach Auffassung des erkennenden Senats auch für die Fluglotsen); dies folgert der HessVGH daraus, dass Flugverfahren eine virtuelle Linie beschrieben, auf der ein Flugzeug im Idealfall das Ziel erreichen solle. Tatsächlich aber könne diese Ideallinie aus unterschiedlichen Gründen nicht strikt eingehalten werden. Es komme zu einer Streuung der Flugspuren sowohl zur Seite als auch in der Höhe. Dieses flugroutenspezifische Phänomen verbiete es, die durch die Flugverfahren festgelegten Ideallinien als – virtuelle – Verkehrswege im Sinne des Art. 12 Abs. 1 UAbs. 2 Seveso-II-RL zu qualifizieren.[375] Gerade das Abstandsgebot des

---

[374] HessVGH UPR 2007, 116, 117 f.; ebenso Thürmer StoffR 2007, 40, 40.

[375] Mit einer ähnlichen Begründung lehnen auch Hermanns/Hönig NWVBl. 2006, 8, 10 die Einordnung der Flugrouten als Verkehrswege i.S.d. Seveso-II-RL ab.

Art. 12 Abs. 1 UAbs. 2 könne nur sinnvoll angewendet werden, wenn das der Störanlage gegenübergestellte Gebiet – wie in den im UAbs. 2 genannten Fällen – klar abgegrenzt oder zumindest abgrenzbar sei.[376] Das Problem des fehlenden Flächenbezugs und der mangelnden Abgrenzbarkeit könne auch nicht in der Weise gelöst werden, dass der gesamte Korridor als dreidimensionaler Raum, in dem Flugbewegungen stattfinden oder gar der Raum, in dem Flugbewegungen stattfinden dürfen, insgesamt als Verkehrsweg eingestuft werde. Denn dann würden diese Verkehrswege Ausmaße annehmen, die eine sinnvolle Anwendung sowohl des Abstandsgebots als auch des Berücksichtigungsgebots ausschließen würden. Ebenso wenig lasse sich das Problem des fehlenden Flächen- oder Raumbezugs und der fehlenden Flächenabgrenzung mit der Erwägung ausräumen, nur Flugrouten in relativ niedriger Höhe, also nur Flugrouten in der Nähe von Flughäfen, als Verkehrswege zu betrachten[377]. Abgesehen davon, dass sich der vom Bundesverwaltungsgericht[378] geprägte Begriff des „Flugerwartungsgebiets" auf den Luftraum und nicht auf den Boden beziehe (dann müsste von einem Fluglärmerwartungsgebiet gesprochen werden), löse diese Betrachtung auch nicht das Problem der fehlenden Abgrenzbarkeit, sondern projiziere es lediglich auf den Boden. Diese Auffassung könne auch nicht überzeugend begründen, bis zu welcher Höhe Flugrouten Verkehrswege sein sollten und sie könne auch nicht erklären, warum ein Flugzeug bei Erreichen einer bestimmten Höhe den vorher benutzten Verkehrsweg verlasse, obwohl die die Flugroute beschreibenden Verhaltensvorschriften fortbestünden.[379]

(b) Schutzzweck der Richtlinie

Außerdem geht der VGH auf die Frage ein, ob aufgrund des Schutzzwecks der Vorschrift trotz des entgegenstehenden Wortlauts und der Systematik Flugrouten als Verkehrswege i.S.d. Seveso-II-RL anzusehen sind. Dies wäre dann der Fall, wenn Verkehrswege auch als Gefahrenquelle zu betrachten seien und damit Störfallbetriebe als Schutzobjekte der Richtlinie anzusehen wären. Die Klägerin hatte in dem Verfahren vorgetragen, Flugrouten müssten schon deshalb als Ver-

---

[376] Vgl. hierzu insgesamt HessVGH UPR 2007, 116, 117 ff.

[377] So Repkewitz, VBlBW 2005, 1, 8.

[378] Vgl. BVerwG UPR 2000, 460, 462.

[379] Vgl. hierzu insgesamt HessVGH UPR 2007, 116, 118 f.

kehrswege oder zumindest als andere einschlägige Politiken angesehen werden, weil nur diese Interpretation dem Grundanliegen der Richtlinie, nämlich Störfälle möglichst zu vermeiden, Rechnung tragen könne.[380] Dieser Argumentation wollte sich der erkennende Senat nicht anzuschließen.

Nach der Argumentation des Gerichts wäre eine so weit gefasste Zielsetzung, unterstellt, sie läge der Seveso-II-RL wirklich zu Grunde, keine ausreichende Rechtsgrundlage, Flugrouten entgegen der oben entwickelten Interpretation als Verkehrswege oder andere einschlägige Politiken aufzufassen. Auch andere Tatbestände, z. B. der Transport gefährlicher Stoffe gem. Art. 4, seien ausdrücklich aus dem Geltungsbereich der Seveso-II-RL ausgeklammert worden, obwohl diese Tätigkeiten nicht weniger riskant seien als das Vorhandensein gefährlicher Stoffe in Anlagen. Die Nichtanwendbarkeit der Seveso-II-RL habe nicht zur Folge, dass ein eventuelles Risiko unbewältigt bleibe, sondern anderweitigen Regelungen im gemeinschaftlichen oder nationalen Recht überlassen werde. Außerdem treffe auch die Prämisse nicht zu, dass Art. 12 Seveso-II-RL auf eine Minimierung des Störfallrisikos mit der Konsequenz abziele, dass diese Norm dem Betreiber einer Anlage einen Abwehranspruch gegenüber dem Heranrücken geschützter Gebiete einräume.

Die Seveso-II-RL werde insgesamt, wie schon die – zuvor geltende – Richtlinie 82/501/EWG[381] von der Intention getragen, die Betreiber von Anlagen wegen der aus der Verarbeitung von gefährlichen Stoffen resultierenden Risiken für den Betrieb und für die Umgebung des Betriebes in die Pflicht zu nehmen. Kern der Richtlinie sei die Normierung der allgemeinen Betreiberpflichten in Art. 5, die durch die Art. 6 ff. ergänzt würden. Durch Art. 8 werde der Verantwortungsbereich auf benachbarte Betriebe erstreckt, um bei schweren Unfällen einen „Domino-Effekt" möglichst zu verhindern. Zudem müsse der Sicherheitsbericht des Betreibers nach Art. 9 Abs. 1 lit. e) Seveso-II-RL auch Informationen über Entwicklungen in der Nachbarschaft bestehender Betriebe enthalten. Die Pflichten des Betreibers einer unter die Richtlinie fallenden Anlage bestünden in zweifacher Hinsicht. Zum einen „hafte" er für Risiken, die ihre Ursache sowohl inner-

---

[380] Vgl. hierzu Sellner/Scheidmann NVwZ 2004, 267, 268, die das betroffene Chemiewerk gerichtlich vertreten haben.

[381] Richtlinie 82/501/EWG des Rates vom 24. Juli 1982 über die Gefahren schwerer Unfälle bei bestimmten Industrietätigkeiten, ABl. L 230 v. 5.8.1982, S. 1 ff.

halb als auch außerhalb des Betriebes haben könnten. Für externe Risken, z.B. Unfälle außerhalb des Werksgeländes oder unbefugte Eingriffe in den Betrieb, sei er unabhängig davon verantwortlich, in welchem Maß er Einfluss auf mögliche Risikoquellen nehmen könne. Zum anderen könnten sich die Folgen eines Unfalls sowohl innerhalb als auch außerhalb des Werkes auswirken. Dementsprechend erfasse die Definition des Begriffes „schwerer Unfall" in Art. 3 Nr. 5 Seveso-II-RL interne und externe Gefahrenlagen. Deshalb sei es auch konsequent, wenn der Betreiber sowohl für die internen als auch für die externen Folgen eines schweren Unfalls verantwortlich gemacht werde. Hierfür spreche auch Art. 11 Abs. 1 lit. a) und b) Seveso-II-RL sowie die Erwägungen 20 und 21. Aus der Definition des schweren Unfalls lasse sich kein Argument dafür herleiten, dass die Richtlinie auch Rechtspositionen zu Gunsten der Betreiber von Anlagen begründe. Mit der Pflicht zur Abwendung externer Schäden korrespondiere nicht zwangsläufig ein Recht, bestimmte Nutzungen in der Nachbarschaft der Anlage abwehren zu können. Diese weitgehende Verantwortung des Betreibers einer Störfallanlage für interne und externe Risiken sowie für Auswirkungen innerhalb und außerhalb des Werksgeländes finde ihre Rechtfertigung in dem Umstand, dass er den wirtschaftlichen Nutzen aus der Verarbeitung gefährlicher Stoffe ziehe.

Gegen die These, dass Art. 12 Seveso-II-RL Abwehrrechte des Anlagenbetreibers gegenüber bestimmten Nutzungen in der Nachbarschaft des Werkes begründe, sprächen schließlich Wortlaut und Systematik des UAbs. 2 des Art. 12 Seveso-II-RL. Dort würden als Konkretisierung des allgemeinen Berücksichtigungsgebots des Abs. 1 Satz 1 zwei sich ergänzende Anforderungen aufgestellt. Dies ist zum einen das Gebot, zwischen Störfallanlage einerseits und schutzwürdigen Gebieten andererseits einen angemessenen Abstand einzuhalten und zum anderen das Gebot, bei bestehenden Betrieben zusätzliche technische Maßnahmen nach Art. 5 zu ergreifen. Beide Prinzipien stünden in einer Wechselbeziehung. Je größer der Abstand zwischen der Anlage und dem schutzwürdigen Gebiet sei, desto weniger müssten technische Maßnahmen im Betrieb ergriffen werden. Durch das Trennungsgebot werde der Betreiber einer Anlage zwar tatsächlich begünstigt, dieser Effekt sei aber kein Anliegen, das der Richtliniengeber mit der Normierung verfolge. Das ergebe sich deutlich aus dem letzten Satzteil des UAbs. 2, der ausdrücklich als Ziel der Regelung bestimme, dass es zu keiner Zunahme der Gefährdung der „Bevölkerung" komme. Dieser letzte Teil des UAbs. 2 gelte nicht nur für das Gebot der Anordnung technischer Maßnahmen im Betrieb, sondern auch für das Abstandsgebot. Das folge schon aus dem grammatikalischen Aufbau des UAbs. 2. Darüber hinaus entspreche diese Zielvorgabe der oben beschriebenen Intention der Richtlinie insgesamt. Schließlich ergebe sich aus der Gegenüberstellung der Störfallanlagen und der schutzwürdigen Gebiete in der Nachbarschaft des Betriebes, dass mit dem Begriff „Bevölkerung" im Sinne des letzten Satzteils des UAbs. 2 des Art. 12 Seveso-II-RL diejenigen Menschen gemeint seien, die in den benachbarten Baugebieten wohnen, die die öffentlich genutzten Gebäude und Gebiete aufsuchen, die sich in den Freizeitanlagen aufhalten und die die Verkehrswege benutzen. Mit diesem Begriff würden – wie mit der sonst in der Richtlinie häufig gebrauchten Formulierung „Mensch und Umwelt" – die externen Schutzgüter gleichsam auf einen gemeinsamen Nenner gebracht. Diese am Zweck der Richtlinie orientierte einschränkende Interpretation des Begriffes Bevölkerung versage nicht der Belegschaft oder den Besuchern des Werkes den gebotenen Schutz. Die Pflicht des Betreibers umfasse auch den Schutz der internen Rechtsgüter. Auf den Arbeitsschutz oder – in der Terminologie der Richtlinie – „den Gesundheitsschutz und die Sicherheit am Arbeitsplatz" (vgl. z.B. die Erwägung 10) erstrecke sich aber nicht das normative Anliegen des Art. 12 Seveso-II-RL, wie sich aus Art. 2 Abs. 2 ergebe.[382]

(2) Stellungnahme

Im Ergebnis ist der Entscheidung des HessVGH zuzustimmen, dass es sich bei Flugrouten nicht um einen wichtigen Verkehrsweg i.S.d. Art. 12 Abs. 1 UAbs. 2 Seveso-II-RL handelt. Jedoch weist die Begründung einige Schwächen auf. In seiner Argumentation stellt der VGH auf den Wortlaut der Richtlinie ab und folgert, dass ein Verkehrsweg nach allgemeinem Sprachgebrauch einen bestimmten oder bestimmbaren Raum beanspruchen müsse, was bei Flugrouten nicht der Fall sei. In dem systematischen Zusammenhang zwischen Verkehrsweg und anderen schutzbedürftigen Gebieten sieht er seine Ansicht bestätigt. Dagegen ist jedoch einzuwenden, dass Art. 12 Abs. 1 UAbs. 2 Seveso-II-RL von Gebieten und Verkehrswegen und nicht von Gebieten, die dem Verkehr gewidmet sind,

---

[382] Vgl. hierzu insgesamt HessVGH UPR 2007, 116, 117 f. Zu der Frage, ob Art. 12 Abs. 1 Seveso-II-RL insgesamt nur Personen außerhalb der Anlage schützt, vgl. Gliederungsabschnitt D.II.2.b)(1).

spricht.[383] Weiterhin folgert der HessVGH aus Art. 12 Abs. 1a, der nur von den in Abs. 1 genannten Gebieten spricht, dass es sich bei einem Verkehrsweg um ein Gebiet handeln muss. In Bezug auf den Schutzzweck des Art. 12 Abs. 1 UAbs. 2 Seveso-II-RL lässt sich aber noch ein weiterer Gesichtspunkt gegen die Einordnung von Flugrouten als wichtiger Verkehrsweg anführen. Die Liste der Schutzobjekte in Art. 12 Abs. 1 UAbs. 2 Seveso-II-RL wurde 2003 unter anderem um die „wichtigen Verkehrswege" ergänzt.[384] Dadurch, dass die systematische Struktur nicht geändert wurde, sondern nur ein weiterer Begriff eingefügt wurde, folgert der HessVGH, dass es sich bei einem „wichtigen Verkehrsweg" in diesem Sinne nur um ein Schutzobjekt handelt. Es geht demnach bei der erwähnten Ergänzung des Art. 12 Abs. 1 UAbs. 2 Seveso-II-RL allein um den Schutz der Verkehrswege vor den Störfallbetrieben, nicht (auch) um den Schutz der Störfallbetriebe und der sich dort aufhaltenden Menschen vor den Verkehrswegen. Der genannte Gesichtspunkt ist keineswegs irrelevant, aber systematisch nicht dem speziellen Umgebungsschutzgebot des Art. 12 Abs. 1 UAbs. 2 Seveso-II-RL, sondern möglicherweise dem allgemeinen Berücksichtigungsgebot des Art. 12 Abs. 1 UAbs. 1 Satz 1 Seveso-II-RL zuzuordnen.[385] Menschen, die Flugrouten nutzen, werden aber nicht von einem möglichen Störfall betroffen sein, da sie den Auswirkungen eines Störfalls aufgrund der Fluggeschwindigkeit, wenn überhaupt, nur sehr kurz ausgesetzt sein werden.[386] Deshalb ergibt sich aus dem Gesichtspunkt des Schutzzwecks des UAbs. 2, dass ein wichtiger Verkehrsweg Flächen beanspruchen muss, da nur diese von den Auswirkungen eines Störfalls betroffen sind. Flugrouten dagegen tragen zu einer Erhöhung des Störfallrisikos bei. Insoweit ist es auch nicht widersprüchlich, einen Flughafen selbst als wichtigen Verkehrsweg einzustufen, die Flugroute dagegen nicht.

---

[383] Dies trifft ebenso auf die englische und französische Fassung zu. Die englische Fassung spricht von „major transport routs" und die französische Fassung spricht von „les voies de transport inportantes".

[384] Die Änderung erfolgte durch die Richtlinie 2003/105/EG des Europäischen Parlaments und des Rates vom 16. Dezember 2003 zur Änderung der Richtlinie 96/82/EG des Rates zur Beherrschung der Gefahren bei schweren Unfällen mit gefährlichen Stoffen, ABl. EG L 345 v. 31.12.2003, S. 97.

[385] So etwa Hendler LEP-Gutachten S. 33 f.; vgl. hierzu Gliederungsabschnitt D.II.2.b)(1).

[386] Im Falle eines Störfalls wird der Luftraum in der Umgebung des betroffenen Betriebes gesperrt werden, so dass die Menschen, die die Flugroute nutzen mit größter Wahrscheinlichkeit den Gefahren eines Störfalls nicht ausgesetzt werden.

Denn die Menschen, die sich an einem Flughafen aufhalten, werden hiervon betroffen, da sie länger den Auswirkungen des Störfalls ausgesetzt sind. Außerdem handelt es sich bei Flugrouten nur um Ideallinien, also virtuelle „Verkehrswege", sodass ein eventueller Störfall an ihnen auch keinen Schaden anrichten kann. Daher sind Flugrouten keine Verkehrswege i.S.d. Art. 12 Abs. 1 UAbs. 2 Seveso-II-RL und das Umgebungsschutzgebot ist somit nicht auf die Festlegung von Flugrouten anzuwenden.[387]

b) Das Berücksichtigungsgebot

Auch wenn das Umgebungsschutzgebot keine Anwendung findet, könnten sich aber zusätzliche Anforderungen aus dem Berücksichtigungsgebot des Art. 12 Abs. 1 S. 1 Seveso-II-RL an die Aufstellung von Flugrouten ergeben. Voraussetzung hierfür ist, dass es sich um eine Politik der Flächenausweisung oder Flächennutzung oder eine andere einschlägige Politik i.S.d. Art. 12 Abs. 1 Seveso-II-RL handelt.

(1) Der Schutzzweck des Berücksichtigungsgebots

Zunächst ist aber zu klären, ob die Schutzintention des Art. 12 Abs. 1 S. 1 ebenso wie Art. 12 UAbs. 2 Seveso-II-RL auf Personen außerhalb der Anlage beschränkt ist oder nicht, also ob hiervon auch Personen innerhalb des Betriebes, wie Beschäftigte und Besucher, erfasst werden.[388]

Der HessVGH geht davon aus, dass Art. 12 Seveso-II-RL insgesamt nur Personen außerhalb der Anlage schützt. Dies schließt er aus dem Aufbau des Art. 12 Abs. 1 UAbs. 2, in dem Störfallbetriebe den schutzbedürftigen Gebieten gegenübergestellt werden. Daher seien mit dem Begriff „Bevölkerung" im Sinne des letzten Satzteils des UAbs. 2 des Art. 12 Seveso-II-RL diejenigen Menschen gemeint, die in den benachbarten Gebieten wohnen, die die öffentlich genutzten Gebäude und Gebiete aufsuchen, die sich in den Freizeitanlagen aufhalten und die die Verkehrswege benutzen. Mit diesem Begriff würden – wie mit der sonst in der Richtlinie häufig gebrauchten Formulierung „Mensch und Umwelt" – die

---

[387] Insoweit a.A. Repkewitz VerwArch 2006, 503, 516 f., der wohl voraussetzt, dass es sich bei Flugrouten um einen wichtigen Verkehrsweg i.S.d. Art. 12 Abs. 1 Seveso-II-RL handelt, ohne aber weiter darauf einzugehen und daher Art. 12 Abs. 1 UAbs. 2 Seveso-II-RL für anwendbar hält.

[388] Vgl. hierzu Gliederungsabschnitt D.II.2.a)(2).

externen Schutzgüter gleichsam auf einen gemeinsamen Nenner gebracht. Gleichzeitig stellt der VGH fest, dass diese, am Zweck der Richtlinie orientierte einschränkende Interpretation des Begriffes Bevölkerung, nicht dazu führe, dass der Belegschaft oder den Besuchern des Werkes der gebotene Schutz versagt würden. Vielmehr würden sie durch die Betreiberpflichten geschützt, da diese Pflichten auch den Schutz der internen Rechtsgüter umfassten. Zudem ergebe sich aus Art. 2 Abs. 2 Seveso-II-RL, dass sich das normative Anliegen des Art. 12 Seveso-II-RL aber nicht auf den Arbeitsschutz oder – in der Terminologie der Richtlinie – „den Gesundheitsschutz und die Sicherheit am Arbeitsplatz" erstrecke. Daher schützen nach Ansicht des HessVGH die Gebote des Art. 12 Abs. 1 Seveso-II-RL nur die Personen außerhalb jedoch nicht innerhalb des Betriebes.[389]

Dieser pauschalen Beschränkung ist jedoch so nicht zuzustimmen. Grundsätzlich werden sowohl Außenstehende als auch das Betriebspersonal vor den Auswirkungen schwerer Unfälle geschützt, sofern sich aus der einzelnen Vorschrift nichts Gegenteiliges ergibt.[390] Der Anwendungsbereich des Art. 12 Abs. 1 UAbs. 2 ist auf Personen außerhalb der Anlage beschränkt, was sich aus der Systematik und Sinn und Zweck der Vorschrift ergibt. Eine solche Beschränkung ist bei Art. 12 Abs. 1 S. 1 Seveso-II-RL nicht zu erkennen. Hier findet im Gegensatz zu UAbs. 2 keine klare Gegenüberstellung von Gefahrenquelle und Schutzgütern statt. Auch die Argumentation, dass sich diese Einschränkung aus Erwägungsgrund 10 und Art. 2 Abs. 2 Seveso-II-RL ergäben, greift nicht durch. Danach gelten die Richtlinienbestimmungen „unbeschadet bestehender Gemeinschaftsvorschriften über den Gesundheitsschutz und die Sicherheit am Arbeitsplatz". Hieraus folgt keine Einschränkung der Seveso-II-RL, vielmehr bedeutet dies, dass die Vorschriften nebeneinander und unabhängig voneinander gelten.[391] Daher schützt Art. 12 Abs. 1 S.1 Seveso-II-RL entgegen der Ansicht des HessVGH auch Personen innerhalb des Betriebs.

(2) Politik der Flächenausweisung oder Flächennutzung

Bei der Festlegung von Flugrouten müsste es sich um eine Politik der Flächenausweisung oder Flächennutzung oder um eine andere einschlägige Politik im

---

[389] Vgl. hierzu insgesamt HessVGH UPR 2007, 116, 118 f.
[390] Vgl. hierzu Gliederungsabschnitt D.II.1.a).
[391] Vgl. hierzu Gliederungsabschnitt D.II.1.a); Hendler LEP-Gutachten S. 57 f.

Sinne dieser Richtlinie handeln. Mit den Politiken der Flächenausweisung oder Flächennutzung ist das Planungsrecht im weitesten Sinne gemeint. Politiken der Flächenausweisung sind die auf die Fläche bezogenen Planungen; hierzu zählen Bebauungspläne, Flächennutzungspläne und Raumordnungspläne.[392] Auf die Rechtsnatur der Festlegungen stellt Art. 12 Abs. 1 Satz 1 Seveso-II-RL nicht ab. Zu den Politiken der Flächennutzung sind insbesondere auch die Genehmigungen für Vorhaben im Raum zu zählen wie vorrangig Planfeststellungen und Baugenehmigungen im unbeplanten Innenbereich (§ 34 BauGB) oder im Außenbereich (§ 35 BauGB).[393] Durch die Anordnung in einer Flugroutenfestlegung, bestimmte Flächen zu überfliegen, wird weder eine Aussage über die unmittelbare Nutzung der Fläche durch Dritte getroffen noch wird unmittelbarer Nutzen aus der Fläche gezogen.[394] Daher handelt es sich bei der Flugroutenfestlegung nicht um eine Politik der Flächenausweisung oder Flächennutzung.[395]

(3) Andere einschlägige Politik

Allerdings könnte es sich bei der Flugroutenfestlegung um eine andere einschlägige Politik handeln. Dies lehnt der HessVGH[396] jedoch mit der Begründung ab, dass die Besonderheiten der Flugroutenplanung in dem fehlenden Flächen- oder Raumbezug und in der mangelnden oder nicht ausreichenden Abgrenzbarkeit liege, die es ausschließe, die Festlegung von Flugverfahren als andere „einschlägige" Politik im Sinne des Art. 12 Abs. 1 Satz 1 und UAbs. 2 einzuordnen. Mit dem Begriff einschlägig werde der Auffangtatbestand der anderen Politiken dahingehend eingegrenzt, dass ein Bezug zu dem Merkmal Politik der Flächenausweisung oder Flächennutzung und damit auch, wie dargelegt, zu den im U-Abs. 2 aufgelisteten Anwendungsfällen hergestellt werde. Nur wenn die Grundstruktur einer Planung mit der Flächenausweisung im Allgemeinen oder mit der

---

[392] Sellner/Scheidmann NVwZ 2004, 267, 269; ähnlich Kloepfer-Gutachten S. 21.

[393] Sellner/Scheidmann NVwZ 2004, 267, 269.

[394] Repkewitz VBlBW 2005, 1, 7 f.

[395] Repkewitz VBlBW 2005, 1, 7 f.; so auch Sellner/Scheidmann NVwZ 2004, 267, 268 jedoch stellen letztere fälschlicher Weise auf ein Urteil des HessVGH ab, das sich nur auf § 7 BauGB bezieht (vgl. hierzu Gliederungsabschnitt B.III.3). HessVGH UPR 2007, 116, 118 äußert sich hierzu nicht, setzt dies aber gleichwohl voraus, insbesondere da die Klägerin es selbst ablehnt, Flugrouten als Politik der Flächenausweisung und Flächennutzung einzuordnen.

[396] HessVGH UPR 2007, 116, 118.

Festsetzung von den im UAbs. 2 genannten Gebieten prinzipiell vergleichbar sei, könne sie als einschlägig im Sinne des Art. 12 Seveso-II-RL aufgefasst werden, das sei hier im Falle der Flugroutenfestlegung aber gerade nicht der Fall.[397] Dieser ablehnenden Auffassung ist jedoch nicht zuzustimmen. Unter dem europarechtlichen Begriff der Politik ist nicht nur das rechtlich unverbindliche Planen und Gestalten zu verstehen, er ist vielmehr umfassender und schließt eine rechtlich verbindliche Gestaltung ein.[398] In Bezug auf Art. 12 Abs. 1 S. 1 Seveso-II-RL sind dies alle staatlichen Maßnahmen, die die Wahrscheinlichkeit schwerer Unfälle erhöhen bzw. deren Folgen verschlimmern und damit – im Sinne des Ziels von Art. 12 Abs. 1 S. 1 der Seveso-II-RL – einschlägig sind. Der HessVGH hat zu Recht festgestellt, dass auch die anderen einschlägigen Politiken einen Bezug zur Politik der Flächenausweisung oder Flächennutzung haben müssen. Somit sind die anderen einschlägigen Politiken alle staatlichen Maßnahmen, die einen Bezug zu der Störfallanlage und deren Verhältnis zur Umgebung bzw. Umwelt haben.[399] Dies ist dann der Fall, wenn die Politiken geeignet sind, aus einem (noch) angemessenen Abstand zwischen der Störfallanlage und den schützenswerten Gebieten einen (schon) unangemessenen Abstand werden zu lassen. Für die Angemessenheit des Abstands kommt es auf die Wahrscheinlichkeit und die möglichen Folgen eines schweren Unfalls an. Die Unfallwahrscheinlichkeit infolge eines Flugzeugabsturzes ist aber neben der räumlichen Entfernung von der Start-/Landebahn zur Störfallanlage wesentlich von den Flugrouten abhängig.[400] Durch die Festlegung einer Flugroute wird der Luftverkehr im Kontrollbereich eines Flughafens im Hinblick auf seine raumbedeutsamen Auswirkungen festgesetzt.[401] Damit ist die Grundstruktur der Flugroutenplanung, entgegen der Auffassung des HessVGH, mit der Flächenausweisung im Allgemeinen vergleichbar. Denn die Politiken der Flächenausweisung sind, wie dargestellt[402], die auf die Fläche bezogenen Planungen. Eine andere ein-

---

[397] Vgl. hierzu insgesamt HessVGH UPR 2007, 116, 118.

[398] Repkewitz VBlBW 2005, 1, 8; Jung in Calliess/Ruffert Art. 70 Rn. 3; so auch Hendler Seveso-II-Gutachten S. 7.

[399] Sellner/Scheidmann NVwZ 2004, 267, 269; Repkewitz VBlBW 2005, 1, 8.

[400] Sellner/Scheidmann NVwZ 2004, 267, 271; Repkewitz VBlBW 2005, 1, 8.

[401] BVerwG UPR 2000, 460, 462.

[402] Vgl. hierzu Gliederungsabschnitt D.II.2.b)(2).

schlägige Politik ist dann in der Grundstruktur mit der Flächenausweisung im Allgemeinen vergleichbar, wenn durch sie die Entwicklung eines Gebiets beeinflusst wird, weshalb es sich bei der Festlegung von Flugrouten um eine andere einschlägige Politik i.S.d. Art. 12 Abs. 1 Seveso-II-RL handelt.[403] Lehnt man dagegen mit dem HessVGH die Einordnung einer Flugroute als andere einschlägige Politik aufgrund der fehlenden Vergleichbarkeit mit der Flächenausweisung ab, so würde dies dazu führen, dass der Anwendungsbereich für andere einschlägige Politiken so eng gezogen wird, dass neben den Politiken der Flächenausweisung und Flächennutzung kein Raum für andere einschlägige Politiken bleibt und die Nennung dieses Merkmals letztlich überflüssig wird. Daher handelt es sich bei Flugrouten um eine andere einschlägige Politik i.S.d. Art. 12 Abs. 1 S. 1 Seveso-II-RL und damit liegen die Voraussetzungen des Berücksichtigungsgebotes vor, mit der Folge, dass dieses auf die Aufstellung von Flugrouten anzuwenden ist.

(4) Der Inhalt des Berücksichtigungsgebotes

Art. 12 Abs. 1 UAbs. 1 Satz 1 Seveso-II-RL ordnet an, dass die Mitgliedstaaten dafür sorgen, dass in ihren Politiken der Flächenausweisung oder Flächennutzung und/oder anderen einschlägigen Politiken das Ziel, schwere Unfälle zu verhüten und ihre Folgen zu begrenzen, Berücksichtigung findet. Hierbei handelt es sich um ein Abwägungserfordernis,[404] wobei dieses Gebot den Charakter einer Generalklausel hat, die in den nachfolgenden Sätzen – wie die Formulierung „dazu" verdeutlicht – näher konkretisiert wird.[405] Durch die bewusst weite Formulierung soll den Mitgliedstaaten ein besonders weites Ermessen bei der Umsetzung dieser Vorgabe eingeräumt werden. Dies verdeutlicht vor allem der systematische Vergleich mit anderen Bestimmungen der Richtlinie, die eindeutige und präzise Umsetzungspflichten begründen.[406] Den Mitgliedstaaten stellt Art. 12 Abs. 1 S. 1 mangels konkreter Vorgaben für die Umsetzung frei, auf welche Weise sie das abstrakt vorgegebenen Ziel in ihren einschlägigen Politi-

---

[403] Ebenso Sellner/Scheidmann NVwZ 2004, 267, 271; Repkewitz VBlBW 2005, 1, 8.

[404] Hendler LEP-Gutachten S. 27.

[405] Kloepfer-Gutachten S. 32.

[406] Kloepfer-Gutachten S. 32, der als Beispiel für die präzisen Umsetzungspflichten auf Art. 5 Abs. 1 der Seveso-II-RL verweist: „Die Mitgliedstaaten sorgen dafür, dass der Betreiber verpflichtet ist, alle notwendigen Maßnahmen zu ergreifen, um schwere Unfälle zu verhüten und deren Folgen zu begrenzen."

ken realisieren, wie dies auch dem primärrechtlich vorgegebenen Geltungsanspruch einer Richtlinie nach Art. 249 Abs. 3 EGV entspricht.[407] Das Berücksichtigungsgebot hat zwei Zielrichtungen: Zum einen sollen schwere Unfälle verhütet, zum anderen die Folgen der (nicht zu verhütenden) schweren Unfälle begrenzt werden. Die Vorgabe, schwere Unfälle zu verhüten, ist auf eine technische Planung und Gestaltung der Anlage gerichtet, die bewirkt, dass die statistische Wahrscheinlichkeit eines Unfalls möglichst gering ist, bzw. – bei bestehenden Anlagen – möglichst gesenkt oder jedenfalls nicht erhöht wird. Sie umfasst auch – wie man aus dem Überwachungsgebot des Satz 2 sowie dem Abstandsgebot des UAbs. 2 folgern muss – die Beziehung der Anlage zu ihrer Nachbarschaft. Daher dürfen die von der Anlage ausgehenden Gefahren nicht durch das Heranrücken anderer Gefahren oder von empfindlichen Gebieten erhöht werden.[408] Dies bedeutet jedoch nicht, dass jede Gefahrerhöhung ausgeschlossen ist. Denn dies hätte zur Folge, dass de facto keine neuen Betriebe i.S.d. Richtlinie errichtet bzw. bestehende Betriebe nicht erweitert werden könnten, da jede Neuerrichtung oder Erweiterung zu einer statistisch wirksamen Risikoerhöhung führen würde. Zudem würden die Mitgliedstaaten der Europäischen Gemeinschaft, die das Potential für eine Risikoreduktion in der Vergangenheit aufgrund strenger Anwendung des Vorsorgeprinzips weitgehend ausgeschöpft haben, benachteiligt. Diese hätten sich an einen Risikostandard gebunden, der unter Umständen wesentlich weiter unterhalb der Risikoakzeptanzgrenze liegt als bei den Mitgliedstaaten, die dem Vorsorgeprinzip früher geringere Aufmerksamkeit gewidmet haben. Aus diesen Gründen ist dies dahingehend zu verstehen, dass es zu keiner Risikozunahme kommen darf, wodurch die Grenze überschritten wird, was noch hingenommen werden kann.[409]

Im Gegensatz zum Umgebungsschutzgebot weist das Berücksichtigungsgebot keine Einschränkungen in Bezug auf den geschützten Personenkreis auf, sodass dieses Gebot, wie die Richtlinie insgesamt, sowohl Personen außerhalb als auch

---

[407] Kloepfer-Gutachten S. 32; vgl. zur Freiheit der Mitgliedstaaten zur Wahl der Form und Mittel der Umsetzung Schroeder in Streinz Art. 249, Rn. 86 ff.

[408] Vgl. hierzu Sellner/Scheidmann NVwZ 2004, 267, 268 f. Das bedeutet jedoch nicht, dass der Anlagenbetreiber einen Abwehranspruch erheben kann, vgl. hierzu Gliederungsabschnitt D.IV.1.b).

[409] Vgl. hierzu auch Hendler LEP-Gutachten S. 54.

innerhalb der Anlage schützt.[410] Daher ist auch die Erhöhung des Störfallrisikos durch heranrückende Verkehrswege und durch eine heranrückende Flugroute zu berücksichtigen.[411] Selbstständig neben das Ziel der Unfallverhütung tritt das Ziel, die Folgen schwerer Unfälle zu begrenzen. Eine Planung kann also auch dann gegen die Richtlinie verstoßen, wenn sie die statistische Wahrscheinlichkeit von schweren Unfällen nicht verändert, aber die potenziellen Auswirkungen verstärkt werden. Dies ist – im Hinblick auf das Abstandsgebot des UAbs. 2 – vor allem der Fall, wenn besonders sensible Gebiete und die Anlage durch die Änderung der Anlage oder des Gebiets näher aneinander rücken. Zu solchen Gebieten können insbesondere Wohngebiete und Gebiete mit erheblichem Publikumsverkehr, wie etwa Einkaufszentren, Flughäfen oder große Straßen zählen.[412] In Bezug auf das Verhältnis von Flugrouten geht es in erster Linie um die Vermeidung von Störfällen, die durch einen Flugzeugabsturz ausgelöst werden können. Dabei kommen zum einen die Einhaltung von Sicherheitsabständen zwischen Flugrouten und Störfallbetrieben und zum anderen betriebsinterne Maßnahmen wie technische und bauliche Maßnahmen sowie betriebliche Vorkehrungen in Betracht.[413] Insoweit ist bei der Flugroutenfestlegung das Ziel, schwere Unfälle zu verhüten und ihre Folgen zu begrenzen, zu berücksichtigen.[414]

Zu einem ähnlichen Ergebnis kommt auch die Störfallkommission. Sie empfiehlt der Bundesregierung, bei der Planung von An- und Abflugrouten eine mögliche Erhöhung des Risikos von Betriebsbereichen nach StörfallVO zwin-

---

[410] Vgl. zu den Zielen der Richtlinie Gliederungsabschnitt D.II.1.a).

[411] So auch Hendler LEP-Gutachten S. 70 in Bezug auf die raumordnungsrechtliche Abwägung.

[412] Sellner/Scheidmann NVwZ 2004, 267, 269.

[413] Vgl. hierzu Kloepfer-Gutachten S. 33, der als Beispiele die kollisionsfeste Einhausung und ein logistisches Stoffmanagement, welches die Gefahrstoffmengen insgesamt reduziert, aufführt. Hierbei ist zu beachten, dass auch die betrieblichen Maßnahmen der Störfallvermeidung dienen, da ein Flugzeugabsturz auf ein Chemiewerk allein noch kein Störfall ist, sondern diesen nur auslösen kann. Dies kann durch betriebliche Maßnahmen verhindert werden.

[414] Vgl. hierzu Hendler LEP-Gutachten S. 70, der die Einstellung dieses Sicherheitsziel in die raumplanerische Abwägung bei der Änderung des Landesentwicklungsplanes fordert. Der HessVGH UPR 2007, 116, 120 geht dagegen davon aus, dass aus § 29b Abs. 1 S. 1 LuftVG die grundsätzliche Verpflichtung des Luftfahrt-Bundesamtes folge, bei der Planung von Flugrouten auch eventuelle Gefahren zu beachten, die Störfallanlagen infolge eines Flugzeugabsturzes drohen können. Vgl. hierzu Gliederungsabschnitt D.III.3.a).

gend in den Abwägungsprozess einzubeziehen.[415] Dieser Beschluss basiert auf den Beratungen der Arbeitgruppe „Flughafenausbau Frankfurt/Main", worin festgestellt wird, dass in Bezug auf die Ist-Situation am Flughafen Frankfurt ein Absturz- und damit ein Störfallrisiko vorliegt, dessen Höhe im Wesentlichen durch die Häufigkeit, Flugbahn und Höhe der Überflüge bestimmt wird. Bezugnehmend auf ein Schreiben des Luftfahrt-Bundesamtes, in dem mitgeteilt wird, dass im Rahmen der Flugroutenfestlegung Störfallrisiken nicht berücksichtigt werden, spricht sich die Arbeitsgruppe für die Berücksichtigung aus.[416] Inhaltlich folgt aus diesem Beschluss, dass die Störfallkommission davon ausgeht, dass das Berücksichtigungsgebot gemäß Art. 12 Abs. 1 S. 1 Seveso-II-RL auf die Festlegung von Flugrouten Anwendung findet, wobei diese Empfehlung keinerlei rechtlichen Bezug zur Seveso-II-RL enthält. Jedoch unterstützt diese Stellungnahme das hier entwickelte Ergebnis.

(5) Das Verhältnis von innerbetrieblichen Maßnahmen und Abstandsregelungen

Da bei der Flugroutenfestlegung das Ziel, schwere Unfälle zu verhüten und ihre Folgen zu begrenzen, zu berücksichtigen ist, stellt sich die Frage nach dem Verhältnis von Sicherheitsabständen und innerbetrieblichen Maßnahmen. Konkret geht es darum, ob die Störfallvermeidung in erster Linie durch räumliche Abstände erreicht werden muss und damit bei Berücksichtigung im Rahmen der einschlägigen Politiken die Einhaltung von Abständen nicht allein wegen möglicher innerbetrieblicher Maßnahmen abgelehnt werden kann oder ob der betroffene Betrieb die Störfallvermeidung zunächst durch betreffende Maßnahmen erreichen muss.

Der HessVGH geht davon aus, dass die Störfallvermeidung zunächst durch innerbetriebliche Maßnahmen erreicht werden müsse, da das erhöhte Risiko, dass ein eventueller Absturz eines Flugzeugs auf eine Betriebsfläche des Chemiewerks mit hoher Wahrscheinlichkeit den Verlust der Anlage bewirken werde, allein auf der Tatsache beruhe, dass in dem Werk in erheblichem Umfang gefährliche Stoffe gelagert und verarbeitet werden. Der Störfallbetrieb könne zwar nicht die Risiken eines Flugzeugabsturzes beeinflussen, wohl aber die Folgen

---

[415] Beschlüsse der Störfall-Kommission vom 18.2.2004 zum geplanten Ausbau des Flughafens Frankfurt/M.

[416] Ergebnisse der Beratungen der Arbeitgruppe „Flughafenausbau Frankfurt/Main" der Störfall-Kommission, Stand 30.1.2004, S. 8.

eines solchen Unglücks eindämmen. Diese Maßnahmen zur vorsorglichen Schadensbegrenzung gehörten zu dem Kernbereich der Pflichten des Betreibers einer Störfallanlage und zwar sowohl nach Art. 5 Seveso-II-RL als auch nach nationalem Immissionsschutzrecht (insbesondere §§ 3 und 5 StörfallVO). Somit sei in Fällen, in denen sich die Interessen eines Störfallbetriebs und der Flugsicherung gegenüber stehen, dieser Konflikt gem. Art. 5 Seveso-II-RL grundsätzlich zu Lasten des Betreibers einer Störfallanlage zu lösen. Allerdings werde diese Vorsorgepflicht durch den Grundsatz der Verhältnismäßigkeit beschränkt. Die Inanspruchnahme der Störfallanlage bzw. des Betreibers würde sich als unverhältnismäßig erweisen, wenn das Luftfahrt-Bundesamt die streitigen Abflugrouten – gleichsam mit einem Federstrich – verlegen könnte, ohne dass sich erhebliche Nachteile für andere Belange ergäben.[417]

Dieser Entscheidung ist so nicht zuzustimmen. Das Gericht geht davon aus, dass die Absturzwahrscheinlichkeit nicht dadurch erhöht wird, dass ein Chemiewerk überflogen wird. Umgekehrt erhöht das Überfliegen des Chemiewerks das Störfallrisiko. Daraus folgert der HessVGH, dass für diese Risikoerhöhung der Betreiber der Störfallanlage verantwortlich sei, da er durch den Betrieb der Anlage das Störfallrisiko verursache. Dies begründet das Gericht mit der Störfallvermeidungspflicht des Betreibers gem. Art. 5 Abs. 1 Seveso-II-RL. Danach sorgen die Mitgliedstaaten dafür, dass der Betreiber verpflichtet ist, alle notwendigen Maßnahmen zu ergreifen, um schwere Unfälle zu verhüten und deren Folgen für Mensch und Umwelt zu begrenzen. Grundgedanke dieser Entscheidung ist, dass derjenige, der Nutzen aus einer gefährlichen Tätigkeit zieht, auch für die dadurch entstehenden Risiken und Folgen einzustehen hat. Insoweit spiegelt sich hier das Verursacherprinzip wider.[418] Dabei wird jedoch verkannt, dass es in diesem Fall nicht um die Vereinbarkeit zwischen dem gefahrträchtigen Betreiben eines Störfallbetriebes und eines schutzbedürftigen Gebietes, wie etwa eines Wohngebietes geht, da eine Flugroute, wie der VGH selbst festgestellt hat, kein Verkehrsweg i.S.d. Art. 12 Abs. 1 UAbs. 2 Seveso-II-RL ist. Vielmehr sollen hier zwei risikobehaftete Nutzungen, nämlich das Betreiben des Störfallbetriebes und die Nutzung des Luftraumes miteinander vereinbart werden. Der VGH

---

[417] HessVGH UPR 2007, 116, 119.

[418] Vgl. zum Verursacherprinzip generell Schmidt/Kahl Umweltrecht § 9 Rn. 14; W. Kahl in Streinz Art. 84 Rn. 81 ff.

löst diesen Konflikt einseitig zu Lasten des Störfallbetriebes. In einer solchen Situation, in der zur bestehenden Nutzung des Störfallbetriebes die weitere „gefahrenträchtige" Nutzung des Luftraum durch die Festlegung von Flugrouten hinzutritt, obliegt es jedoch der planenden Behörde – also dem Luftfahrt-Bundesamt – hier zunächst nach alternativen Streckenverläufen zu suchen, die nicht zu einer solchen Erhöhung des Störfallrisikos führt. Sollte eine solche alternative Streckenführung, etwa aufgrund entgegenstehender anderer Belange, nicht möglich sein, so sind betriebliche Maßnahmen zu ergreifen. Daher ist – entgegen der Rechtsprechung des HessVGH – bei der Festlegung von Flugrouten zu berücksichtigen, dass zu Störfallanlagen ein angemessener Abstand eingehalten wird. Sollte dies nicht möglich sein, so hat der Störfallbetrieb entsprechende Maßnahmen zu ergreifen, um das Störfallrisiko zu verringern.

3. Fazit

Flugrouten sind keine Verkehrswege i.S.d. Art. 12 Abs. 1 UAbs. 2 Seveso-II-RL, sodass das Umgebungsschutzgebot keine Anwendung findet. Ebenso handelt es sich bei Flugrouten nicht um eine Politik der Flächenausweisung oder Flächennutzung, jedoch um eine andere einschlägige Politik. Daher ist das Ziel, schwere Unfälle zu verhüten und ihre Folgen zu begrenzen, bei der Flugroutenfestlegung zu berücksichtigen. Kommen sowohl innerbetriebliche Maßnahmen als auch alternative Streckenverläufe zur Unfallrisiko- und Folgenbegrenzung in Betracht, so ist zunächst bei der Festlegung von Flugrouten zu berücksichtigen, dass zu Störfallanlagen ein angemessener Abstand eingehalten wird. Wenn dies nicht möglich ist, sind entsprechende innerbetriebliche Maßnahmen zu ergreifen. Daher ist, entgegen der Rechtsprechung des HessVGH, Art. 12 Abs. 1 S. 1 Seveso-II-RL auf die Festlegung von Flugrouten anzuwenden.

III. Die Umsetzung in Deutschland

Die Umsetzung der Ziele und Gebote des Art. 12 Seveso-II-RL erfolgte in Deutschland durch die Erweiterung des § 50 S. 1 BImSchG.[419] Dieser lautet wie folgt:

§ 50 BImSchG Planung

Bei raumbedeutsamen Planungen und Maßnahmen sind die für eine bestimmte Nutzung vorgesehenen Flächen einander so zuzuordnen, dass schädliche Um-

---

[419] BT-Drs 13/11118 S. 5; BT-Drs. 15/5220, S. 5; Sellner/Scheidmann NVwZ 04, 267, 269.

welteinwirkungen und von schweren Unfällen im Sinne des Artikels 3 Nr. 5 der Richtlinie 96/82/EG in Betriebsbereichen hervorgerufene Auswirkungen auf die ausschließlich oder überwiegend dem Wohnen dienenden Gebiete sowie auf sonstige schutzbedürftige Gebiete, insbesondere öffentlich genutzte Gebiete, wichtige Verkehrswege, Freizeitgebiete und unter dem Gesichtspunkt des Naturschutzes besonders wertvolle oder besonders empfindliche Gebiete und öffentlich genutzte Gebäude, so weit wie möglich vermieden werden. (…)

Um die Vorgaben des Art. 12 Seveso-II-RL umzusetzen, wurde 1998 in § 50 S. 1 BImSchG nach den Wörtern „schädliche Umwelteinwirkungen" der Zusatz „und von schweren Unfällen im Sinne des Artikels 3 Nr. 5 der Richtlinie 96/82/EG in Betriebsbereichen hervorgerufene Auswirkungen" eingefügt.[420] 2005 wurde die Vorschrift um eine Konkretisierung der sonstigen schutzbedürftigen Gebiete erweitert.[421] Die Vorschrift dient in erster Linie dem Schutz der Umgebung vor Betriebsbereichen i.S.d. Seveso-II-RL. Hierbei kann zwischen dem Schutz vor Umwelteinwirkungen (Alt. 1) und dem Schutz vor Auswirkungen schwerer Unfälle (Alt. 2) unterschieden werden.

1. Die Anwendung des § 50 BImSchG

Zu klären ist, ob der hier beschriebene Konflikt zwischen dem Betrieb einer Störfallanlage und der Nutzung des Luftraums durch § 50 S. 1 BImSchG nach den Vorgaben des Gemeinschaftsrechts gelöst werden kann. Sofern dies nicht möglich ist, liegt hier ein Umsetzungsdefizit vor.

a) Anwendbarkeit des BImSchG

Der Anwendbarkeit des BImSchG könnte § 2 Abs. 2 Satz 1 BImSchG entgegenstehen, wonach die Vorschriften dieses Gesetzes nicht für Flugplätze gelten. Dies gilt für die Errichtung und den Betrieb von Flugplätzen, also alle Einrichtungen, die dem Start und der Landung von Flugzeugen, einschließlich Segelflugzeugen und Motorseglern, dienen.[422] § 2 Abs. 2 Satz 1 meint allerdings nur

---

[420] Vgl. BT-Drs. 13/11118, S. 5.
[421] BT-Drs. 15/5220, S. 5.
[422] Jarass BImSchG § 2 Rn. 21.

die unmittelbaren Anforderungen an die Errichtung und den Betrieb von Flugplätzen, jedoch nicht die Festlegung von Flugrouten, daher steht § 2 Abs. 2 S. 1 BImSchG der Anwendbarkeit des § 50 S. 1 BImSchG nicht entgegen.[423]

b) Flugroutenfestlegung als raumbedeutsame Planung oder Maßnahme
Bei Flugrouten müsste es sich um raumbedeutsame Planungen oder Maßnahmen i.S.d. § 50 S. 1 BImSchG handeln. Der Begriff raumbedeutsam ist aus dem Raumordnungsrecht entnommen. Nach § 3 Nr. 6 ROG sind Planungen und Maßnahmen raumbedeutsam, wenn sie Raum in Anspruch nehmen oder die räumliche Entwicklung eines Gebiets beeinflussen.[424] Wie bereits festgestellt, handelt es sich bei Flugrouten um raumbedeutsame Planungen.[425] Fraglich ist, ob sich daraus, dass § 50 S. 1 BImSchG verlangt „die für eine bestimmte Nutzung vorgesehenen Flächen einander zuzuordnen" etwas anderes ergibt, da für den Flugverkehr außerhalb des Flughafens keine Flächen in Anspruch genommen werden. Jedoch geht es bei raumbeeinflussenden Planungen um eine Trennung von empfindlicher Nutzung und dem Einwirkungsbereich der Immissionen[426] bzw. um die Nutzbarkeit der Flächen.[427] Einen solchen Einwirkungsbereich weisen auch Flugrouten auf, sodass hier eine Flächenzuweisung erforderlich ist,[428] da es sich bei Flugrouten um eine raumbedeutsame Planung i.S.d. § 50 S.1. BImSchG handelt.[429]

c) Die Berücksichtigung der Unfallvermeidung
Nach dem Berücksichtigungsgebot des Art. 12 Abs. 1 S. 1 Seveso-II-RL sorgen die Mitgliedstaaten dafür, dass in ihren Politiken der Flächenausweisung und Flächennutzung und/oder anderen einschlägigen Politiken das Ziel, schwere Un-

---

[423] Jarass BImSchG § 50 Rn. 10; BVerwGE 75, 214, 233; Hendler LEP-Gutachten S. 78.
[424] Jarass BImSchG § 50 Rn. 5.
[425] Vgl. Gliederungsabschnitt B.III.2.
[426] Repkewitz VBlBW 2005, 1, 7.
[427] Hansmann in Landmann/Rohmer Bd. I § 50 BImSchG Rn. 33.
[428] Repkewitz VBlBW 2005, 1, 7.
[429] Sellner/Scheidmann NVwZ 2004, 267, 271 lehnen in Bezug auf die Seveso-II-RL dagegen die Raumbedeutsamkeit ab, vgl. hierzu Gliederungsabschnitt B.III.2. Zudem weisen sie darauf hin, dass bereits hier eine unzureichende Umsetzung in nationales Recht vorliege, da die anderen einschlägigen Politiken i.S.d. Art. 12 Abs. 1 Seveso-II-RL nicht berücksichtigt wurden.

fälle zu verhüten und ihre Folgen zu begrenzen, Berücksichtigung findet.[430] Dabei handelt es sich um einen Abwägungsbelang. Nach § 50 S. 1 BImschG sind bei raubedeutsamen Planungen und Maßnahmen die für eine bestimmte Nutzung vorgesehene Flächen einander so zuzuordnen, dass von schweren Unfällen hervorgerufene Auswirkungen auf schutzbedürftige Gebiete soweit wie möglich vermieden werden. Hierbei handelt es sich um ein Optimierungsgebot[431], das grundsätzlich geeignet ist, das Berücksichtigungsgebot umzusetzen. Allerdings regelt § 50 S. 1 BImSchG nur die Begrenzung der Folgen und nicht die Vermeidung schwerer Unfälle. Zudem ist auch die Schutzrichtung nicht eindeutig geklärt. Das Berücksichtigungsgebot schützt – im Gegensatz zum Umgebungsschutzgebot – auch die im Betrieb beschäftigten Personen. § 50 S. 1 BImSchG nennt dagegen nur die schutzbedürftigen Gebiete, wozu gerade nicht das Betriebsgelände gehört. Daher umfasst die Schutzrichtung des § 50 S. 1 nicht die im Betrieb beschäftigten Personen, weshalb auch insoweit ein Umsetzungsdefizit vorliegt.

2. Ausweisung eines Luftsperrgebietes

Die Ziele des Art. 12 Abs. 1 könnten auch durch die Ausweisung eines Luftsperrgebietes nach §§ 26 Abs. 1, 32 Abs. 1 Nr. 3 LuftVG i.V.m. § 11 Abs. 1 S. 1 LuftVO erreicht werden. Nach § 11 Abs. 1 S. 1 LuftVO legt das Bundesministerium für Verkehr, Bau und Stadtentwicklung (BMVBS)[432] Luftsperrgebiete fest, wenn dies zur Abwehr einer Gefahr für die öffentliche Sicherheit oder Ordnung, insbesondere für die Sicherheit des Luftverkehrs, erforderlich ist. Diese dürfen nur mit Ausnahmegenehmigung des BMVS durchflogen werden. Zur Einrichtung eines Luftsperrgebietes muss eine Gefahr für die öffentliche Sicherheit oder Ordnung vorliegen. Die Begriffe Gefahr sowie öffentliche Sicherheit und Ordnung sind im Sinne des Polizeirechts zu verstehen,[433] ausreichend ist das Vorliegen einer abstrakten Gefahr.[434] Diese ist gegeben, wenn eine generell-abstrakte

---

[430] Vgl. hierzu Gliederungsabschnitt D.II.2.b)(4).

[431] BVerwGE 71, 163, 165; Jarass BImSchG § 50 Rn. 19 m.w.N.; zum Begriff des Optimierungsgebot allgemein vgl. Gliederungsabschnitt B.III.1.b).

[432] In § 11 Abs. 1 Satz 1 LuftVO noch Bundesministerium für Verkehr, Bau- und Wohnungswesen bezeichnet.

[433] Baumann DÖV 2006, 331, 332.

[434] Hermanns/Hönig NWVBl. 2006, 8; Baumann DÖV 2006, 331, 332.

Betrachtung für bestimmte Arten von Verhaltensweisen oder Zuständen zu dem Ergebnis führt, dass mit hinreichender Wahrscheinlichkeit ein Schaden einzutreten pflegt; auf den Nachweis eines Schadens im Einzelfall kann dabei verzichtet werden.[435] Dagegen liegt ein Risiko vor, wenn zwar alles gegen die Wahrscheinlichkeit einer Schädigung spricht, diese aber nicht völlig auszuschließen ist.[436] Die Tatsache, dass ein Betrieb i.S.d. Seveso-II-RL regelmäßig in relativ geringer Höhe überflogen wird, müsste eine abstrakte Gefahr in diesem Sinne darstellen. Erforderlich ist hierfür eine hinreichende Wahrscheinlichkeit, die vorliegt, wenn das Risiko des Schadenseintritts, das „allgemeine Lebensrisiko" überschreitet.[437] Hier besteht das Risiko in der Möglichkeit eines Absturzes und des dadurch ausgelösten schweren Unfalls. Grundsätzlich ist das Absturzrisiko – abgesehen von sonstigen örtlichen Besonderheiten – nicht höher, als an anderen Orten, die in niedriger Höhe überflogen werden. Somit handelt es sich um ein Risiko, welches das „allgemeine Lebensrisiko" nicht überschreitet, weshalb hier keine (abstrakte) Gefahr angenommen werden kann.[438] Daher liegen die Tatbestandsvoraussetzungen des § 11 Abs. 1 S. 1 LuftVG nicht vor,[439] weshalb die Ziele der Seveso-II-RL damit nicht erreicht werden können.

3. § 29 Abs. 1 S. 1 LuftVG

a) Die Rechtsprechung des HessVGH

Der HessVGH[440] hat, obwohl er die Anwendbarkeit der Seveso-II-RL auf Flugrouten ablehnt, entschieden, dass aus § 29 Abs. 1 Satz 1 LuftVG die grundsätzliche Verpflichtung des Luftfahrt-Bundesamtes folge, bei der Planung von Flugrouten auch eventuelle Gefahren zu beachten, die Störfallanlagen infolge eines Flugzeugabsturzes drohen können. Dies wird mit der Rechtsprechung des BVerwG begründet, wonach die Luftfahrtbehörden bei der Abwehr von Gefahren für den Luftverkehr nicht aus den Augen verlieren dürfen, dass Gefahren für

---

[435] BVerwG DVBl. 2002, 1562, 1564.
[436] Pieroth/Schlink/Kniesel POG § 4 Rn. 6.
[437] Gusy POG Rn. 119.
[438] So auch Hermanns/Hönig NWVBl. 2006, 8, 11.
[439] So auch im Ergebnis HessVGH UPR 2007, 116, 120.
[440] HessVGH UPR 2007, 116, 120.

die öffentliche Sicherheit und Ordnung auch durch die Luftfahrt drohen könnten.[441] Dabei stehe auch der Wortlaut des § 29 Abs. 1 S. 1 LuftVG nicht entgegen, denn wenn Gefahren für die öffentliche Sicherheit und Ordnung in die Abwägung einzustellen seien, gelte das grundsätzlich – wenn auch mit eventuell anderer Gewichtung – für erkennbare Risiken als potenzielle Vorstadien von Gefahrenlagen (vgl. z.B. die Definitionen dieser Begriffe in Art. 3 Nr. 6 Seveso-II-RL einerseits und Nr. 7 andererseits), soweit sie nicht nach den Umständen des Falles von vornherein als so gering einzustufen seien, dass sie schon unter diesem Aspekt keine Abwägungserheblichkeit beanspruchen könnten. Insoweit gelte für Absturzrisiken grundsätzlich nichts anderes als für Lärmschutzbelange, die, soweit sie nicht als geringfügig einzustufen seien, unabhängig davon in die planerische Abwägung einzustellen seien, ob sie die Gesundheitsgefährdungs- oder lediglich die Erheblichkeitsschwelle erreichen. Auch bei Sicherheitsbelangen und Gefahrenlagen könnten unterschiedliche Abstufungen auch unterschiedliche Anforderungen an die Ermittlung und Bewertung im Rahmen der Abwägung auslösen. Dieser graduelle Unterschied rechtfertige es aber nicht, Risikobelange ohne konkrete Gefährdungssituation von vornherein aus der Abwägung der für und gegen die Routen sprechenden Belange auszugrenzen. Um das Institut der planerischen Gestaltungsfreiheit überhaupt von einer schrankenlosen Planungsbefugnis abgrenzen und mit den Anforderungen des Rechtsstaatsprinzips vereinbaren zu können, hat es die Rechtsprechung den Anforderungen des Abwägungsgebots unterworfen. Auch unter diesem Aspekt erscheine es als nicht zulässig, den Belang des Absturzrisikos generell aus dem Abwägungsprozess bei der Festlegung von Flugrouten auszuklammern. Denn diesem Aspekt könne nach Lage der Dinge im Einzelfall ein ganz beachtliches Gewicht zukommen, so dass er auch nicht von vornherein als nicht „rechtsstaatlich unabdingbar" ausgeklammert werden dürfe.[442]

Weiterhin betont der VGH, dass sich etwas anderes auch nicht aus § 11 LuftVO ergebe. Es sei zwar richtig, dass Festsetzungen nach dieser Regelung den Gestaltungsspielraum des Luftfahrt-Bundesamtes eingrenzten. Umgekehrt lasse sich der Vorschrift aber nicht entnehmen, dass Sachverhalte, die Maßnahmen nach § 11 LuftVO rechtfertigen könnten, nicht auch bei der Planung von Flugrouten

---

[441] BVerwG NVwZ 2004, 1229, 1231.
[442] HessVGH UPR 2007, 116, 120.

berücksichtigt werden dürften. Es bestehe keine Kongruenz der Regelungsgegenstände. Während die Anordnung eines Sperrgebiets oder eines Gebiets mit Flugbeschränkungen (z.B. bis zu einer bestimmten Flughöhe) strikt zu beachten sei, erweise sich die Flugroutenführung als flexiblere Lösung, mit der ein Gebiet von Flugverkehr entlastet werden könne, ohne, wegen der zulässigen Abweichungen von der Normallinie, ein striktes Verbot auszusprechen. Der Unterschied bestehe insbesondere darin, dass die Festsetzung der Flugroute einzelne Überflüge über ein bestimmtes Gebiet grundsätzlich zulasse, während sie bei einem Sperr- oder Beschränkungsgebiet in jedem Einzelfall ausdrücklich zugelassen werden müssten. Es sei nicht zu erkennen, dass der Schutz bestimmter Gebiete vor möglichen Risiken ausschließlich durch Maßnahmen nach § 11 LuftVO gewährt werden dürfe.

Aus der Verpflichtung des Luftfahrt-Bundesamtes, bei der Festlegung von Flugverfahren grundsätzlich auch Sicherheitsrisiken zum Beispiel infolge des Überfliegens von Störfallanlagen zu berücksichtigen, folge jedoch nicht die Notwendigkeit, dass bei der Ausweisung neuer Routen oder der Bestätigung bestehender Routen im Einzelnen zu ermitteln sei, wie viele Störfallanlagen mit welchem Risikopotenzial und welche sonstigen Betriebe mit ähnlichen Risiken betroffen seien. Auch insoweit gelten die – aus der Natur der Flugroutenplanung folgenden – Einschränkungen in Bezug auf die Ermittlungs- und Kontrolltiefe. Jedenfalls dann, wenn ein Störfallbetrieb in einer geringen Entfernung von der Startbahn überflogen werde und wenn das Sicherheitsrisiko der planenden Behörde infolge von Gutachten bekannt sei, dürfe sie diesen Aspekt nicht generell aus der Abwägung ausklammern.[443]

b) Bewertung

Der HessVGH ist der Ansicht, dass nach rein nationalem Recht – schlussfolgernd aus § 29 Abs. 1 S. 1 LuftVG – das Risiko eines durch einen Flugzeugabsturz ausgelösten Störfall im Rahmen der Abwägung zu berücksichtigen sei. § 29 Abs. 1 S. 1 LuftVG besagt, dass die Abwehr von Gefahren für die Sicherheit des Luftverkehrs sowie für die öffentliche Sicherheit und Ordnung durch die Luftfahrt (Luftaufsicht) Aufgabe der Luftfahrtbehörden sowie der für die Flugsicherung zuständigen Stelle ist. Hierbei handelt es sich um die luftaufsichts-

---

[443] HessVGH UPR 2007, 116, 120.

rechtliche Generalklausel.[444] Voraussetzung für das Einschreiten ist grundsätzlich das Vorliegen einer konkreten Gefahr für die öffentliche Sicherheit oder Ordnung i.S.d. Polizeirechts.[445] Diese liegt vor, wenn in dem zu beurteilenden konkreten Einzelfall in überschaubarer Zukunft mit dem Schadenseintritt hinreichend wahrscheinlich gerechnet werden kann.[446] In der hier diskutierten Konstellation handelt es sich jedoch nicht um eine Gefahrenlage, da es an der hinreichenden Wahrscheinlichkeit des Schadenseintritts fehlt. Der HessVGH leitet aus § 29 Abs. 1 S. 1 LuftVG über den Wortlaut hinaus eine Berücksichtigungspflicht solcher Risikosituationen ab. Dabei beruft er sich auf die Entscheidung des BVerwG[447] über Fluglärmklagen mehrerer Taunusgemeinden. Darin hatte das BVerwG das Regelungsregime zur Festlegung von Flugrouten bei zumutbarem bzw. unzumutbarem Fluglärm konkretisiert.[448] Es stellt zunächst nur fest, dass neben Sicherheitsaspekten auch Lärmschutzgesichtspunkte bei der Festlegung von Flugrouten zu berücksichtigen sein sollten. Durch den pauschalen Verweis wird nicht deutlich, weshalb der HessVGH aus dieser Urteilspassage folgert, dass auch Risiken für Störfallanlagen unterhalb der Gefahrenschwelle im Rahmen der Abwägung gem. § 29 Abs. 1 S. 1 LuftVG zu berücksichtigen seien. Gegenstand des zitierten Urteils des BVerwG waren Lärmschutzfragen, wofür der Gesetzgeber in § 29 Abs. 1 S. 3 LuftVG eine Spezialvorschrift geschaffen hat. Danach sind in Bezug auf Fluglärm auch Sachlagen zu berücksichtigen, die unterhalb der Gefahrenschwelle liegen.[449] Allgemeine Regelungen lassen sich daraus dagegen nicht ableiten. Daher bleibt festzuhalten, dass sich für die Planung von Flugrouten aus § 29 Abs. 1 S. 1 LuftVG keine Pflicht zur Berücksichtigung von Risiken, die Störfallanlagen infolge eines Flugzeugabsturzes drohen können, besteht. Die Rechtsprechung des HessVGH ist daher nicht dazu geeignet, die Vorgaben der Seveso-II-RL in nationales Recht umzusetzen.

---

[444] Hofmann/Grabherr § 29 Vorb.
[445] Hofmann/Grabherr § 29 Rn. 8.
[446] BVerwG Urt. v. 28.06.2006 Az. 6 C 21/03 zitiert nach juris Rn. 25.
[447] BVerwG NVwZ 2004, 1229, 1231.
[448] Vgl. hierzu Gliederungsabschnitt C.III.2.
[449] So auch BVerwG NVwZ 2004, 1229, 1231.

4. Lösungsansätze

Somit wurde in Deutschland Art. 12 Abs. 1 Seveso-II-RL nur unzureichend in § 50 S. 1 BImSchG umgesetzt. Der EuGH hat zur Lösung von Umsetzungsdefiziten in seiner Rechtsprechung die Instrumente der richtlinienkonformen Auslegung und der unmittelbaren Wirkung von Richtlinien entwickelt. Beide Lösungsansätze werden zur Überwindung dieses Umsetzungsdefizits vertreten.[450]

a) Das Verhältnis von unmittelbarer Anwendbarkeit und richtlinienkonformer Auslegung

Daher ist zunächst das Verhältnis der richtlinienkonformen Auslegung und der unmittelbaren Anwendbarkeit von Richtlinien zueinander zu klären. Der EuGH verfolgt in seiner Rechtsprechung hierbei keine klare Linie. Teilweise prüft er zunächst, ob sich EG-Recht zur unmittelbaren Anwendung eignet, ist dies nicht der Fall, so weist er im zweiten Schritt auf das Institut der richtlinienkonformen Auslegung hin.[451] Teilweise verweist der EuGH aber auch zunächst auf die Pflicht zur richtlinienkonformen Auslegung und für den Fall, dass diese nicht möglich ist, auf die unmittelbare Anwendung.[452] Ist sowohl die Auslegung als auch die unmittelbare Anwendung möglich, gibt das EG-Recht offenbar keiner der beiden Möglichkeiten den Vorrang. Da der EuGH sich bislang zu dem Verhältnis von richtlinenkonformer Auslegung und unmittelbarer Anwendbarkeit von Richtlinien nicht explizit geäußert hat, deutet dies darauf hin, dass diese Frage den Mitgliedstaaten überlassen bleibt.[453] Im deutschen Verfassungsrecht wird die Unwirksamkeit einer Norm abgelehnt, wenn eine verfassungskonforme

---

[450] Für die richtlinienkonforme Auslegung Weidemann/Freytag StoffR 2004, 225, 229; Repkewitz VBlBW 2005, 1, 7; ders. VerwArch 2006, 503, 515; Steiff ÖffBauR 2005, 37, 39; Hansmann in Landmann/Rohmer Bd. I § 50 BImSchG Rn. 57b; dagegen für die unmittelbare Anwendbarkeit Sellner/Scheidmann NVwZ 2004, 267, 270 f.

[451] EuGH Urt. v. 19.11.1991, Rs. C-9/90 (Francovich), Slg. 1991, I-5357 Rn. 37; EuGH Urt. v. 14.7.1994, Rs. C-91/92 (Faccini Dori), Slg. 1994, I-3325 Rn. 20, 25-27; EuGH Urt. v. 7.3.1996, Rs. C-192/94 (El Corte Iglés), Slg. 1996, I-1281, Rn. 15, 21 f.; EuGH Urt. v. 24.9.1998, Rs. 111/97 (EvoBus Austria), Slg. 1998, I-5411 Rn. 16, 18, 21; EuGH Urt. v. 25.2.1999, Rs. C-131/97 (Carbonari u.a.), Slg. 1999, I-1103 Rn. 47, 48, 52; vgl. hierzu: Jarass/Beljin JZ 2003, 768, 776.

[452] EuGH Urt. v. 26.9.2000, Rs. C-262/97 (Engelbrecht), Slg. 2000, I-7321 Rn. 39 f ; EuGH Urt. v. 27.2.2003, Rs. C-327/00 (Santex), Slg. 2003, I-1877 Rn. 63 f.; vgl. Jarass/Beljin JZ 2003, 768, 776.

[453] Jarass/Beljin JZ 2003, 768, 776.

Auslegung möglich ist.[454] Überträgt man diese Maßstäbe, so kommt der EG-rechtskonformen Auslegung der Vorrang vor der unmittelbaren Anwendung zu; führt daher die Auslegung zu einem EG-rechtskonformen Ergebnis, so scheidet die unmittelbare Anwendung von EG-Recht aus.[455]

b) Richtlinienkonforme Auslegung

Die richtlinienkonforme Auslegung des nationalen Rechts leitet der EuGH aus Art. 10 EGV ab, da sich die aus einer Richtlinie ergebende Verpflichtung der Mitgliedstaaten, das in dieser vorgesehene Ziel zu erreichen, sowie die Pflicht der Mitgliedstaaten gemäß Art. 10 EGV, alle zur Erfüllung dieser Verpflichtung geeigneten Maßnahmen allgemeiner oder besonderer Art zu treffen, welche allen Trägern öffentlicher Gewalt in den Mitgliedstaaten obliegt.[456] Deshalb muss das nationale Gericht, soweit es bei der Anwendung des nationalen Rechts dieses auszulegen hat, seine Auslegung soweit wie möglich am Wortlaut und Zweck der Richtlinie ausrichten, um das mit der Richtlinie verfolgte Ziel zu erreichen und auf diese Weise Art. 249 Abs. 3 EGV nachzukommen.[457] Dabei hat das Gericht nach Ablauf der Umsetzungsfrist das zur Durchführung der Richtlinie erlassene Gesetz unter voller Ausschöpfung des Beurteilungsspielraums, den ihm das nationale Recht einräumt, in Übereinstimmung mit den Anforderungen des Gemeinschaftsrechts auszulegen und anzuwenden, wobei die richtlinienkonforme Auslegung durch die allgemeinen Rechtsgrundsätze des Gemeinschaftsrechts, insbesondere die Grundsätze der Rechtssicherheit und des Rückwirkungsverbots begrenzt wird.[458]

---

[454] Jarass in Jarass/Pieroth Art. 20 Rn. 34, Jarass/Beljin JZ 2003, 768, 776.

[455] Jarass/Beljin JZ 2003, 768, 776 f.

[456] EuGH Urt. v. 10.4.1984, Rs. 14/83 (von Colson & Kamann), Slg. 1984, 1891 Rn. 26; EuGH Urt. v. 13.11.1990, Rs. C-106/89 (Marleasing), Slg. 1990, I-4135 Rn. 8.

[457] EuGH Urt: v. 13.11.1990, RS. C-106/89 (Marleasing), Slg. 1990, I-4135 Rn. 8.

[458] EuGH Urt. v. 8.10.1987, Rs. 80/86 (Kolpinghuis Nijmegen), Slg. 1987, 3969 Rn. 13; EuGH Urt. v. 10.4.1984, Rs. 14/83 (von Colson & Kamann), Slg. 1984, 1891 Rn. 28; zur Umsetzungsfrist: Ruffert in Calliess/Ruffert Art. 249 Rn. 110; Jarass/Beljin JZ 2003, 768, 775. Angedeutet wurde dies durch den EuGH Urt. v. 13.06.2000 Rs. 456/98 (Eentrosteel), Slg. 2000, I-6007 Rn. 17.

Die Umsetzungsfrist der Seveso-II-Richtlinie ist abgelaufen,[459] somit könnte § 50 S. 1 BImSchG richtlinienkonform so ausgelegt werden, dass sich daraus über den Wortlaut hinaus auch Anforderungen an die planerische Vermeidung von Unfällen ergeben.[460] Nach dieser Auslegung sind nach § 50 S. 1 BImSchG die Flächen einander so zuzuordnen, dass es nicht zu einer unangemessenen Erhöhung des Risikos eines schweren Unfalls kommt. Zudem ist bei der Flächenzuordnung das Ziel der Unfallvermeidung und Folgenbegrenzung zu berücksichtigen, unabhängig davon, ob die genannten schutzbedürftigen Gebiete hiervon betroffen sind. Die richtlinienkonforme Auslegung findet nach der Rspr. des EuGH im Rahmen der nationalen Auslegungsregeln statt, sodass in Deutschland dieselben Regeln wie für die verfassungskonforme Auslegung gelten.[461] Deshalb darf die EG-rechtskonforme Auslegung einer nach Wortlaut und Sinn eindeutigen nationalen Regelung keinen entgegengesetzten Sinn verleihen und sie darf den normativen Gehalt der nationalen Regelung nicht grundlegend neu bestimmen und schließlich auch nicht dazu führen, dass das Ziel der nationalen Regelung in einem wesentlichen Punkt verfehlt wird.[462] Der Wortlaut stellt allerdings keine unüberwindliche Schranke dar. Setzt der nationale Gesetzgeber eine Richtlinie nicht ordnungsgemäß durch ein nationales Gesetz um, glaubt aber, europarechtskonform zu handeln, widerspricht eine richtlinienkonforme Rechtsfortbildung über den Wortlaut der Norm hinaus nicht dem Willen des Gesetzgebers, sondern entspricht ihm, weil dieser die Richtlinie gerade richtlinienkonform umsetzen wollte.[463] Erst wenn Hinweise dafür vorliegen, dass der Gesetzgeber (bewusst) eine richtlinienwidrige Lösung verfolgt hat, kann dies nicht

---

[459] Die Umsetzungsfrist der Richtlinie 96/82/EG endete gem. Art. 24 Abs. 1 am 9.12.1997. Sie wurde zuletzt durch die Richtlinie 2003/105/EG vom 16.12.2003 geändert. Die Umsetzungsfrist dieser Änderung endete gem. Art. 2 Abs 1 am 1.7.2005.

[460] Weidemann/Freytag StoffR 2004, 225, 229; Repkewitz VBlBW 2005, 1, 7; Steiff ÖffBauR 2005, 37, 39; Hansmann in Landmann/Rohmer Bd. I § 50 BImSchG Rn. 57b.

[461] EuGH Urt. v. 10.4.1984, Rs. 14/83 (von Colson & Kamann), Slg. 1984, 1891 Rn. 28; EuGH Urt. v. 10.4.1984, Rs.79/83 (Harz), Slg. 1984, 1921 Rn. 28; Jarass/Beljin JZ 2003, 768, 775; Jarass in Jarass/Pieroth Art. 23 Rn. 41.

[462] Jarass/Beljin JZ 2003, 768, 775; Jarass in Jarass/Pieroth Art. 23 Rn. 41; Art. 23 Rn. 34; in diesem Sinne auch BAG NZA 2003, 742, 747; BGH NJW 2004, 2731, 2732.

[463] Grundmann ZEuP 1996, 399, 422; Möllers S. 72; Roth in Riesenhuber § 14 Rn. 53; Langenbucher in ders. § 1 Rn. 90; in diesem Sinne auch EuGH v. 5.10.2004, Rs. C-397/01 bis C-403/01 (Pfeiffer u.a.), Slg. 2004, I-8835, Rn. 112.

mehr unterstellt werden.[464] Ziel der Änderung des § 50 S.1 BImSchG[465] sollte nach dem Willen des Gesetzgebers die Umsetzung des Art. 12 Seveso-II-RL sein.[466] Der Gesetzgeber wollte somit durch die Änderung des § 50 S. 1 BImSchG Art. 12 Abs. 1 Seveso-II-RL umsetzen und daher alle Fälle des Art. 12 Abs. 1 Seveso-II-RL erfassen. Zum Zeitpunkt der letzten Änderung des § 50 S. 1 BImSchG im Jahr 2005 war das Umsetzungsdefizit allerdings bereits bekannt.[467] Trotzdem hat der Gesetzgeber keine grundlegende Änderung vorgenommen, sondern sich mit einer geringfügigen Ergänzung begnügt.[468] Der Gesetzgeber hat sich aber auch nicht mit diesen Literaturstimmen auseinandergesetzt, sodass sein Wille einer richtlinienkonformen Umsetzung nicht entgegensteht. Vor diesem Hintergrund bildet auch der Wortlaut des § 50 S. 1 BImSchG, der nur die Auswirkungen schwerer Unfälle nennt, keine unüberwindbare Grenze und steht dieser Auslegung des § 50 S.1 BImSchG nicht entgegen.[469] Daher ist § 50 S. 1 BImSchG in der Weise richtlinienkonform auszulegen, dass Flächen einander so zuzuordnen sind, dass es nicht zu einer Erhöhung des Risikos eines schweren Unfalls kommt. Außerdem ist bei der Flächenzuordnung das Ziel der Unfallvermeidung unabhängig davon zu berücksichtigen, ob die genannten schutzbedürftigen Gebiete hiervon betroffen sind.

---

[464] Roth in Riesenhuber § 14 Rn. 53.

[465] Durch das Fünfte Gesetz zur Änderung des BImSchG v. 19.10.1998, BGBl. I S. 3178 und Gesetz zur Umsetzung der Richtlinie 2003/105/EG v. 16.12.2003 zur Änderung der Richtlinie 96/82/EG des Rates zur Beherrschung der Gefahren bei schweren Unfällen mit gefährlichen Stoffen v. 25.6.2005, BGBl. I S. 1865.

[466] Vgl. hierzu Gesetzentwurf der Bundesregierung BT-Drs. 13/11118, S. 9 und BT-Drs. 15/5220, S. 8

[467] Zum Zeitpunkt der Änderung Im Jahr 2005 hatten bereits Sellner/Scheidmann NVwZ 2004, 267 ff. und Repkewitz VBlBW 2005, 1 ff. auf das Umsetzungsdefizit hingewiesen. Zudem war die Störfallproblematik am Flughafen Frankfurt ebenfalls bekannt.

[468] Vgl. BT-Drs. 15/5220, S. 8; bereits zuvor stellten von Sellner/Scheidmann NVwZ 2004, 267 ff.; Weidemann/Freytag StoffR 2004, 225 ff.; Repkewitz VBlBW 2005, 1 ff. das Umsetzungsdefizit fest.

[469] A.A. Sellner/Scheidmann NVwZ 2004, 267, 270 f., die wegen des entgegenstehenden Wortlauts eine richtlinienkonforme Auslegung in diesem Fall ablehnen.

5. Fazit

Die Umsetzung der Vorgaben des Art. 12 Abs. 1 Seveso-II-RL erfolgte in Deutschland durch § 50 S. 1 BImSchG nur unvollständig. Die Ausweisung eines Luftsperrgebietes nach §§ 26 Abs. 1, 32 Abs. 1 Nr. 3 LuftVG i.V.m. § 11 Abs. 1 S. 1 LuftVO hilft nicht, dieses Umsetzungsdefizit zu lösen, da die für die Ausweisung eines solchen Sperrgebiets erforderliche abstrakte Gefahr nicht vorliegen wird. Zudem ist auch § 29 Abs. 1 S. 1 LuftVG nicht geeignet, dieses Defizit zu lösen, da sich hieraus keine allgemeinen Regelungen zur Berücksichtigung von Risiken unterhalb der Gefahrenschwelle ableiten lassen. Daher ist § 50 S. 1 BImSchG dahingehend auszulegen, dass Flächen einander so zuzuordnen sind, dass es nicht zu einer unangemessenen Erhöhung des Risikos eines schweren Unfalls kommt. Außerdem ist bei der Flächenzuordnung das Ziel der Unfallvermeidung unabhängig davon zu berücksichtigen, ob die genannten schutzbedürftigen Gebiete hiervon betroffen sind.

IV. Rechtschutzfragen

Sofern bei der Aufstellung der Flugroute die Vorgaben des § 50 S. 1 BImSchG bzw. des Art. 12 Abs. 1 Seveso-II-RL nicht beachtet wurden, stellt sich die Frage, ob und unter welchen Voraussetzungen der Anlagenbetreiber dies rügen kann. Grundsätzlich sei dabei auf die vorangegangen Ausführungen verwiesen.[470] Im Folgenden sollen nur die Besonderheiten für die Klagen von Anlagenbetreibern dargestellt werden.

1. Klagebefugnis der betroffenen Anlagenbetreiber

Auch ein betroffener Betreiber, über dessen Anlage eine Flugroute in relativ geringer Höhe führt, wodurch das Störfallrisiko erhöht wird und deshalb mit Einschränkungen des Betriebs zu rechnen ist, muss gem. § 42 Abs. 2 VwGO analog klagebefugt sein, um sich gegen diese Flugrouten wehren zu können.

a) Berücksichtigungsgebot

Die Klagebefugnis könnte sich unmittelbar aus § 50 S. 1 BImSchG ergeben, wenn § 50 S. 1 BImSchG drittschützenden Charakter in Bezug auf den Anla-

---

[470] Vgl. hierzu Gliederungsabschnitt C.

genbetreiber besitzt. § 50 S. 1 BImSchG ist dahingehend europarechtskonform auszulegen, dass das Ziel der Unfallvermeidung und Folgenbegrenzung im Rahmen der Flächenausweisung und Flächennutzung zu berücksichtigen ist. Dieses Berücksichtigungsgebot müsste ein subjektives öffentliches Recht zu Gunsten des betroffenen Anlagenbetreibers beinhalten. Die Seveso-II-RL dient gem. Art. 1 Seveso-II-RL dem Schutz von Mensch und Umwelt vor Unfällen mit gefährlichen Stoffen. Sie schützt daher vor den möglichen „Gefahren" einer Anlage und nicht die berechtigten Interessen der Anlagenbetreiber, seinen Betrieb in der bisherigen Form weiterzuführen. Daher lässt sich auch durch das Berücksichtigungsgebot die erforderliche Klagebefugnis nicht begründen.[471]

b) Abwägungsgebot

Die Klagebefugnis könnte sich aber aus dem Recht auf gerechte Abwägung der Belange des Anlagebetreibers ergeben.[472] Die Lage von Störfallbetrieben ist bei der Aufstellung von Flugrouten im Rahmen der Abwägung zu berücksichtigen, sodass das Interesse des Anlagenbetreibers am weiteren Betrieb der Anlage im bisherigen Umfang einen abwägungserheblichen Belang darstellt. Aufgrund des Flugroutenverlaufs muss der Anlagenbetreiber jedoch mit nachträglichen Auflagen gem. § 17 Abs. 1 S. 1 BImSchG oder sogar mit einem Widerruf der Genehmigung gem. § 21 Abs. 1 Nr. 3 BImSchG rechnen. Daher ist das Recht des Anlagenbetreibers auf gerechte Abwägung seiner Belange möglicherweise verletzt worden und der Anlagenbetreiber daher gem. § 42 Abs. 2 VwGO klagebefugt.[473]

---

[471] So auch zum BImSchG BVerwGE 84, 236, 241; Jarass BImSchG § 1 Rn.17.

[472] Vgl. hierzu grundlegend Gliederungsabschnitt C.II.3.a)(2).

[473] Nach der hier vertreten Auffassung ist es nicht erforderlich, dass der Belang rechtlich geschützt ist, das BVerwG hat diese Frage bisher offengelassen. (vgl. hierzu Gliederungsabschnitt C.II.3.a)(2)(b)) Sofern man jedoch davon ausgeht, dass nur ein Anspruch auf gerechte Abwägung der rechtlich geschützten Belange besteht, könnte man auf das Recht am eingerichteten und ausgeübten Gewerbebetrieb abstellen, welches das Recht auf Fortsetzung des Betriebes im bisherigen Umfange nach den schon getroffenen betrieblichen Maßnahmen schützt; vgl. BGHZ 98, 341, 345; 111, 349, 356; Papier in Maunz/Dürig Art. 14 Rn. 100; insgesamt zum Recht am eingerichteten und ausgeübten Gewerbebetrieb: BGHZ 23, 157, 162 f.; 92, 34, 37; BGH DVBl. 2001, 1671, 1671; BVerwGE 62, 224, 226; 81, 49, 54; Papier Maunz/Dürig Art. 14 Rn. 95 ff.; ablehnend Jarass/Pieroth Art. 14 Rn. 10; Wieland in Dreier Art. 14 Rn. 44; Das BVerfG hat in diesem Fall die Anwendbarkeit von Art. 14 GG offen gelassen, die Anwendbarkeit jedoch bezweifelt: BVerfGE 51, 193, 221 f.; 58, 300, 353; 66, 116, 145; 68, 193, 222; 77, 84, 118; 81, 208, 227 f.; 84, 212, 232; 96, 375, 397; 105, 252, 278. Teilweise wird vertreten, dass der Betreiber einer nach dem BImSchG genehmigten Anlage –

2. Umfang der Begründetheitsprüfung

Nach der hier vertretenen Auffassung ist – entgegen der Rechtsprechung – eine volle gerichtliche Überprüfung der Abwägungsentscheidung bei Klagen von Fluglärmbetroffenen erforderlich.[474] Letztendlich muss dies ebenso für die Klagen von Anlagenbetreibern gelten. In dieser Situation sprechen zudem weitere Gesichtspunkte für eine volle Kontrolle der Abwägungsentscheidung. Die bisherige Rechtsprechung bezog sich immer auf Klagen Fluglärmbetroffener. Das BVerwG begründete die Einschränkung der Begründetheitsprüfung damit, dass die Festlegung von Flugrouten die Ursache des Fluglärms nicht beseitigen, sondern nur den – kraft der Genehmigung des Flughafens zulässigen – Flugverkehr neu verteilen könne.[475] Diese Begründung kann aber für die Einschränkung der gerichtlichen Kontrolldichte bezüglich Sicherheitsbelange, insbesondere auf die Gebote des § 50 S. 1 BImSchG und Art. 12 Abs. 1 Seveso-II-RL, nicht übertragen werden. Die Festlegung einer Flugroute über eine Störfallanlage bringt das zusätzliche Risiko eines durch einen Flugzeugabsturz verursachten Störfalls mit sich und verteilt nicht bloß ein bestehendes Risiko. Zwar erhöht sich das Absturzrisiko nicht dadurch, dass ein Störfallbetrieb überflogen wird, aber nur beim Überfliegen eines Störfallbetriebes besteht das Risiko, dass durch den Absturz ein Störfall ausgelöst wird. Hierin liegt der entscheidende Unterschied zu der Fluglärmproblematik. Daher besteht zum einen keine Rechtfertigung zur Beschränkung der Kontrolldichte und zum anderen obliegt dem die Flugrouten festlegenden Luftfahrtbundesamt eine gegenüber Lärmschutzbelangen sehr viel

---

zumindest nach deren Errichtung und Inbetriebnahme – eine durch Art. 14 Abs. 1 GG geschützte Rechtsposition genieße, vgl. Friauf WiVerw 1986, 87, 98; Führ S. 143 f.; Hansmann in Landmann/Rohmer Bd. I § 17 BImSchG Rn. 18. Außerdem wird ebenso vertreten, dass bereits die erteilte Genehmigung den Schutz des Art. 14 GG genieße, vgl. Dolde NVwZ 1986, 873, 874; Ehlers VVDStRL 52 (1992), 211, 221; Lee S. 62 ff. Unabhängig davon, welcher dieser Ansichten gefolgt wird, ergibt sich hieraus, dass es sich um einen rechtlich geschützten Belang handelt. Der HessVGH Urt. v. 24.10.2006 Az. 12 A 2216/05 S. 13, (nicht in UPR 2007, 116 ff. abgedruckt) bejaht ebenfalls die Klagebefugnis. Dabei führt er jedoch nur aus, dass nicht von vornherein ausgeschlossen werden könne, dass bei der Festlegung von Flugverfahren nach den luftverkehrsrechtlichen Bestimmungen Sicherheitsbelange zu berücksichtigen und hier nicht im ausreichenden Maß beachtet worden seien. Somit könne die Klägerin die Möglichkeit einer Rechtsverletzung geltend machen.

[474] Vgl. Gliederungsabschnitt C.III.3.b).

[475] BVerwG UPR 2000, 460, 462; OVG NRW, Urt. v. 4.04.2003 –Az. 20 D 180/97.AK, S. 5 (nicht veröffentlicht).

strengere Prüfungspflicht in Bezug auf Störfallanlagen.[476] Die Berücksichtigung von Störfallbetrieben bei der Festlegung von Flugrouten ist ein Aspekt der öffentlichen Sicherheit. Die öffentliche Sicherheit und Ordnung allgemein sowie die Sicherheit des Luftverkehrs sind die eigentlichen Ziele der Ausweisung von Flugrouten,[477] dagegen kommt dem Schutz vor Fluglärm nur untergeordnete Bedeutung zu.[478] Dies macht § 29b Abs. 2 LuftVG deutlich, wonach die zuständigen Behörden auf den Schutz der Bevölkerung vor unzumutbarem Fluglärm hinzuwirken haben. Nach der Rechtsprechung des Bundesverwaltungsgerichts haben auch in der Kollision mit gewichtigen Lärmschutzinteressen sicherheitsrelevante Erwägungen Vorrang.[479] Die Beschränkung der Abwägungskontrolle durch das Bundesverwaltungsgericht in Bezug auf Lärmschutzaspekte soll dem Luftfahrt-Bundesamt gerade die vorrangige Berücksichtigung von Sicherheitsfragen ermöglichen.[480] Zu diesen Sicherheitsfragen gehört auch das Berücksichtigungsgebot des Art. 12 Abs. 1 S. 1 Seveso-II-RL ein Aspekt der öffentlichen Sicherheit. Dies spricht bei Klagen gegen Flugrouten in Bezug auf Störfallanlagen zusätzlich für eine volle Begründetheitsprüfung, auch wenn man diese volle Begründetheitsprüfung bei Klagen wegen Fluglärm ablehnt.

3. Die Beachtlichkeit von Abwägungsfehlern

Der HessVGH hat in seiner Entscheidung festgestellt, dass Störfallrisiken im Rahmen der Abwägung zu berücksichtigen seien. Dies hatte das Luftfahrt-Bundesamt in dem Verfahren bestritten und betont, dass keine entsprechende Berücksichtigung stattgefunden habe.[481] Trotzdem geht der VGH davon aus, dass kein Abwägungsausfall vorliege und hat die entsprechende Klage als unbegründet zurückgewiesen. Hierzu führt er aus, dass das Luftfahrt-Bundesamt – gleichsam hilfsweise – während des Verfahrens deutlich zu erkennen gegeben habe, weshalb es an der bestehenden Flugroute festgehalten habe und unter Berück-

---

[476] Vgl. hierzu auch Sellner/Scheidmann NVwZ 2004, 267, 271 f.

[477] Giemulla in Giemulla/Schmid § 27a LuftVO Rn. 1; Sellner/Scheidmann NVwZ 2004, 267, 272.

[478] Sellner/Scheidmann NVwZ 2004, 267, 272.

[479] BVerwG NVwZ 2004, 1229, 1232.

[480] Sellner/Scheidmann NVwZ 2004, 267, 272.

[481] Vgl. Gliederungsabschnitt D.III.3.

sichtigung des Störfallrisikos keine alternative Streckenführung ausgewählt habe. Dies werde insbesondere dadurch deutlich, dass das Luftfahrt-Bundesamt in zwei Änderungsverordnungen während des gerichtlichen Verfahrens die betroffene Flugroute geändert und neu festgesetzt habe, aber die streitigen Teile inhaltlich nicht verändert habe. Mit diesen Rechtssetzungsakten habe das Luftfahrt-Bundesamt klar zum Ausdruck gebracht, dass es diese Verfahren auch in Kenntnis der Einwendungen und Alternativvorschläge der Klägerin beibehalten wolle. Da es sich mit diesen Gesichtspunkten im gerichtlichen Verfahren auseinandergesetzt habe, könne ohne weiteres davon ausgegangen werden, dass diese Argumente auch für die Beibehaltung der Flugverfahren maßgeblich gewesen seien. Damit sei hinreichend erkennbar, dass das Luftfahrt-Bundesamt die für und gegen die Beibehaltung der Routen streitenden Belange abgewogen habe.[482]

Mit diesem Urteil hat der HessVGH die Rechtsfolgen einer fehlerhaften Abwägung beschränkt. In der Sache hat der VGH entschieden, dass eine Entscheidung nur dann angefochten werden könne, wenn sich der Abwägungsfehler auch auf das Abwägungsergebnis ausgewirkt habe. Dies ist vergleichbar mit der Regelung in § 214 Abs. 3 S. 2 BauGB, wonach Mängel im Abwägungsvorgang nur erheblich sind, wenn sie offensichtlich und auf das Abwägungsergebnis von Einfluss gewesen sind. Ähnliche Regelungen finden sich auch in § 10 Abs. 2 Nr. 2 ROG und § 75 Abs. 1a S. 1 VwVfG. Diese Entscheidung ist ein weiterer Schritt zur Einschränkung der Überprüfbarkeit der Abwägungsentscheidung in Bezug auf die Festlegung von Flugrouten und folgt damit der bisherigen Tendenz der Rechtsprechung. Der Ansicht des HessVGH zur beschränkten Auswirkung von Verfahrensfehlern wäre dann zuzustimmen, wenn es sich bei diesem eingeschränkten Abwägungsfehlerfolgenregime um einen allgemeinen Rechtsgedanken handelt, also wenn ein Abwägungsfehler nur dann erheblich ist, wenn er sich auf das Abwägungsergebnis ausgewirkt hat. Nach der Rechtsprechung des Bundesverwaltungsgerichts ist das Gebot gerechter Abwägung verletzt,

---

[482] HessVGH Urt. v. 24.10.2006 Az. 12 A 2216/05 S. 30 f. (nicht in UPR 2007 116 ff. abgedruckt). Er führt dabei weiter aus, dass es die Rechtmäßigkeit des Abwägungsvorgangs auch nicht berühre, dass das Luftfahrt-Bundesamt die Sachargumente im Prozess gleichsam nur hilfsweise vorgetragen und grundsätzlich seine Rechtsauffassung aufrecht erhalten habe, wonach die von der Klägerin geltend gemachten Risikobelange schon vom rechtlichen Ansatz her nicht beachtlich seien. Diese Verfahrensweise unterliege weder bei der Ermessensbetätigung noch bei Ausübung der planerischen Gestaltungsfreiheit rechtlichen Bedenken; sie entspreche vielmehr dem Grundsatz der Verfahrensökonomie.

wenn eine (sachgerechte) Abwägung überhaupt nicht stattfindet, wenn in die Abwägung an Belangen nicht eingestellt wird, was nach Lage der Dinge in sie eingestellt werden muss oder wenn die Bedeutung der betroffenen privaten Belange verkannt oder wenn der Ausgleich zwischen den von der Planung berührten öffentlichen Belangen in einer Weise vorgenommen wird, die zur objektiven Gewichtigkeit einzelner Belange außer Verhältnis steht.[483] Diese Anforderungen sind grundsätzlich sowohl an den Abwägungsvorgang als auch an das Abwägungsergebnis zu stellen.[484] Daher sind Fehler sowohl im Abwägungsvorgang als auch im Abwägungsergebnis beachtlich und können zur Rechtswidrigkeit der Abwägungsentscheidung führen. Für eine generelle Beachtlichkeit von Abwägungsfehlern spricht zudem, dass nach der Rechtsprechung des BVerwG zu § 155 b Abs. 2 S. 2 BBauG, der Vorläufervorschrift von § 214 Abs. 3 S. 2 BauGB, dieser nur bei verfassungskonformer Auslegung nicht verfassungswidrig ist.[485] Hierdurch wird deutlich, dass die Einschränkung der Beachtlichkeit von Abwägungsfehlern durch Gesetz möglich ist, dies aber kein genereller Rechtsgedanke ist, denn sonst hätte diese Norm nur klarstellenden Charakter gehabt. Außerdem ist davon auszugehen, dass auch der Gesetzgeber von der grundsätzlichen Beachtlichkeit von Verfahrensfehlern ausgegangen ist. Denn im Raumordnungsrecht wurde erst 1998 eine solche Unbeachtlichkeitsklausel eingeführt.[486] Bis zu diesem Zeitpunkt wurde angenommen, dass in diesem Bereich Abwägungsfehler uneingeschränkt beachtlich sind.[487] Insoweit steht fest, dass Abwägungsfehler grundsätzlich beachtlich sind. Diese Beachtlichkeit kann jedoch durch gesetzliche Regelungen eingeschränkt werden. Eine solche Regelung ist aber für die Festlegung von Flugrouten nicht getroffen worden, sodass hier – entgegen der Ansicht des HessVGH – von einer grundsätzlichen Beachtlichkeit der Abwägungsfehler auszugehen ist.

---

[483] BVerwGE 34, 301, 309.

[484] BVerWGE 45, 309, 315; dieser Rechtsprechung hat sich die Literatur weitestgehend angeschlossen, vgl. hierzu Hoppe in Hoppe/Bönker/Grotefels § 5 Rn. 133 ff.

[485] BVerwGE 64, 33, 36 ff.

[486] Diese Regelung wurde mit dem Gesetz zur Änderung des Baugesetzbuches und zur Neuregelung des Rechts der Raumordnung (Bau- und Raumordnungsgesetz 1998 – BauROG) v. 18.08.1997, BGBl. I S. 2028 eingeführt, das zum 1.1.1998 in Kraft trat.

[487] Vgl. hierzu Dolderer NvwZ 1998, 345, 347.

4. Die Gewichtung der Belange im Rahmen der Abwägung

Nach dem Berücksichtigungsgebot des Art. 12 Abs. 1 Satz 1 Seveso-II-RL, das durch die richtlinienkonforme Auslegung des § 50 S. 1 BImSchG Anwendung findet, ist das Ziel der Unfallvermeidung im Aufstellungsverfahren von Flugrouten im Rahmen der Abwägung zu berücksichtigen.[488] Im Rahmen der Abwägung ist ein Ausgleich zwischen der geordneten und flüssigen Abwicklung des Luftverkehrs (§ 27c Abs. 1 LuftVG),[489] Lärmschutzbelangen Betroffener (§ 29b Abs. 2 LuftVG) und dem Berücksichtigungsgebot zu finden. Hierbei ist zu klären, welches Gewicht dem Berücksichtigungsgebot zukommt. Ein Zielkonflikt besteht dann, wenn eine Route so festgelegt wird, dass sie den Interessen der Lärmbetroffenen möglichst weitgehend Rechnung trägt und dadurch über einen Betrieb führt, sodass die Gefahr eines schweren Unfalls erhöht wird. Ebenso besteht ein Zielkonflikt, wenn der Flugroutenverlauf im Hinblick auf die Flüssigkeit des Luftverkehrs optimiert wird, sodass es zu einer Erhöhung des Luftverkehrsaufkommens kommt und dadurch das Risiko eines schweren Unfalls erhöht wird. Bei dem Risiko eines schweren Unfalls handelt es sich um ein Risiko für die öffentliche Sicherheit, welches aufgrund des Berücksichtigungsgebots als Optimierungsgebot im Rahmen der Abwägung zu berücksichtigen ist. Im Rahmen der Abwägung kommt diesem Gebot daher ein besonderes Gewicht zu, sodass es in Bezug auf die Flüssigkeit des Luftverkehrs vorrangig zu berücksichtigen ist. Sofern die flüssige Abwicklung des Luftverkehrs zu einer Risikoerhöhung führt, ist davon auszugehen, dass das Berücksichtigungsgebot Vorrang genießt. Ähnlich ist auch das Verhältnis zwischen Lärmschutzbelangen gem. § 29b Abs. 2 LuftVG und dem Berücksichtigungsgebot. Bei § 29b Abs. 2 LuftVG handelt es sich nicht um ein Optimierungsgebot, sodass im Falle einer Kollision dieser Belange das Berücksichtigungsgebot den Vorrang genießt. Im Falle des § 29b Abs. 1 S. 2 LuftVG dagegen handelt es sich ebenfalls um ein Optimierungsgebot, welches vor den besonderen Belastungen des nächtlichen Fluglärms schützt.[490] Beide Belange sind somit grundsätzlich gleichrangig zu beachten, so-

---

[488] Dagegen gehen Sellner/Scheidmann NVwZ 2004, 267, 269 und Repkewitz VBlBW 2005, 1, 8 davon aus, dass das Risikobegrenzungsgebot nur innerhalb der Abwägung zu berücksichtigen sei, auf das Berücksichtigungsgebot gehen sie insoweit nicht ein.

[489] Wie bereits dargestellt, unterliegt die Sicherheit des Luftverkehrs nicht der Abwägung, vgl. Gliederungsabschnitt B.III.1.a).

[490] Vgl. hierzu Gliederungsabschnitt B.III.1.b)(1).

dass hier im Einzelfall nach einer bestmöglichen Alternative gesucht werden muss, die beiden Belangen möglichst weitgehend Rechnung trägt.[491]

5. Fazit

Die Klagebefugnis gem. § 42 Abs. 2 VwGO analog eines betroffenen Anlagenbetreibers kann sich aus einer möglichen Verletzung seines subjektiven Rechts auf gerechte Abwägung seiner Belange ergeben. Als solcher Belang kommt das Interesse des Anlagenbetreibers am weiteren Betrieb der Anlage im bisherigen Umfang in Betracht. Die sachlichen Eigenarten einer Flugroute rechtfertigen auch hier keine Beschränkung der Begründetheitsprüfung. Im Rahmen der Abwägung sind Fehler stets beachtlich, unabhängig davon, ob sich dieser Fehler auch auf das Abwägungsergebnis ausgewirkt hat. Ein allgemeiner Rechtsgedanke zur Heilung von Abwägungsfehlern existiert dagegen nicht. Im Rahmen der Abwägung ist das Berücksichtigungsgebot des § 50 S. 1 BImSchG als Optimierungsgebot gegenüber Belangen der Flüssigkeit des Luftverkehrs vorrangig zu berücksichtigen. Ebenso geht dieses Gebot den Lärmschutzbelangen des § 29b Abs. 2 LuftVG vor. Dagegen ist der Schutz vor nächtlichem Fluglärm gem. § 29b Abs. 1 S. 2 LuftVG grundsätzlich gleichrangig mit dem Berücksichtigungsgebot in die Abwägung einzustellen. Ein Ausgleich zwischen diesen Belangen ist hier im Einzelfall zu treffen.

---

[491] A.A. insoweit Hermanns/Hönig NWVBl. 2006, 8, 10, sie gehen davon aus, dass in diesem Fall die Lärmgesichtspunkte vorrangig sind, ohne dies jedoch zu begründen.

E. Anwendbarkeit der SUP-Richtlinie

I. Problemaufriss

An- und Abflugrouten und das überflogene Gebiet stehen in einer Wechselbeziehung zueinander. Da An- und Abflugrouten Einfluss auf das überflogene Gebiet haben können, stellt sich die Frage, ob die Richtlinie 2001/42/EG (SUP-RL) Anwendung auf sie findet und somit eine Strategische Umweltprüfung durchzuführen ist. Mit dem Inkrafttreten der SUP-RL ist nach dem Erlass der UVP-Richtlinie[492] und der IVU-Richtlinie[493] ein weiterer Schritt im Europäischen Gemeinschaftsrecht hin zu einem integrativen bzw. medienübergreifenden Ansatz getan, welcher über sektorale und mediale Prüfungs- und Entscheidungsansätze hinausgeht.[494] Gleichzeitig ergänzt die SUP-Richtlinie den Anwendungsbereich der UVP-Richtlinie, die nur auf die Genehmigung von Projekten Anwendung findet. Diese leidet unter dem Nachteil, dass sie erst relativ spät einsetzt, da die Projektgenehmigung am Ende eines Entscheidungsprozesses steht, der regelmäßig eine mehrphasige oder gestufte Struktur aufweist. Da aber die Genehmigung zu einem Zeitpunkt erfolgt, zu dem wichtige planerische Entscheidungen zur Projektverwirklichung, insbesondere hinsichtlich des Standortes und des Trassenverlaufs bereits getroffen wurden, kommt eine aussichtsreiche Alternativenprüfung in diesem Zeitpunkt kaum noch in Betracht. Diese Schwäche soll durch die SUP-Richtlinie ausgeglichen werden, die auf die der Projektgenehmigung vorgelagerten Pläne und Programme zielt.[495] Die Umsetzung der SUP-Richtlinie in Deutschland erfolgte in erster Linie durch das SUPG[496], wodurch das Gesetz

---

[492] Richtlinie 85/337/EWG des Rates v. 27. 6.1985 über die Umweltverträglichkeitsprüfung bei bestimmten öffentlichen und privaten Projekten, ABl. EG Nr. L 175 S. 40 ff. zuletzt geändert durch die Richtlinie 2003/35/EG v. 26.5.2003, ABl. EG Nr. L 156 S. 17 ff.

[493] Richtlinie 96/61/EG des Rates über die integrierte Vermeidung der Umweltverschmutzung v. 24.9.1996, ABl. EG Nr. L 257 S. 26 ff.

[494] Vgl. Näckel S. 27; zur Entstehungsgeschichte der SUP-Richtlinie vgl. Evers S. 5 ff.

[495] Vgl. hierzu Hendler NuR 2003, 2, 2.

[496] Gesetz zur Einführung einer Strategischen Umweltprüfung und zur Umsetzung der der Richtlinie 2001/42/EG (SUPG) vom 25.6.2005, BGBl I S. 1746.

über die Umweltverträglichkeitsprüfung (UVPG) um die Regelungen zur Strategischen Umweltprüfung erweitert wurde.

Um zu klären, ob die SUP-RL Anwendung auf Flugrouten findet, ist zunächst zu prüfen, ob Flugrouten Einfluss auf das überflogene Gebiet haben. Sofern dies der Fall ist, ist zu klären, ob auch aufgrund der nationalen Umsetzung durch die Änderungen im UVPG Flugrouten einer Strategischen Umweltprüfung (SUP) unterliegen. Schließlich sind die Folgen der Strategischen Umweltprüfung für das Aufstellungsverfahren und den Rechtsschutz zu erörtern.

II. Der Regelungsgehalt der SUP-Richtlinie

Ziel der SUP-Richtlinie ist nach Art. 1 im Hinblick auf die Förderung einer nachhaltigen Entwicklung ein hohes Umweltschutzniveau sicherzustellen und dazu beizutragen, dass Umwelterwägungen bei der Ausarbeitung und Annahme von Plänen und Programmen einbezogen werden, indem dafür gesorgt wird, dass bestimmte Pläne und Programme, die voraussichtlich erhebliche Umweltauswirkungen haben, entsprechend dieser Richtlinie einer Umweltprüfung unterzogen werden. Kernpunkt der Richtlinie ist die Erfassung erheblicher Umweltauswirkungen durch eine Umweltprüfung bereits in der Planungsphase.[497]

1. Der Begriff der erheblichen Umweltauswirkungen i.S.d. Richtlinie

Der Begriff der erheblichen Umweltauswirkungen wird mehrfach in der Richtlinie verwandt[498] und gehört zu den entscheidenden Begriffen bezüglich der SUP-Pflichtigkeit. Der Richtlinientext lässt nicht eindeutig erkennen, ob neben negativen auch positive Umweltauswirkungen erfasst werden. In der verwandten (Projekt-) UVP-RL wird dieser Begriff ebenfalls verwendet, hierunter werden aber nur negative Umweltauswirkungen verstanden.[499] Dies könnte dafür sprechen, dass auch im Rahmen der SUP-RL der Begriff der erheblichen Umwelt-

---

[497] Hendler NuR 2003, 2, 2.

[498] Der Begriff der erheblichen Umweltauswirkungen findet sich in Art. 1, 3 Abs. 1, 3, 4, 5 SUP-RL.

[499] Der Begriff der erheblichen Umweltauswirkungen findet sich in Art. 1 Abs. 1 UVP-RL. Vgl. zur Beschränkung auf nachteilige Umweltauswirkungen Hendler NuR 2003, 2, 3; Louis, UPR 2006, 285, 285.

auswirkungen ebenso auszulegen ist.[500] Allerdings spricht die Entstehungsgeschichte der SUP-Richtlinie gegen eine solche Auslegung. Denn der ursprüngliche Entwurf der SUP-Richtlinie stellte auf „erhebliche negative Umweltauswirkungen" ab.[501] Im Rahmen des parlamentarischen Verfahrens wurde das Negativmerkmal mit der Begründung gestrichen, dass die Richtlinie nicht nur gelten solle, wenn negative Umweltauswirkungen erwartet werden, sondern wenn überhaupt Umweltauswirkungen erwartet werden.[502] Daraus wird deutlich, dass hier im Gegensatz zur UVP-RL sowohl positive als auch negative Umweltauswirkungen erfasst werden. Außerdem werden in Art. 10 Abs. 1 sowie in Anh. I lit. f ausdrücklich negative Umweltauswirkungen genannt.[503] Daher sind unter erheblichen Umweltauswirkungen sowohl negative als auch positive Umweltauswirkungen zu verstehen.[504]

2. Arten der Umweltprüfung

Zur Erfassung dieser erheblichen Umweltauswirkungen sieht die SUP-Richtlinie mehrere Formen der Umweltprüfungspflicht vor.

---

[500] So Louis UPR 2006, 285, 285.

[501] Art. 4 Abs. 3, 4 des Vorschlags für eine Richtlinie des Rates über die Prüfung der Umweltauswirkungen bestimmter Pläne und Programme, KOM (96) 511 endg., ABl. EG Nr. C 129 v. 25.4.1997, S. 14.

[502] Vgl. Änderung 19 der legislativen Entschließung mit der Stellungnahme des europäischen Parlaments zu dem Vorschlag für eine Richtlinie des Rates über die Prüfung der Umweltauswirkungen bestimmter Pläne und Projekte, KOM (96) 511 ABl. EG Nr. E 341 vom 9.11.1998, S. 18; Gliederungsabschnitt B 12 des Berichts des Ausschusses für Umweltfragen, Volksgesundheit und Verbraucherschutz über den Vorschlag der Richtlinie des Rates über die Prüfung der Umweltauswirkungen bestimmter Pläne und Programme, KOM (96) 511 (Dok.-Nr. A 4 – 0245/98); hierzu auch Hendler NuR 2003, 2, 3.

[503] Hendler NuR 2003, 2, 3; Schink NVwZ 2005, 615, 617; a.A. Louis UPR 2006, 285, 285; ebenso in Bezug auf die Landschaftsplanung die SUP-Pflicht wegen nur positiver Umweltauswirkungen ablehnend BR-Drs. 52/05, S. 10 f.

[504] Hendler NuR 2003, 2, 3, der an dieser Stelle zudem ausführt, warum aus sachlichen Gründen auch bei ökologisch vorteilhaften Plänen und Programmen eine SUP sinnvoll ist. Vgl. Auch SUPG-E, BT-Drs. 15/3441, S. 26; Sangenstedt UVP-Report 2005, 12, 16 f.; Peters/Balla UVPG § 14b Rn. 1.

a) Die obligatorische Umweltprüfung nach Art. 3 Abs. 2 lit. a SUP-RL

Nach Art. 3 Abs. 2 lit. a SUP-RL findet eine obligatorische Umweltprüfung für projektbezogene Pläne und Programme statt. Danach sind grundsätzlich alle Pläne und Programme umweltprüfungspflichtig, die in den dort genannten Bereichen ausgearbeitet werden und durch die der Rahmen für die künftige Genehmigung der in den Anhängen I und II der Richtlinie 85/337/EWG aufgeführten Projekte gesetzt wird. Sofern nicht die Ausnahmeregelungen des Art. 3 Abs. 3, 8, 9 SUP-RL eingreifen, sind alle Pläne und Programme, die die Voraussetzungen des Art. 3 Abs. 2 lit. a SUP-RL erfüllen, einer Umweltprüfung zu unterziehen. Dabei kommt es nicht darauf an, ob von dem konkreten Plan oder Programm erhebliche Umweltauswirkungen ausgehen, diese werden bei Vorliegen der Voraussetzungen des Art. 3 Abs. 2 lit. a SUP-RL unwiderleglich vermutet.[505]

b) Die obligatorische Umweltprüfung nach Art. 3 Abs. 2 lit. b SUP-RL

Für gebietsbezogene Pläne und Programme sieht Art. 3 Abs. 2 lit. b SUP-RL ebenfalls eine obligatorische Umweltprüfung vor.[506] Die Regelung bezieht sich dabei auf die Pläne und Programme, bei denen angesichts ihrer voraussichtlichen Auswirkungen auf Gebiete eine Prüfung nach Art. 6 oder 7 der FFH-RL[507] für erforderlich erachtet wird. Somit bedürfen hiernach alle Pläne und Programme einer Strategischen Umweltprüfung, die nicht unmittelbar mit der Verwaltung eines Gebiets von gemeinschaftlicher Bedeutung bzw. eines Europäischen Vogelschutzgebiets in Verbindung stehen oder jedenfalls für die Gebietsverwaltung nicht notwendig sind (Art. 6 Abs. 3 1. Teils. bzw. Art. 7 i.V.m. Art. 6 Abs. 3, 1. Teils. FFH-RL) und einzeln oder zusammen mit anderen Plänen und Programmen oder mit Projekten ein Gebiet von gemeinschaftlicher Bedeutung

---

[505] Hendler NuR 2003, 2, 4.

[506] Zu beachten sind auch hier die Ausnahmen des Art. 3 Abs. 3, 8, 9 SUP-RL.

[507] Richtlinie des Rates zur Erhaltung der natürlichen Lebensräume sowie der wildlebenden Tiere und Pflanzen (92/43/EWG) vom 21.5.1992, Abl. EG Nr. L 206, S. 7, zuletzt geändert durch die Richtlinie 2006/105/EG des Rates vom 20. November 2006 zur Anpassung der Richtlinien 79/409/EWG, 92/43/EWG, 97/68/EG, 2001/80/EG und 2001/81/EG im Bereich Umwelt anlässlich des Beitritts Bulgariens und Rumänien (06/105/EG) vom 20.11.2006, ABl. EG Nr. L 363,S. 368.

bzw. ein europäisches Vogelschutzgebiet erheblich beeinträchtigen könnten (Art. 6 Abs. 3, 2. Teils. bzw. Art. 6 Abs. 3 2. Teils. FFH-RL).[508]

c) Die Umweltprüfung nach Art 3 Abs. 3 und 4 SUP-RL

Schließlich sieht die SUP-RL vor, dass Pläne und Programme einer Umweltprüfung zu unterziehen sind, sofern diesbezüglich eine mitgliedstaatliche Entscheidung darüber vorliegt, ob diese Pläne und Programme voraussichtlich erhebliche Umweltauswirkungen haben. Nach Art. 3 Abs. 3 SUP-RL ist eine Umweltprüfung für solche Pläne und Programme durchzuführen, die unter Abs. 2 fallen und nur die Nutzung kleiner Gebiete auf lokaler Ebene festlegen sowie für geringfügige Änderungen der unter Abs. 2 fallenden Pläne und Programme, wenn die Mitgliedstaaten bestimmen, dass diese voraussichtlich erhebliche Umweltauswirkungen haben. Zudem befinden die Mitgliedstaaten nach Art. 3 Abs. 4 SUP-RL darüber, ob nicht unter Abs. 2 fallende Pläne und Programme, durch die der Rahmen für die künftige Genehmigung von Projekten gesetzt wird, voraussichtlich erhebliche Umweltauswirkungen haben.

III. Einschlägigkeit der Richtlinie

Nach Art 3 Abs. 1 SUP-RL werden die unter die Absätze 2 bis 4 fallenden Pläne und Programme, die voraussichtlich erhebliche Umweltauswirkungen haben, einer Umweltprüfung nach den Art. 4 bis 9 SUP-RL unterzogen. Hierzu könnten auch Flugrouten gehören, da die SUP-Pflichtigkeit gem. Art. 3 Abs. 3, 8 und 9 SUP-RL nicht von vornherein ausgeschlossen ist.

1. Pläne und Programme i.S.d. Art. 2 lit. a SUP-RL

Bei Flugrouten müsste es sich um Pläne und Programme i.S.d. Art. 2 lit. a SUP-RL handeln. Die Definition von „Plänen und Programmen" in Art. 2 lit. a SUP-RL ist wenig aufschlussreich: Danach bezeichnet der Ausdruck „Pläne und Programme" im Sinne dieser Richtlinie Pläne und Programme, einschließlich der von der europäischen Union mitfinanzierten, sowie deren Änderungen,

- die von einer Behörde auf nationaler, regionaler oder lokaler Ebene ausgearbeitet und/oder angenommen werden oder die von einer Behörde für die An-

---

[508] Hendler NuR 2003, 2, 9.

nahme durch das Parlament oder die Regierung im Wege eines Gesetzgebungsverfahrens ausgearbeitet werden und

- die aufgrund von Rechts- und Verwaltungsvorschriften erstellt werden müssen.

a) Der Begriff „Pläne und Programme"

Die SUP-RL verwendet die Begriffe „Pläne und Programme" ohne zwischen ihnen zu unterscheiden, sodass eine Abgrenzung zwischen diesen beiden Begriffen obsolet ist.[509] Der Formulierung „Pläne und Programme" kommt insoweit lediglich eine Auffang- und Sammelfunktion zu, ohne dass in Einzelfällen aus der Zuordnung zum einen oder anderen Begriff besondere inhaltliche Vorgaben abgeleitet werden könnten.[510] Bei dieser Legaldefinition handelt es sich nicht um eine Definition im eigentlichen Sinne, sondern den Begriffen „Pläne und Programme" werden nur weitere Merkmale zugeordnet.[511] Die Mitgliedstaaten haben damit bewusst einen interpretationsoffenen Spielraum eröffnet, weshalb allein der Begriff der „Pläne und Programme" selbst wenig zur Bestimmung des Anwendungsbereichs des SUP-RL beitragen kann. Inhaltlich kommt damit den zur reinen Plan- bzw. und Programmbezeichnung hinzutretenden weiteren Merkmalen maßgebliche Bedeutung zu.[512] Liegen somit die übrigen Voraussetzungen vor, so handelt es sich um einen Plan oder ein Programm i.S.d. SUP-RL.

b) Tätigwerden einer Behörde

Nach Art. 2 lit. a 1. Querstrich Var. 2 SUP-RL kommen nur solche Pläne und Programme für eine Strategische Umweltprüfung in Betracht, die von einer Behörde ausgearbeitet und/oder angenommen werden. Daher scheiden rein private Pläne und Programme aus. Eine rein private Natur ist gegeben, wenn sowohl die Ausarbeitung als auch die Annahme durch Privatrechtssubjekte erfolgt.[513] Hier werden Flugrouten durch das Luftfahrt-Bundesamt und somit durch eine Behörde angenommen, daher ist diese Voraussetzung erfüllt.

---

[509] Evers S. 31.
[510] Evers S. 33.
[511] Evers S. 31 f.; Hendler DVBl. 2003, 227, 229.
[512] Evers S. 35; wohl auch Porger in Spannowsky/Mitschang S. 177, 180.
[513] Hendler DVBl. 2003, 227, 230; ebenso Evers S. 38 ff. mit ausführlicher Darstellung.

Nach Art. 2 lit. a 1. Querstrich Var. 2 SUP-RL werden auch solche Pläne und Programme erfasst, die von einer Behörde für die Annahme durch das Parlament oder die Regierung im Wege eines Gesetzgebungsverfahrens ausgearbeitet werden. Hierunter fallen auch Gesetzentwürfe, die vom Bundeskabinett zur Einbringung in den Bundestag oder von einem Landeskabinett zur Einbringung in den Landtag oder Bundesrat beschlossen werden. Nicht erfasst sind aber die von Fraktionen und sonstigen Zusammenschlüssen von Parlamentariern ausgearbeiteten und eingebrachten Gesetzesentwürfe, da sie keine Behörden sind.[514]

Teilweise wird die Rechtsansicht vertreten, dass der Gesetzesbegriff des Art. 2 lit. a 1. Querstrich Var. 2 SUP-RL sowohl formelle wie materielle Gesetze und damit auch Rechtsverordnungen umfasse.[515] Dies hätte zur Folge, dass nur diejenigen als Rechtsverordnungen ergehenden Pläne und Programme von Art. 2 lit. a 1. Querstrich Var. 2 SUP-RL erfasst werden, die von einer Behörde für die Annahme durch die Regierung ausgearbeitet werden. Die übrigen, insbesondere von den staatlichen Mittelinstanzen in Form einer Rechtsverordnung erlassenen Pläne und Programme wären nach dieser Rechtsansicht entweder von vornherein kein tauglicher Prüfungsgegenstand einer SUP oder sie müssten Art. 2 lit. a 1. Querstrich Var. 1 SUP-RL zugeordnet werden.[516] Flugrouten werden durch das Luftfahrt-Bundesamt nach § 32 Abs. 1 Nr. 1, Abs. 3 S. 2, 3 LuftVG i.V.m. § 27a Abs. 2 S. 1 LuftVO – und somit nicht von der Regierung – als Rechtsverordnung erlassen und wären daher entweder kein tauglicher Prüfungsgegenstand oder müssten Art. 2 lit. a 1. Querstrich Var. 1 SUP-RL zugeordnet werden. Beide Lösungsansätze überzeugen nicht. Die erste Ansicht, wonach solche Rechtsverordnungen überhaupt kein tauglicher Prüfungsgegenstand sein können, würde dazu führen, dass allein aufgrund ihrer Rechtsnatur unabhängig von ihrem Inhalt bestimmte Pläne und Programme von vornherein von der SUP-Pflicht ausgeschlossen wären, wofür kein sachlicher Grund ersichtlich ist. Letztere Lösungsmöglichkeit ist abzulehnen, da es wegen der Spezialität der Regelung der Var. 1 rechtsmethodisch bedenklich wäre und zudem zu einer gespaltenen Dogmatik bei der Einordnung von Rechtsverordnungen führen würde.[517] Somit

---

[514] Hendler DVBl. 2003, 227, 230.

[515] Kraetschmer/Ginzky S. 15 f.

[516] Hierzu im Ganzen Hendler DVBl. 2003, 227, 231.

[517] Hendler DVBl. 2003, 229, 231.

erfasst der Gesetzesbegriff des Art. 2 lit. a 1. Querstrich Var. 2 SUP-RL nur formelle Gesetze und damit keine Rechtsverordnungen. Flugrouten sind somit Pläne und Programme, die von einer Behörde auf nationaler Ebene, dem Luftfahrt-Bundesamt, ausgearbeitet und angenommen werden i.S.d. Art. 2 lit. a 1. Querstrich Var. 1 SUP-RL.

c) Rechtliche Aufstellungspflicht

Nach Art. 2 lit. a 2. Querstrich SUP-RL müssen die Pläne und Programme aufgrund von Rechts- und Verwaltungsvorschriften erlassen werden, es muss also eine rechtliche Pflicht zur Aufstellung bestehen. Hierdurch soll eine Abgrenzung von Politiken erfolgen, da die Richtlinie auf dem Gedanken beruht, dass die freie Entscheidung über die Aufstellung des Plans oder Programms Kennzeichen des Politischen ist. Daher handelt es sich um Pläne und Programme im Sinne der Richtlinie, wenn über deren Aufstellung aufgrund einer Muss-Vorschrift zu befinden ist.[518] Eine Sollvorschrift wirkt wie eine Muss-Vorschrift, jedoch haftet ihr die Besonderheit an, dass sie in atypischen Fällen Ausnahmen gestattet,[519] sodass auch im Rahmen einer Sollvorschrift eine Aufstellungspflicht besteht und es sich deshalb ebenfalls um Pläne und Programme i.S.d. SUP-RL handelt.[520] Dagegen sind Plänen und Programmen, die aufgrund einer Kann-Vorschrift aufgestellt werden können, keine Pläne oder Programme im Sinne der Richtlinie, da es ihnen an der Aufstellungspflicht fehlt, weil die Entscheidung über die Plan- oder Programmaufstellung der behördlichen Plangestaltungsfreiheit (Planungsermessen) unterliegt.[521]

§ 32 Abs. 1 Nr. 1, Abs. 3 S. 2, 3 LuftVG i.V.m. § 27a Abs. 2 LuftVO legt fest, dass die notwendigen Rechtsverordnungen über das Verhalten im Luftraum durch das Luftfahrt-Bundesamt bestimmt werden. Damit wird das Luftfahrt-Bundesamt zur Aufstellung der notwendigen Rechtsverordnungen verpflichtet und besitzt kein Aufstellungsermessen.[522] Auch die Formulierung „notwendige

---

[518] Hendler DVBl. 2003, 229, 232.

[519] BVerwGE 64, 318, 323; 88, 1, 8; 90, 88, 93.

[520] Hendler DVBl. 2003, 229, 232; zum Ganzen ebenso Evers S. 47 f.

[521] Hendler DVBl. 2003, 229, 232.

[522] Vgl. hierzu die ähnliche Formulierung in § 31b Abs. 2 S. 4 WHG wonach „die Länder die Überschwemmungsgebiete festsetzen, soweit es erforderlich ist" Hendler Gutachten S. 120,

Rechtsverordnung" ändert an der Aufstellungspflicht nichts. Diese offene Formulierung ist die einzig praktikable Art der Ermächtigung des Luftfahrt-Bundesamtes. Aus diesem Grund handelt es sich auch bei des § 32 Abs. 1 Nr. 1, Abs. 3 S. 2, 3 LuftVG i.V.m. § 27a Abs. 2 LuftVO um eine Muss-Vorschrift[523], sodass die Voraussetzungen des Art. 2 lit. a 2. Querstrich Var. 1 SUP-RL vorliegen und Flugrouten Pläne und Programme in diesem Sinne sind.

2. Sachbereich im Sinne des Art. 3 Abs. 2 lit. a SUP-RL

Nach Art. 3 Abs. 2 lit. a SUP-RL muss es sich um Pläne und Programme handeln, die in einem der zwölf aufgeführten Bereiche ausgearbeitet werden und den Rahmen für künftige Genehmigungen der in den Anhängen I und II der Richtlinie 85/337/EG (UVP-RL) aufgeführten Projekte setzen.[524] In Art. 3 Abs. 2 lit. a SUP-RL wird der Bereich Verkehr genannt, hierzu könnten auch Flugrouten als Luftverkehr gehören, eine Definition des Begriffs Verkehr enthält die SUP-RL jedoch nicht. Daher bietet sich ein Blick in die Primärrechtsquellen des Europarechts an. Nach Art. 80 Abs. 1 EGV gelten die Vorschriften des V. Titels des EGV für die Beförderung im Eisenbahn-, Straßen- und Binnenschiffverkehr. Nach Art. 80 Abs. 2 Satz 1 EGV kann der Rat mit qualifizierter Mehrheit darüber entscheiden, inwieweit und nach welchem Verfahren geeignete Vorschriften für die Seeschifffahrt und Luftfahrt zu erlassen sind. Somit besitzt der Rat auch die Kompetenz, für den Luftverkehr Regelungen zu erlassen, weshalb auch der Luftverkehr Verkehr im Sinne des EGV ist. Da die SUP-RL keine anderweitige Definition des Begriffs Verkehr enthält, ist davon auszugehen, dass Verkehr i.S.d. RL Verkehr i.S.d. EGV meint. Daher werden Flugrouten als Luftverkehr von dem in Art. 3 Abs. 2 lit. a SUP-RL aufgeführten Bereich Verkehr erfasst.

---

danach handelt es sich hierbei um eine Muss-Vorschrift; ebenso zu § 31b Abs. 2 S. 4 WHG Reinhardt NuR 2005, 499, 501.

[523] Zur Definition einer Muss- und Kann-Vorschrift vgl. Hendler VwR Rn. 177; Maurer § 7 Rn. 9.

[524] Hierbei handelt es sich um eine abgeschlossene Bereichsliste vgl. hierzu Evers S. 55; Näckel S. 222.

3. Rahmensetzung im Sinne des Art. 3 Abs. 2 lit. a SUP-RL

Art. 3 Abs. 2 lit. a SUP-RL fordert, dass die Festlegung einer Flugroute den Rahmen für künftige Genehmigungen der in den Anhängen I und II UVP-RL aufgeführten Projekte setzt.

a) Genehmigung des Projekts

Allerdings definiert die SUP-RL den Begriff der Genehmigung nicht. Insoweit bietet sich ein Rückgriff auf den Genehmigungsbegriff der sachlich verwandten UVP-RL an. Nach Art. 1 Abs. 2 UVP-RL ist eine Genehmigung die behördliche Entscheidung, aufgrund derer der Projektträger das Recht zur Durchführung des Projekts erhält. Ein Projekt ist nach Art. 1 Abs. 2 UVP-RL die Errichtung von baulichen und anderen Anlagen sowie Eingriffe in Natur und Landschaft einschließlich derjenigen zum Abbau von Bodenschätzen. Ein solcher Rückgriff auf die UVP-Richtlinie ist unbedenklich, da keine Anhaltspunkte bestehen, dass Art. 3 Abs. 2 lit. a SUP-RL ein anderer Projekt- und Genehmigungsbegriff zugrunde liegt. Zudem sprechen die Einheit des Gemeinschaftsrechts sowie die Sachverwandtschaft beider Richtlinien für die einheitliche Auslegung des Genehmigungsbegriffs.[525]

b) Erfordernis der Rahmensetzung

(1) Pläne und Programme mit rein negativen Inhalten

Art. 3 Abs. 2 lit. a SUP-RL erfasst Pläne und Programme, die positive Ausweisungen von Projektstandorten enthalten, welche rechtliche Bindungswirkungen auf die behördliche Entscheidung über die Genehmigung eines entsprechenden Projekts ausüben.[526] Problematisch ist, ob auch Pläne und Programme erfasst werden, die keine positivplanerischen Inhalte aufweisen, sondern lediglich Gebiete festlegen, in denen bestimmte Projekte der Anhänge I und II UVP-RL nicht verwirklicht werden dürfen. Dies beurteilt sich allein auf Grundlage des Richtlinientextes. Insoweit ist zunächst bedeutsam, dass es bei einer Strategischen Umweltprüfung nach Art. 1 und Art. 3 Abs. 2 SUP-RL um Pläne und Programme geht, die voraussichtlich erhebliche Umweltauswirkungen haben. Wie bereits dargestellt, handelt es sich hierbei sowohl um negative als auch um

---

[525] Vgl. hierzu insgesamt Hendler NuR 2003, 2, 5.
[526] Hendler NuR 2003, 2, 6.

positive Umweltauswirkungen.[527] Daher kann die SUP-Pflicht für diese Pläne und Programme nicht bereits mit dem Argument abgelehnt werden, das Projekt habe lediglich ökologisch vorteilhafte Auswirkungen. Klar ist, dass von Plänen und Programmen, die Standortausschlüsse für bestimmte Projekte enthalten, erhebliche Umweltauswirkungen ausgehen können. Ebenso eindeutig ist, dass Standortbestimmungen den Rahmen für künftige Genehmigungen von Projekten, auf die Art. 3 Abs. 2 lit. a SUP abstellt, wesentlich mitprägen. Zu den Standortbestimmungen gehören Standortausweisungen ebenso wie Standortausschlüsse. Auch bei der Festlegung von Standortausschlüssen handelt es sich um planerische Arbeit im Rahmen für die künftige Genehmigung von Projekten. Pläne und Programme mit Standortausschlüssen sind somit Bestandteil des Rahmens für künftige Projektgenehmigungen und sind von der Genehmigungsbehörde zu beachten und können zudem ohne weiteres erhebliche Umweltauswirkungen aufweisen. Daher sind die maßgeblichen Kriterien des Richtlinientextes erfüllt, sodass auch Pläne und Programme mit reinen Negativplanungen SUP-pflichtig sein können.[528] Zudem erweist sich dieses Ergebnis auch als nützlich und hilfreich, denn die SUP vermag Hinweise für die Entscheidung des Plan- und Programmgebers zu liefern, wo Standortausschlüsse erfolgen sollen und zwar insbesondere auch unter dem Gesichtspunkt, ob Alternativen, d.h. Ausschlüsse an anderen Stellen, möglicherweise höheren ökologischen Nutzen versprechen. Außerdem bedeutet die Festlegung von Standortausschlüssen häufig nur den Ausschluss für den Regelfall. Eine SUP trägt zum Erwerb der erforderlichen Kenntnisse bei, um bereits im Plan oder Programm die Voraussetzungen präzisieren zu können, unter denen von der Regel des Standortausschlusses ausnahmsweise abgewichen werden darf.[529] Daher werden auch Pläne und Programme mit rein negativen Planungsinhalten erfasst.

(2) Projektspezifizierung

Zu klären ist, ob Art. 3 Abs. 2 lit. a SUP-RL ein bestimmtes Maß an Projektspezifizierung verlangt. Der Wortlaut des Art. 3 Abs. 2 lit. a SUP-RL enthält hierüber keine Hinweise. Nach Art. 5 Abs. 1 SUP-RL ist ein Umweltbericht zu erstellen, der u.a. die Ermittlung, Beschreibung und Bewertung der voraussicht-

---

[527] Vgl. hierzu Gliederungsabschnitt E.II.1.
[528] Vgl. hierzu insgesamt Hendler NuR 2003, 2, 7.
[529] Hendler NuR 2003, 2, 6.

lichen erheblichen Umweltauswirkungen enthält, die die Durchführung des Plans oder Programms auf die Umwelt hat. Eine solche Ermittlung ist am besten möglich, wenn bekannt ist, um welche konkreten Projekte es bei der Plan- oder Programmdurchführung geht. Dies könnte für das Erfordernis einer näheren Projektspezifizierung sprechen. Nach Art. 5 Abs. 2 SUP-RL brauchen jedoch in den Umweltbericht nur diejenigen Angaben aufgenommen zu werden, die „vernünftigerweise verlangt werden können", wobei u.a. der „Detaillierungsgrad" des Plans oder Programms zu berücksichtigen ist. Somit können auch Pläne und Programme ohne eine Projektspezifizierung SUP-pflichtig sein, jedoch werden die Anforderungen an den Umweltbericht entsprechend angepasst. [530]

(3) Rechtsverbindlichkeit des Rahmens

Art. 3 Abs. 2 lit. a SUP-RL verlangt, dass durch Pläne und Programme der Rahmen für (künftige) Genehmigung bestimmter Projekte gesetzt wird. Daraus ergibt sich, dass ein rechtsverbindlicher Rahmen vorausgesetzt wird.[531] Diese Voraussetzung ist einmal dann erfüllt, wenn der Rahmen von der Behörde bei der künftigen Genehmigung von Projekten beachtet, d.h. strikt eingehalten werden muss. Strittig ist, ob der Rahmen auch in dem Fall rechtsverbindlich ist, wenn lediglich eine behördliche Pflicht besteht, ihn in Abwägungs- und Ermessensentscheidungen oder bei der Auslegung unbestimmter Rechtsbegriffe (Wohl der Allgemeinheit etc.) zu berücksichtigen.[532] Dies wird teilweise mit der Begründung abgelehnt, dass in den Fällen, in denen die zuständige Behörde auf der sich anschließenden Ebene des Planungs- und Entscheidungsprozesses (in rechtlich zulässiger Weise) andere Belange für wichtiger erachtet, die rahmensetzende Wirkung gleich Null ist.[533] Dagegen wird vielfach die Meinung vertreten, dass auch in diesen Fällen die rahmensetzende Wirkung zu bejahen ist,[534] da in der behördlichen Berücksichtigungspflicht die Rechtsverbindlichkeit zum Ausdruck kommt. Ob sich die Inhalte des Rahmens bei der Abwägung oder Ermes-

---

[530] Hendler NuR 2003, 2, 8.

[531] Hendler NuR 2003, 2, 8; Spannowsky UPR 2000, 201, 204; Näckel S. 223.

[532] So etwa Hendler NuR 2003, 2, 9; Lell/Sangenstedt UVP-Report 2001, 123, 124; Evers S. 75.

[533] Näckel S. 250; Bunge in Hartje/Klaphake S.117, 126.

[534] Hendler NuR 2003, 2, 9; Lell/Sangenstedt UVP-Report 2001, 123, 124; Sangenstedt in Reiter S. 235, 243; Evers S. 75; Kläne S. 164.

sensausübung im Ergebnis durchsetzen oder zugunsten anderer Belange überwunden („weggewogen") werden, erweist sich als unerheblich.[535] Dies ergibt sich auch aus der Entstehungsgeschichte der Norm, denn Deutschland konnte sich in den Verhandlungen in Brüssel mit einer entsprechenden Forderung, die obligatorische SUP auf solche Pläne und Programme zu beschränken, deren Vorgaben bei der Genehmigungsentscheidung zwingend zu beachten sind, nicht durchsetzen.[536] Zudem besitzt ein Plan oder Programm auch dann Rahmensetzungswirkung, wenn er nicht strikt einzuhalten, aber von der Behörde zu berücksichtigen ist und nur in Ausnahmefällen wird dieser keine Berücksichtigung finden. Daher erscheint es nicht sinnvoll, diese Wirkung aufgrund dieser Ausnahmefälle abzulehnen. Aus diesen Gründen ist die rahmensetzende Wirkung auch in den Fällen zu bejahen, in denen eine behördliche Berücksichtigungspflicht der Pläne und Programme besteht.

c) Bestimmung der Projekte

Zu klären ist nun, für welche Projekte des Anhangs I oder II Flugrouten den Rahmen für die Genehmigung setzen.

(1) Flughafenbau

In Betracht kommt zunächst der Bau von Flugplätzen nach Anh. I. 7 UPV-RL bzw. nach Anh. II.10 UVP-RL. Die Festlegung von Flugrouten ist aber keine Vorstufe einer Flughafenplanung, sondern davon unabhängig und folgt dieser. Denn im Falle eines Flugplatzbaus werden nicht als erster Schritt die An- und Abflugrouten festgelegt, bevor überhaupt die Entscheidung über den Bau getroffen wurde. Vielmehr findet die Flugroutenfestlegung frühestens dann statt, wenn die Planungen für den Flughafenbau bereits weitestgehend abgeschlossen sind. [537] Somit fehlt das Erfordernis der Rahmensetzung für den Bau von Flugplätzen durch die Festlegung von Flugrouten.

(2) Andere Projekte

Die Festlegung von An- und Abflugverfahren könnte jedoch den Rahmen für Genehmigungen von anderen Projekten des Anhangs I und II UVP-RL setzen.

---

[535] Hendler NuR 2003, 2, 9; Scheidler ZUR 2006, 239, 241.
[536] Sangenstedt in Ziekow S. 245, 263.
[537] Repkewitz VBlBW 2005, 1, 11; sich darauf beziehend VGH BW UPR 2006, 312, 314; ebenso Sydow/Fiedler DVBl. 2006, 1420, 1421.

Zwischen dem Betrieb von chemischen Anlagen und der Festlegung von Flugrouten besteht ein Spannungsverhältnis, sodass sich die SUP-Pflichtigkeit daraus ergeben könnte, dass mit der Festlegung von Flugrouten der Rahmen für zukünftige Vorhaben gesetzt wird, die nach dem BImSchG genehmigungsbedürftig sind. Dies wäre dann der Fall, wenn diese Projekte zugleich auch im Anhang I oder II der UVP-RL aufgeführt sind.

(a) Projekt des Anh. I UVP-RL

Anh. I Nr. 6 UVP-RL[538] nennt integrierte chemische Anlagen, d.h. Anlagen zur Herstellung von Stoffen unter Verwendung chemischer Umwandlungsverfahren im industriellen Umfang, bei denen sich mehrere Einheiten nebeneinander befinden und in funktionaler Hinsicht miteinander verbunden sind und die

i) zur Herstellung von organischen Grundchemikalien,

ii) zur Herstellung von anorganischen Grundchemikalien,

iii) zur Herstellung von phosphor-, stickstoff- oder kaliumhaltigen Düngemitteln (Einnährstoff oder Mehrnährstoff),

iv) zur Herstellung von Ausgangsstoffen für Pflanzenschutzmittel und von Bioziden,

v) zur Herstellung von Grundarzneimitteln unter Verwendung eines chemischen oder biologischen Verfahrens,

vi) zur Herstellung von Explosivstoffen

dienen.

Diese Vorhaben sind immissionsschutzrechtlicher Natur, weshalb das immissionsschutzrechtliche Trägerverfahren nach § 10 BImSchG durchzuführen ist.[539] Zu klären ist, ob durch die Festlegung von Flugrouten der Rahmen für ein solches Vorhaben gesetzt wird. Dies wäre dann der Fall, wenn die Realisierung des Projekts in einem Gebiet, über das eine Flugroute führt, nicht oder nur eingeschränkt möglich ist.

---

[538] Dieser Anhang wurde in Anl. 1 Nr. 4.1 des UVPG fast wortgetreu umgesetzt.
[539] Peters/Balla UVPG § 3 Rn. 6.

(b) Genehmigung des Projekts

Fraglich ist somit, ob ein solches Projekt des Anhangs I Nr. 6 UVP-RL, das nach § 4 Abs. 1 Satz 1 BImSchG i.V.m. § 1 Abs. 1 Satz 1 4. BImSchV einer Genehmigung nach § 6 BImSchG bedarf, unterhalb einer bestehenden Flugroute genehmigungsfähig ist und ob der Verlauf der Flugrouten Einfluss auf die Genehmigung eines solchen Vorhabens hat. Zur Verdeutlichung wird im Folgenden vorausgesetzt, dass es sich um einen Betrieb handelt, auf den außerdem die 12. BImSchV (Störfallverordnung) Anwendung findet. Nach § 6 Abs. 1 BImSchG ist die Genehmigung zu erteilen, wenn sichergestellt ist, dass die sich aus § 5 und einer auf Grund des § 7 erlassenen Rechtverordnung ergebenden Pflichten erfüllt werden und andere öffentlich-rechtliche Vorschriften und Belange des Arbeitsschutzes der Einrichtung und dem Betrieb der Anlage nicht entgegenstehen. Für die Frage, ob Flugrouten eine rahmensetzende Wirkung i.S.d. SUP-RL besitzen, sind die Betreiberpflichten nach § 5 Abs. 1 Satz 1 Nr. 1 und 2 BImSchG von besonderem Interesse.

(aa) Voraussetzungen des § 5 Abs. 1 Satz 1 Nr. 1 BImSchG

Nach § 5 Abs. 1 Satz 1 Nr. 1 BImSchG ist die Anlage so zu errichten und zu betreiben, dass zur Gewährleistung eines hohen Schutzniveaus für die Umwelt insgesamt schädliche Umwelteinwirkungen und sonstige Gefahren, erhebliche Nachteile und erhebliche Belästigungen für die Allgemeinheit und die Nachbarschaft nicht hervorgerufen werden können. Die Erfüllung der Pflichten des § 5 BImSchG muss mit hinreichender, dem Verhältnismäßigkeitsgrundsatz entsprechender Wahrscheinlichkeit gewährleistet sein.[540] § 5 Abs. 1 Satz 1 Nr. 1 BImSchG enthält eine Abwehrpflicht, die in der Tradition der ordnungsrechtlichen Gefahrenabwehr zu sehen ist.[541] Daher ist eine Gefahr in diesem Sinne erforderlich. Dies ist eine Sachlage, die bei ungehindertem Geschehensablauf mit hinreichender Wahrscheinlichkeit zum Eintritt eines Schadens führt. Je größer und folgenschwerer der mögliche eintretende Schaden ist, umso geringere Anforderungen sind dabei an den Grad der Wahrscheinlichkeit zu stellen.[542]

---

[540] BVerwGE 55, 250, 254; OVG NRW BauR 2002, 1507, 1509; Sellner/Ohms/Reidt 1. Teil Rn. 67.

[541] Roßnagel in GK § 5 Rn. 150; Martens DVBl. 1981, 597, 598; Jarass BImSchG § 5 Rn. 6.

[542] Roßnagel in GK § 5 Rn. 151.

(a) Schädliche Umwelteinwirkungen

Schädliche Umwelteinwirkungen i.S.d. § 5 Abs. 1 Satz 1 Nr. 1, 1. Alt. BImSchG sind nach der Legaldefinition des § 3 Abs. 1 BImSchG Immissionen, die nach Art, Ausmaß oder Dauer geeignet sind, Gefahren, erhebliche Nachteile oder erhebliche Belästigungen für die Allgemeinheit oder die Nachbarschaft herbeizuführen. Hierzu müssen von der Anlage Emissionen ausgehen, egal ob diese durch den Normalbetrieb oder einen Störfall ausgelöst werden.[543] Können äußere Einwirkungen auf die Anlage dazu führen, dass von der Anlage Emissionen ausgehen, die zu Immissionen führen, so sind darin schädliche Umwelteinwirkungen der Anlage zu sehen, sofern die Gefahr äußerer Einwirkungen im Hinblick auf das Gewicht der drohenden Schäden hinreichend wahrscheinlich ist.[544] Dies verdeutlicht auch § 3 Abs. 2 12. BImSchV, wonach neben den betriebsbedingten Gefahren auch extern ausgelöste Gefahren der Anlage erfasst werden.[545]

(b) Sonstige Gefahren

Sonstige Gefahren, erhebliche Nachteile oder erhebliche Belästigungen i.S. der Alt. 2 des § 5 Abs. 1 Satz 1 Nr. 1 BImSchG erfassen alle sonstigen Umweltauswirkungen mit Ausnahme von Emissionen. Hierzu gehören sowohl die durch den Normalbetrieb als auch durch Störfälle hervorgerufenen Einwirkungen, wobei letztere häufig im Vordergrund stehen.[546] Im vorliegenden Fall besteht die Möglichkeit, dass ein Flugzeug auf dem Gelände der Störfallanlage abstürzt und dass dadurch ein Störfall ausgelöst wird. Sofern dadurch Immissionen i.S.d. § 3 Abs. 2 BImSchG entstehen, ist hier bereits Alt. 1 einschlägig sonst jedenfalls § 5 Abs. 1 Satz 1 Nr. 1 Alt. 2 BImSchG.

(c) Flugrouten als umgebungsbedingte Gefahrenquelle

Die Pflichten des § 5 Abs. 1 Satz 1 Nr. 1 BImSchG werden durch die 12. BImSchV konkretisiert.[547] Nach § 3 Abs. 1 12. BImSchV hat der Betreiber die

---

[543] Jarass BImSchG § 5 Rn. 12; Roßnagel GK § 5 Rn. 225; a.A. Feldhaus WiVerw 1981, 191, 191, der Störfälle generell den sonstigen Gefahren i.S.d. § 5 Abs. 1 Satz 1 Nr. 1 Alt. 2. BImSchG zuordnet. Hierbei übersieht er jedoch, dass durch einen Störfall auch Immissionen und nicht nur sonstige Umwelteinwirkungen ausgelöst werden können.

[544] Jarass BImSchG § 5 Rn. 13; NdsOVG GewArch 1977, 127, 131.

[545] Jarass BImSchG § 5 Rn. 13.

[546] Jarass BImSchG § 5 Rn. 24; Sellner / Ohms / Reidt 1. Teil Rn. 72.

[547] Auf den hier angenommenen Fall ist die 12. BImSchV gem. § 1 12. BImSchV anwendbar.

nach Art und Ausmaß der möglichen Gefahren erforderlichen Vorkehrungen zu treffen, um Störfälle zu verhindern. Hierzu hat er gem. § 3 Abs. 2 Nr. 2 12. BImSchV umgebungsbedingte Gefahrenquellen, wie Erdbeben und Hochwasser zu berücksichtigen, es sei denn, dass diese Gefahrenquellen als Störfallursachen vernünftigerweise ausgeschlossen werden können. Standortspezifische Gefahrenquellen sind bei der Prüfung, ob die durch § 3 Abs. 1 12. BImSchV konkretisierende Gefahrenverhinderungspflicht des Anlagenbetreibers gem. § 5 Abs. 1 Satz 1 Nr. 1 BImSchG erfüllt ist, dann zu berücksichtigen, wenn ihre Realisierung standortbedingt aufgrund besonderer Verhältnisse „vernünftigerweise nicht ausgeschlossen werden kann".[548] Umgebungsbedingt sind nur solche Gefahrenquellen, mit denen an dem vorgesehenen Standort eher als an anderen Standorten zu rechnen ist.[549] Die Rechtsfolge Genehmigungsversagung greift jedoch nur ein, wenn die standortbedingte Risikoerhöhung eine Gefahr im Rechtssinne begründet, was anhand einer Risikoermittlung und –bewertung im Einzelfall zu prüfen ist.[550] Benachbarte Verkehrsanlagen sind Gefahrenquellen, wenn das erhöhte Risiko auf die besonderen Verkehrsbedingungen in der Umgebung der Anlage zurückzuführen ist.[551] Nach der Vollzugshilfe zur Störfallverordnung[552] kann der Verkehr durch Flugzeuge als umgebungsbedingte Gefahrenquelle nur dann außer Betracht bleiben, wenn ein Betriebsbereich

- außerhalb der in der Luftverkehrskarte für den jeweiligen Flughafen oder Landeplatz festgelegten Platzrunde,

---

[548] Weidemann StoffR 2006, 114, 122.

[549] Repkewitz VerwArch 2006, 503, 509; Hansmann in Landmann/Rohmer Bd. II § 3 12. BImSchV Rn. 16 m.w.N.

[550] Weidemann StoffR 2006, 114, 123; Hansmann in Landmann/Rohmer Bd. II § 3 12. BImSchV Rn. 7.

[551] Roßnagel in GK § 5 Rn. 266; NdsOVG DVBl. 1984, 891, 893.

[552] Vollzugshilfe zur Störfallverordnung vom März 2004 des BMU. Mit In-Kraft-Treten der neuen Störfall-Verordnung vom 26.4.2000, BGBl. I S. 603 sind die bis dahin geltenden drei Verwaltungsvorschriften zur Störfall-Verordnung außer Kraft getreten. Die von der Bundesregierung am 10. Dezember 2003 beschlossene Allgemeine Verwaltungsvorschrift zur Störfall-Verordnung (StörfallVwV) hat im Bundesrat (BR-Drs. 936/03) am 13.2.2004 keine Mehrheit gefunden. Daraufhin wurde der Entwurf vom BMU redaktionell überarbeitet und als „Vollzugshilfe zur Störfall-Verordnung" veröffentlicht.

- bei Flughäfen außerhalb der Sicherheitsflächen und des Anflugsektors (§ 12 Abs. 1 Nr. 2 und 5 LuftVG) oder innerhalb des Anflugsektors, aber mehr als 4 km vom Beginn der Landebahn entfernt, oder
- bei Landeplätzen außerhalb eines Sektors von jeweils 75 m beiderseits der Bahnachse am Beginn der Landebahn und der Breite von jeweils 225 m beiderseits der Bahnachse in einem Abstand von 1,5 km vom Beginn der Landebahn

liegt, es sei denn, dass besondere gefahrerhöhende Umstände (z.B. aufgrund von Luftfahrthindernissen in der Nähe des Flugplatzes) vorliegen.[553]

Diese Verwaltungsvorschrift macht deutlich, dass der Luftverkehr grundsätzlich eine umgebungsbedingte Gefahrenquelle darstellen kann, wobei sie sich darauf beschränkt, für bestimmte Bereiche den Luftverkehr automatisch als umgebungsbedingte Gefahrenquelle anzuerkennen und die Einordnung als Gefahrenquelle für die übrigen Fälle von besonderen gefahrerhöhenden Umständen abhängig macht. Dadurch, dass vor allem auf die Umgebung von Start- und Landebahnen abgestellt wird, lässt sich schließen, dass besondere gefahrerhöhende Umstände vor allem in der Start- und Landephase von Flugzeugen gesehen wurden. Der Beginn bzw. das Ende einer An- und Abflugroute führen auch automatisch durch die in der Verwaltungsvorschrift beschriebenen Bereiche. Die Festlegung der An- und Abflugverfahren kann aber dazu führen, dass auch weitere Teile einer Flugroute, die außerhalb der beschriebenen Flächen liegen, ein höheres Risiko eines absturzbedingten Störfalls für einen Betriebsbereich hervorrufen können, als dies im Überflug außerhalb der Start- und Landephasen eines Fluges der Fall ist. Daher sollten auch die Bereiche in der Nähe des Flughafens, aber außerhalb des Anflugsektors nicht unbeachtet bleiben. Hierfür spricht, dass bisher die Berücksichtigung von Flugzeugabstürzen aufgrund der fehlenden hinreichenden Wahrscheinlichkeit abgelehnt wurde, sofern die Anlage nicht im Einflugsektor eines Flughafens bzw. nicht in dessen Nahbereich liegt,[554] da es we-

---

[553] Nr 9.2.6.1.2 lit. b) Vollzugshilfe zur Störfallverordnung vom März 2004 des BMU; vgl. hierzu auch Roßnagel in GK § 5 Rn. 267 der sich auf Nr.3.2.4.2 lit. b) der 2. StörfallVwV (GMBl 1982, 205 ff.) bezieht.

[554] Rehbinder BB 1976, 1, 3; NdsOVG GewArch 1977, 126, 132, Jarass BImSchG § 5 Rn. 13; sich auf den Nahbereich des Flughafens beziehend Feldhaus WiVerw 1981, 191, 201; Hans-

der die Aufgabe des BImSchG noch der 12. BImSchV sein soll, vor derartigen Gefahrenquellen zu schützen, die nicht im Nahbereich liegen.[555] Die Formulierung „im Einflugsektor bzw. in dessen Nahbereich" macht deutlich, dass, auch über den Bereich des Anflugsektors hinaus, die Gebiete in der Umgebung des Flughafens von der umgebungsbedingten Gefahrenquelle Luftverkehr betroffen sind. Ob der Flugverkehr in der konkreten Situation aufgrund der aus Überflughöhe, Verkehrssituation oder Lage einer Störfallanlage resultierenden Unfallrisiken als Gefahrenquelle angesehen werden muss, kann nur im Einzelfall entschieden werden, ausgeschlossen ist dies nicht.[556] Besondere Umstände können die bloße Möglichkeit eines Flugzeugabsturzes zu einer zwar entfernten, aber im Hinblick auf die Folgen eines solchen Ereignisses nicht mehr zu vernachlässigenden Wahrscheinlichkeit verdichten. Solche Umstände muss sich der Betreiber im Rahmen seiner Abwehrpflicht dann zurechnen lassen, wenn er einen Standort wählt, der aufgrund der vorhandenen Besonderheiten für die Ansiedlung dieser Anlage nicht oder nur bedingt geeignet ist.[557] Diese besonderen Umstände können nicht nur dann angenommen werden, wenn die Anlage innerhalb eines Anflugsektors eines Flughafens liegt, sondern etwa auch dann, wenn sie innerhalb der für den jeweiligen Flughafen oder Flugplatz in der Luftverkehrskarte festgelegten Platzrunde oder in einem Tiefflugebiet für schnell fliegende Militärflugzeuge liegt.[558] Nimmt man diese besonderen Umstände für eine Anlage unterhalb einer Platzrunde an, so muss dies auch für An- und Abflugrouten gelten. Platzrunden sind gem. § 21a Abs. 1 i.V.m. Abs. 2 LuftVO besondere Regelungen zur Durchführung des Flugplatzverkehrs. Bei Platzrunden handelt es sich um ein primär sicherheitsrechtliches Instrument, mit dem auf einer Ideallinie ein standardisiertes An- und Abflugverfahren am betreffenden Flugplatz festgelegt wird. Gleichzeitig wird mit der Regelung das Verhalten der betroffenen Luftfahrzeugführer zur sicheren Führung des Flugzeugs gesteuert. Diese

---

mann DVBl. 1981, 898, 899; Kotulla in ders. § 5 Rn. 35 spricht dagegen vom Einflugbereich und nicht vom Anflugsektor.

[555] NdsOVG GewArch 1977, 126, 133; Feldhaus WiVerw 1981, 191, 200 f.; Roßnagel in GK § 5 Rn. 268.

[556] Repkewitz VerwArch 2006, 503, 510.

[557] Roßnagel in GK § 5 Rn. 270; Rehbinder BB 1976, 1, 3; Breuer WiVerw 1981, 219, 237; Hansmann DVBl. 1981, 898, 899.

[558] NdsOVG DVBl. 1984, 891, 892; Roßnagel in GK § 5 Rn. 270.

werden als Allgemeinverfügungen i.S.d. § 35 S. 2 VwVfG bei Flugplätzen mit Flugverkehrskontrollstellen von der DFS, bei Flugplätzen ohne Flugverkehrskontrollstelle auf Grundlage einer gutachterlichen Stellungnahme der DFS durch die Landesluftfahrtbehörden gem. § 21a Abs. 1 S. 1, 2 LuftVO erlassen.[559] Die Festlegung orientiert sich an den „Grundsätzen des Bundes und der Länder für die Regelungen des Luftverkehrs an Flugplätzen ohne Flugverkehrskontrollstelle".[560] Danach haben Platzrunden mehrere Kriterien und Aufgaben zu erfüllen, diese sind die Gewährleistung der Sicherheit im Flugplatzverkehr, die Steuerung und Gewährleistung der Leichtigkeit des Verkehrsflusses und Optimierung der Aufnahmekapazität eines Flugplatzes, die Erleichterung der Navigation im Flugplatzverkehr sowie die Erleichterung der Führung und Bedienung des Luftfahrzeuges nach dem Start sowie bei der Vorbereitung und Durchführung der Landung. Zudem sollen bei der Festlegung von Platzrunden u.a. die Flugsicherheit, die Wirtschaftlichkeit und die Lärmbelästigung beachtet werden. Aufgrund der Vergleichbarkeit von Platzrunden und Flugverfahren sollen die Grundsätze, die das Bundesverwaltungsgericht für die Festlegung von Flugverfahren nach § 27a LuftVO zur Berücksichtigung des Interesses der Bevölkerung am Schutz vor dem mit dem Luftverkehr verbundenen Fluglärm, für die Regelungen des Flugplatzverkehrs entsprechend heranzuziehen sein, auch wenn letzteres durch Allgemeinverfügung erfolgt.[561] Das Absturzrisiko bei Flügen nach Instrumentenflugregeln mag zwar geringer sein als das bei Flügen nach Sichtflugregeln. Bezieht man jedoch das Schadenspotential mit ein, welches insbesondere bei Abstürzen von Verkehrsflugzeugen, die nach IFR fliegen, ungleich größer ist als das von Sportflugzeugen, die nach VFR fliegen, so ist das Risiko eines Störfalls, der durch den Absturz eines Flugzeugs ausgelöst wird, das nach Sichtflugregeln fliegt, nicht höher, als das eines Flugzeugs, welches nach Instrumentenflugregeln fliegt. Daher sind Flugroutenverläufe in Bezug auf das Störfallrisiko ebenso zu behandeln wie der Verlauf von Platzrunden. Soll eine genehmigungsbedürftige Anlage unterhalb einer An- und Abflugroute in der Nähe eines Flughafens

---

[559] Giemulla in Giemulla/Schmid § 21a LuftVO Rn. 2; Hofmann/Grabherr § 29 Rn. 10; BayVGH UPR 2007, 76, 76.

[560] Grundsätze des Bundes und der Länder für die Regelungen des Luftverkehrs an Flugplätzen ohne Flugkontrollstelle Vom 3.4.2000, veröffentlicht in NfL Teil II 37/00 v. 20.4.2000, Änderung v. 1.8.2001, veröffentlicht in NfL Teil II 71/01 v. 6.9.2001.

[561] BayVGH UPR 2007, 76, 76.

errichtet werden, handelt es sich bei dem Absturzrisiko um eine umgebungsbedingte Gefahrenquelle i.S.d. 12. BImSchV. Diese ist zu berücksichtigen, da sie vernünftigerweise nicht ausgeschlossen werden kann. Ob eine hinreichende Gefahr i.S.d. § 5 Abs.1 Satz 1 Nr. 1 BImSchG vorliegt, hängt vom jeweiligen Einzelfall ab und kann nicht pauschal beantwortet werden. Es ist aber davon auszugehen, dass nur in seltenen, atypischen Situationen eine solche Gefahr angenommen werden kann.[562]

Somit zeigt sich, dass unter besonderen ortsbezogenen Umständen eine Gefahr i.S.d. § 5 Abs. 1 Satz 1 Nr. 1 BImSchG für schädliche Umwelteinwirkungen besteht, wenn ein Chemiewerk unterhalb einer Flugroute errichtet werden soll.[563] In diesem Fall kann die Genehmigung nach § 6 BImSchG nicht erteilt werden, sofern nicht durch Nebenbestimmungen gem. 12 Abs. 1 S. 1 BImSchG oder durch eine Inhaltsbestimmung die Erfüllung der Betreiberpflicht des § 5 Abs. 1 S. 1 Nr. 1 BImSchG erreicht werden kann.[564] Hierbei kommen technische und bauliche Maßnahmen – etwa kollisionsfeste Einhausungen – oder die Beschränkung der Gefahrstoffmengen in Betracht,[565] wodurch das Risiko eines durch einen Flugzeugabsturz ausgelösten Störfalls auf ein Niveau unterhalb der Gefahrenschwelle reduziert wird.

(bb) Voraussetzungen des § 5 Abs. 1 Satz 1 Nr. 2 BImSchG

Das Vorhaben müsste zudem mit den Voraussetzungen des § 5 Abs. 1 Satz 1 Nr. 2 BImSchG vereinbar sein. Dieser verlangt, dass die Anlage so zu errichten und zu betreiben ist, dass zur Gewährleistung eines hohen Schutzniveaus für die Umwelt insgesamt Vorsorge gegen schädliche Umwelteinwirkungen und sonstige Gefahren, erhebliche Nachteile und erhebliche Belästigungen getroffen wird, insbesondere durch dem Stand der Technik entsprechende Maßnahmen. Die Vorschrift des § 5 Abs. 1 Satz 1 Nr. 2 BImSchG beugt generell dem Entstehen schädlicher Umwelteinwirkungen vor und dient im Gegensatz zu Nr. 1 nicht

---

[562] Vgl. hierzu Gliederungsabschnitte D.III.2 und D.III.3.

[563] Für den Fall Ticona lehnt Weidemann StoffR 2006, 114, 125 ff. dies ab.

[564] Zur Abgrenzung von Inhaltsbestimmung und Nebenbestimmung vgl. Jarass BImSchG § 12 Rn. 2 ff.; Sellner in Landmann/Rohmer Bd. I § 5 BImSchG Rn. 92 ff.

[565] Vgl. zu den vorgeschlagenen Maßnahmen Kloepfer-Gutachten S. 33.

dem Schutz vor konkret bzw. belegbar schädlichen Umwelteinwirkungen.[566] Das Vorsorgeprinzip umfasst sowohl die Auswirkungen bei Normalbetrieb als auch bei Störfällen.[567] Vorsorge bedeutet keine absolute Pflicht zur Risikominimierung, vielmehr muss sie nach Umfang und Ausmaß dem Risikopotential der Immissionen, die sie verhindern soll, proportional sein.[568] Ebenso wie bei Nr. 1 sind auch im Rahmen der Vorsorge nach Nr. 2 umgebungsbedingte Gefahrenquellen zu berücksichtigen.[569] Die Vorsorge soll vor allem durch die dem Stand der Technik entsprechenden Maßnahmen betrieben werden. Hierbei geht es um die Emissionsbegrenzung entsprechend dem Stand der Technik unabhängig von der Immissionssituation im Einwirkungsbereich. Dies betrifft die Art und Weise des Anlagenbetriebs im weitesten Sinne; Betriebsbeschränkungen oder eine Betriebsaufgabe können hier wegen des Bezugs zum Stand der Technik nicht verlangt werden.[570]

Weiterhin umfasst die Vorsorge auch die Begrenzung von Immissionen. Diese Art der Vorsorge führt zu räumlichen Differenzierungen, orientiert an der Immissionsbelastung und der durch die unterschiedliche Bodennutzung bedingte Immissionsempfindlichkeit. Diese Vorsorgepflicht kann die Errichtung einer Anlage an einer bestimmten Stelle auch vollständig verhindern.[571] § 5 Abs. 1 S. 1 Nr. 2 BImSchG normiert keine Nichtstörungs- bzw. Unterlassungspflicht, sondern eine positive Handlungspflicht, enthält keine Verbots-, sondern eine Gebotsnorm: es wird nicht die Beachtung einer starren Gefahrengrenze, sondern die Vornahme der im jeweiligen Einzelfall technisch realisierbaren und zumutbaren Maßnahmen der Gefahrenvorsorge gefordert.[572] In Bezug auf die möglichen Risiken eines Störfalles, der durch einen Flugzeugabsturz ausgelöst wird, bedeutet dies, dass aufgrund der Vorsorgepflicht alle technisch möglichen und zumutbaren Maßnahmen ergriffen werden müssen um das Risiko eines Störfal-

---

[566] Jarass BImSchG § 5 Rn. 46.

[567] Jarass BImSchG § 5 Rn. 50, Roßnagel GK § 5 Rn. 422; BT-Drs. 14/4599, S. 126.

[568] BVerwGE 69, 37, 44.

[569] Weidemann StoffR 2006, 114, 120.

[570] BVerwGE 69, 37, 43; Jarass § 5 Rn. 51.

[571] Jarass BImSchG § 5 Rn. 54 ff.; Kotulla in ders. § 5 Rn. 75; Dietlein in Landmann/Rohmer Bd. I § 5 BImSchG Rn. 154.

[572] Weidemann StoffR 2006, 114, 124; Papier DVBl. 1979, 162, 163.

les zu minimieren und die Folgen eines solchen zu begrenzen. Liegt das Risiko eines durch einen Flugzeugabsturz ausgelösten Störfalls unterhalb der Gefahrenschwelle i.S.d. § 5 Abs. 1 S. 1 Nr. 1 BImSchG, so kann eine Betriebsuntersagung in diesem Fall nicht auf § 5 Abs. 1 S. 1 Nr. 2 BImSchG gestützt werden. Aber die Genehmigung kann zur Erfüllung der Betreiberpflicht des § 5 Abs. 1 S. 1 Nr. 2 BImSchG ebenfalls mit Nebenbestimmungen gem. § 12 Abs. 1 S. 1 BImSchG und Inhaltsbestimmungen verbunden werden.[573]

(c) Rahmensetzende Wirkung

Bei Genehmigung von Störfallanlagen sind Flugrouten als umgebungsbedingte Gefahrenquelle zu berücksichtigen. In den meisten Fällen wird die Genehmigung nur mit Einschränkungen, also mit Inhalts- oder Nebenbestimmungen möglich sein, in besonderen und seltenen Konstellationen ist die Genehmigung einer solchen Anlage sogar nicht möglich. Somit haben Flugrouten Einfluss auf die Genehmigung von Störfallanlagen, die auch von Anh. I UVP-RL erfasst werden. Da es für das Erfordernis der Rahmensetzung ausreichend ist, dass der Plan oder das Programm bei der Projektentscheidung zu berücksichtigen ist, besitzen Flugrouten diese rahmensetzende Wirkung i.S.d. Art. 3 Abs. 2 lit. a SUP-RL.

4. Fazit

Pläne und Programme i.S.d. Art. 2 lit. a SUP-RL liegen vor, wenn die übrigen Merkmale des Art. 2 lit. a SUP-RL erfüllt sind. Dem Begriff Pläne und Programme kommt dabei keine weitergehende Bedeutung zu. Flugrouten werden durch Behörden aufgrund einer rechtlichen Aufstellungspflicht erlassen, sodass es sich um Pläne und Programme in diesem Sinne handelt. Flugrouten sind Regelungen im Bereich des Luftverkehrs und somit werden sie im Bereich Verkehr i.S.d. Art. 3 lit. a SUP-RL ausgearbeitet. Schließlich haben Flugrouten auch Einfluss auf die Genehmigung von Anlagen nach Anh. I Nr. 6 UVP-RL, die einer Genehmigung nach § 10 BImSchG bedürfen. Dies führt in der Regel dazu, dass die Genehmigung nach § 6 BImSchG mit Inhalts- und Nebenbestimmungen verbunden wird und im Einzelfall auch versagt werden muss. Da es für das

---

[573] Vgl. zu den möglichen Inhalts- und Nebenbestimmungen Gliederungsabschnitt E.III.3.c)(2)(b)(aa)(c).

Merkmal der Rahmensetzung ausreicht, dass es sich um rein negative Planungen handelt und keine Projektspezifizierung erforderlich ist, besitzen Flugrouten die rahmensetzende Wirkung i.S.d. Art. 3 Abs. 2 lit. a SUP-RL. Somit ist die SUP-Richtlinie auf die Festlegung von Flugrouten anwendbar.

IV. Die nationale Umsetzung der SUP-Richtlinie

1. Anwendbarkeit des UVPG

Zu klären ist, ob die SUP-Pflichtigkeit von An- und Abflugrouten auch in das nationale Recht umgesetzt wurde. Die Umweltprüfungspflicht ergibt sich aus § 3 Abs. 1a i.V.m. §§ 14b - 14d UVPG. Hiernach ist zwischen obligatorischer, konditionaler und der Umweltprüfung nach § 14b Abs. 2 UVPG zu unterscheiden, wobei der Unterschied darin besteht, ob es bei einem Plan oder Programm bezüglich der Umweltprüfungspflicht einer besonderen vorherigen Untersuchung bedarf, sei es hinsichtlich der voraussichtlichen Umweltauswirkungen gem. § 14b Abs. 2 UVPG (Vorprüfung im Einzelfall bzw. Screening) oder sei es hinsichtlich einer bestimmten Rechtswirkung, der so genannten Rahmensetzung gem. § 14d Abs. 1 Nr. 2 UVPG.[574] Die Vorgaben des Art. 3 Abs. 2 lit. a SUP-RL sollen durch § 14b Abs. 1 Nr.1 und § 14b Abs. 1 Nr.2 umgesetzt werden.[575]

a) Obligatorische Umweltprüfung

Die obligatorische Umweltprüfung ist in § 14b Abs. 1 Nr. 1 und § 14c UVPG geregelt. § 14c UVPG schreibt eine SUP für Pläne und Programme vor, die nach § 35 Abs. 1 Nr. 2 BNatschG einer Verträglichkeitsprüfung unterliegen. § 35 Abs. 1 Nr. 2 BNatschG findet auf An- und Abflugrouten keine Anwendung, daher ergibt sich die SUP nicht aus § 14c UVPG. Nach § 14b Abs. 1 Nr. 1 UVPG ist eine Umweltprüfung bei den Plänen und Programmen durchzuführen, die in Anlage 3 Nr. 1 UVPG aufgeführt sind. Flugrouten werden in dieser Liste jedoch nicht erwähnt, sodass sich die Pflicht zur Umweltprüfung nicht aus § 14b Abs. 1 Nr.1 UVPG ergibt.

---

[574] Hendler NVwZ 2005, 977, 979.

[575] Hendler NVwZ 2005, 977, 979; BT-Drs. 15/3441, S. 26.

b) Konditionale Umweltprüfung

Nach § 14 Abs. 1 Nr. 2 UVPG sind zudem die in Anlage 3 Nr. 2 UVPG aufgeführten Pläne und Programme umweltprüfungspflichtig, sofern sie für Entscheidungen über die Zulässigkeit bestimmter Vorhaben einen Rahmen setzen. Aber auch in Anlage 3 Nr. 2 UVPG sind An- und Abflugrouten nicht erwähnt, sodass sich auch daraus keine SUP-Pflichtigkeit ergibt.

c) Umweltprüfung nach § 14b Abs. 2 UVPG

Die Pflicht zur Umweltprüfung könnte sich aus § 14b Abs. 2 UVPG ergeben, womit Art. 3 Abs. 4 SUP-RL umgesetzt werden soll.[576] Die amtliche Begründung geht davon aus, dass § 14b Abs. 2 UVPG gegenwärtig für keine bundesrechtlich vorgesehenen Pläne und Programme gilt.[577] Damit werden die Pläne und Programme außerhalb der Liste der Anlage 3 UVPG erfasst, die für behördliche Entscheidungen über die Zulässigkeit von Vorhaben einen Rahmen setzen und voraussichtlich – was durch eine Vorprüfung im Einzelfall nach § 14 b Abs. 4 i.V.m. Anlage 4 UVPG festzustellen ist – erhebliche Umweltauswirkungen entfalten. Ob die von der Rahmensetzung betroffenen Vorhaben in der Anlage 1 UVPG aufgeführt sind oder nicht, erweist sich als unbedeutend.[578] Anlage 4 listet drei Gruppen von Kriterien auf, nämlich Merkmale des Plans oder Programms (Anl. 4 Nr. 1), Merkmale der möglichen Auswirkungen (Anl. 4 Nr. 2.1-2.4) sowie Merkmale der voraussichtlich betroffenen Gebiete (Anl. 4 Nr. 2.5-2.6).[579] Fraglich ist, ob die in Anlage 3 Nr. 1 und Nr. 2 „vergessenen" Planungen unter § 14 Abs. 2 S. 1 UVPG subsumiert werden können. Zweifel an einer solchen Subsumtion resultieren daraus, dass die betreffenden Planungen nach den Vorgaben der SUP-RL ohne Vorprüfung des Einzelfalls einer SUP zu unterziehen wären.[580] Diese Vorprüfung könnte zur Folge haben, dass bei bestimmten Vorhaben, die nach Art. 3 Abs. 2 lit. a einer SUP unterliegen, aufgrund der in § 14 Abs. 2 S. 1 UVPG vorgeschalteten Einzelfallprüfung keine SUP durchzuführen ist, sodass

---

[576] Hendler NVwZ 2005, 977, 980; BT-Drs. 15/3441, S. 29.
[577] BT-Drs. 15/3441, S. 29.
[578] Hendler NVwZ 2005, 977, 980.
[579] Peters/Balla UVPG § 14b Rn. 26.
[580] Hendler NVwZ 2005, 977, 980.

unter Umständen bestimmte Pläne und Programme, die der SUP-RL unterfallen, von der nationalen Umsetzung nicht erfasst würden.

Andererseits sieht auch § 14b Abs. 1 Nr. 2 UVPG eine Feststellung der SUP-Pflichtigkeit eines Plans oder Programms vor, die sich jedoch wesentlich von der Vorprüfung i.S.d. § 14b Abs. 2 UVPG unterscheidet. Bei § 14b Abs. 1 Nr. 2 UVPG hat die zuständige Behörde bei den in Anl. 3 Nr. 2 aufgeführten Plänen und Programmen allein zu prüfen, ob sie einen Rahmen für die Zulässigkeit von Vorhaben setzen, die in Anl. 1 aufgeführt sind oder für die nach landesrechtlichen Bestimmungen eine unmittelbare UVP-Pflicht oder eine Pflicht zur Durchführung einer Vorprüfung des Einzelfalls besteht.[581] Nach § 14b Abs. 3 UVPG setzen Pläne und Programme einen Rahmen für die Entscheidung über die Zulässigkeit von Vorhaben, wenn sie Festlegungen mit Bedeutung für spätere Zulassungsentscheidungen, insbesondere zum Bedarf, zur Größe, zum Standort, zur Beschaffenheit, zu Betriebsbedingungen von Vorhaben oder zur Inanspruchnahme von Ressourcen enthalten. Liegt einer dieser beispielhaft aufgezählten Planinhalte vor, so indiziert dies eine Rahmensetzung.[582] Dagegen ist bei der Vorprüfung nach § 14b Abs. 2 UVPG zu klären, ob die Pläne oder Programme voraussichtlich erhebliche Umweltauswirkungen haben. Insoweit sind die Feststellungen nach § 14b Abs. 1 Nr. 2 und nach § 14b Abs. 2 UVPG grundlegend verschieden. Im ersten Fall werden die rahmensetzende Wirkung, im zweiten die voraussichtlichen erheblichen Umweltauswirkungen überprüft. Sinn und Zweck der Feststellung i.S.d. § 14b Abs. 1 Nr. 2 BImSchG ist es, diejenigen Pläne und Programme zu erfassen, die rahmensetzende Elemente enthalten können, aber nicht immer enthalten müssen.[583] Dagegen soll bei § 14b Abs. 2 UVPG überprüft werden, ob möglicherweise erhebliche Umweltauswirkungen von dem

---

[581] BT-Drs. 15/3441, S. 27.

[582] BT-Drs. 14/3441, S. 29; Scheidler ZUR 2006, 239, 241.

[583] Die Anlage 3 Nr. 2 des UVPG nennt folgende Pläne und Programme: Lärmaktionspläne nach § 47d des Bundes-Immissionsschutzgesetzes; Luftreinhaltepläne nach § 47 Abs. 1 des Bundes-Immissionsschutzgesetzes; Abfallwirtschaftskonzepte nach § 19 Abs. 5 des Kreislaufwirtschafts- und Abfallgesetzes; Fortschreibung der Abfallwirtschaftskonzepte nach § 16 Abs. 3 Satz 4 2. Alternative des Kreislaufwirtschafts- und Abfallgesetzes; Abfallwirtschaftspläne nach § 29 des Kreislaufwirtschafts- und Abfallgesetzes, einschließlich von besonderen Kapiteln oder gesonderten Teilplänen über die Entsorgung von gefährlichen Abfällen, Altbatterien und Akkumulatoren oder Verpackungen und Verpackungsabfällen.

Plan oder Programm ausgehen, dies wird dagegen bei § 14 Abs. 1 Nr. 1 und Nr. 2 UVPG indiziert.

2. Lösung des Umsetzungsdefizits

Unter § 14b Abs. 2 S. 1 UVPG können die in Anlage 3 „vergessenen" Planungen nicht so subsumiert werden, dass die Anforderungen der SUP-Richtlinie erfüllt sind. Insoweit wurde Art. 3 Abs. 2 lit. a SUP-RL nicht ordnungsgemäß umgesetzt. Diesem Umsetzungsdefizit könnte durch die richtlinienkonforme Auslegung des nationalen Rechts begegnet werden. Die Pflicht zur richtlinienkonformen Auslegung greift unter voller Ausschöpfung des Beurteilungsspielraumes, den das nationale Recht einräumt.[584]

a) Richtlinienkonforme Auslegung des § 14b Abs. 1 Nr. 1 und 2 UVPG

Eine richtlinienkonforme Auslegung des § 14b Abs. 1 Nr. 1 bzw. Nr. 2 UVPG, dahingehend, dass Flugrouten hiervon erfasst werden, scheitert daran, dass hiervon nur die in Anlage 3 aufgeführten Pläne und Programme aufgeführt sind. Insoweit ist diese Liste abschließend und somit scheitert daran eine entsprechende richtlinienkonforme Auslegung.[585]

b) Richtlinienkonforme Auslegung des § 14b Abs. 2 UVPG

Die Vorschrift des § 14b Abs. 2 UVPG erfasst diejenigen Pläne und Programme, außerhalb der Liste der Anlage 3 UVPG, die für behördliche Entscheidungen über die Zulässigkeit von Vorhaben einen Rahmen setzen und voraussichtlich – was durch eine Vorprüfung des Einzelfalls nach § 14b Abs. 4 i.V.m. Anlage 4 UVPG festzustellen ist – erhebliche Umweltauswirkungen entfalten.[586] Durch diese vorgeschaltete Einzelfallprüfung wird der Anwendungsbereich der SUP-Richtlinie unzulässigerweise eingeengt. § 14b Abs. 2 S. 1 UVPG könnte aber so ausgelegt werden, dass in den Fällen, in denen es um „vergessene" Pläne oder Programme geht, so zu entscheiden ist, dass eine SUP durchzuführen ist. Dies

---

[584] EuGH v. 10.4.1984, Rs. 14/83 (von Colson & Kamann), Slg. 1984, 1891 Rn. 28; EuGH v. 10.4.1984, Rs.79/83 (Harz), Slg. 1984, 1921 Rn. 28; Jarass/Beljin JZ 2003, 768; zum Umfang der richtlinienkonformen Auslegung insgesamt vgl. Gliederungsabschnitt D.III.4.b).

[585] Vgl. BT-Drs. 15/3441, S. 41 f., wonach die Liste der Anlage 3 abschließend sein soll.

[586] Hendler NVwZ 2005, 977, 980.

bedeutet, dass in diesen Fällen faktisch keine Einzelfallprüfung stattfände und die SUP-Pflicht für jedes Flugverfahren automatisch bejaht werden müsste. Der Gesetzgeber unterscheidet jedoch nicht zwischen An- und Abflugrouten und anderen Flugverfahren wie „Luftstraßen" in großer Höhe,[587] dabei besitzen nur die An- und Abflugrouten aufgrund der relativ geringen Flughöhe rahmensetzende Wirkung. Legte man § 14b Abs. 2 S. 1 in der beschriebenen Weise aus, so würden alle Flugrouten, unabhängig von ihrer rahmensetzenden Wirkung, von der SUP-Pflicht erfasst. Insoweit liegt hier ein ähnlicher Fall wie bei den Plänen und Programmen der Anl. 3 Nr. 2 UVPG vor, die rahmensetzende Elemente enthalten können, aber nicht immer enthalten. Dieser Situation für Pläne und Programme der Anl. 3 Nr. 2 UVPG trägt die Feststellung des § 14b Abs. 1 Nr. 2 UVPG Rechnung.[588] Daher käme auch eine Auslegung des § 14b Abs. 2 UVPG in der Weise in Betracht, dass zwar keine Vorprüfung in diesem Sinne stattfindet, aber dass die SUP-Pflicht nur dann zu bejahen ist, wenn die Flugroute eine rahmensetzende Wirkung aufweist, was hauptsächlich bei An- und Abflugrouten der Fall sein dürfte. Eine solche Auslegung hätte zur Folge, dass ein Regelungsregime wie für Art. 14b Abs. 1 Nr.2 UVPG geschaffen würde, allerdings müsste dies auch nach den Regeln der Auslegung möglich sein. Hier könnten die Grenzen der Auslegung deshalb überschritten sein, da ein Feststellungserfordernis angenommen wird, das der Gesetzgeber für bestimmte andere Pläne und Programme in § 14b Abs. 1 Nr. 2 UVPG angeordnet hat. Allerdings wird durch diese Auslegung nur der Eigenart von Flugverfahren Rechnung getragen, da sie nur in bestimmten Fällen die erforderliche rahmensetzende Wirkung besitzen, sodass hier die Grenzen der Auslegung nicht überschritten werden. Zudem wäre die Alternative, wonach alle Flugverfahren einer Strategischen Umweltprüfung zu unterziehen sind, nicht sinnvoll, da dies zu einem erheblichen Mehraufwand bei der Aufstellung führen würde, ohne dass hierdurch eine Verbesserung erreicht würde. Gegen diese Auslegung könnte aber der Wortlaut des § 14b Abs. 2 UVPG sprechen, der eine Vorprüfung des Einzelfalls verlangt, denn die gemeinschaftsrechtskonforme Auslegung darf zum Wortlaut und dem klar erkennbaren Willen des Gesetzgebers nicht im Widerspruch stehen.[589] Wortlaut und Zweck

---

[587] Vgl. hierzu die Darstellung in Gliederungsabschnitt A.II.
[588] Vgl. hierzu Gliederungsabschnitt E.IV.1.b).
[589] BAG NZA 2003, 742, 747; BGH NJW 2004, 2731, 2732.

einer gesetzlichen Bestimmung müssen erst durch Auslegung konkretisiert werden, wobei der Wortlaut im Hinblick auf den Gesetzeszweck und umgekehrt der Zweck im Hinblick auf den Wortlaut zu bestimmen sind.[590] Der Wortlaut stellt allerdings keine unüberwindliche Schranke dar. Setzt der nationale Gesetzgeber eine Richtlinie nicht ordnungsgemäß durch ein nationales Gesetz um, glaubt aber, europarechtskonform zu handeln, widerspricht eine richtlinienkonforme Rechtsfortbildung über den Wortlaut der Norm hinaus nicht dem Willen des Gesetzgebers, sondern entspricht ihm, weil dieser die Richtlinie gerade richtlinienkonform umsetzen wollte.[591] Der Gesetzgeber ging zwar davon aus, dass 14b Abs. 2 UVPG gegenwärtig für keine bundesrechtlich vorgesehenen Pläne und Programme gilt.[592] Jedoch handelt es sich hier um sog. „vergessene" Pläne und Programme, also solche, die der Gesetzgeber bei der Umsetzung der SUP-RL nicht berücksichtigt hat, sodass er sie auch im Rahmen des § 14b Abs. 2 S. 1 UVPG nicht berücksichtigen konnte. Zudem wird aus der Begründung deutlich, dass der Gesetzgeber die SUP-RL vollständig umsetzen wollte.[593] Somit spricht der Wille des Gesetzgebers für eine solche richtlinienkonforme Auslegung und der Wortlaut steht damit dieser Auslegung nicht entgegen. Daher ist § 14b Abs. 2 S.1 UVPG dahingehend europarechtskonform auszulegen, dass bei Plänen und Programmen, die der SUP-RL unterfallen und nicht von § 14b Abs. 1 UVPG erfasst werden, keine Vorprüfung des Einzelfalls durchzuführen ist, sondern die SUP-Pflicht gem. § 14b Abs. 2 UVPG besteht, sofern der Plan oder das Programm rahmensetzende Teile besitzt. Für die SUP-Pflichtigkeit von Flugverfahren bedeutet dies, dass alle An- und Abflugrouten einer Strategischen Umweltprüfung zu unterziehen sind.

3. Fazit

Die nationalen Vorschriften über die Strategische Umweltprüfung sehen keine Umweltprüfung für Flugrouten vor. Daher wurde die SUP-Richtlinie nicht ord-

---

[590] Canaris in FS-Bydlinsky S. 92 f.

[591] Grundmann ZEuP 1996, 399, 422; Möllers S. 72; Roth in Riesenhuber § 14 Rn. 53; Langenbucher in ders. § 1 Rn. 90; in diesem Sinne auch EuGH v. 5.10.2004, Rs. C-397/01 bis C-403/01 (Pfeiffer u.a.), Slg. 2004, I-8835, Rn. 112.

[592] BT-Drs. 15/3441, S. 29.

[593] Vgl. hierzu BT-Drs. 15/3441, S. 1.

nungsgemäß in das nationale Recht umgesetzt. Dieses Defizit ist durch die richtlinienkonforme Auslegung des § 14b Abs. 2 UVPG zu lösen. Dieser ist so europarechtskonform auszulegen, dass bei Plänen und Programmen, die der SUP-RL unterfallen und nicht von § 14b Abs. 1 UVPG erfasst werden, keine Vorprüfung des Einzelfalls durchzuführen ist, sondern die SUP-Pflicht gem. § 14b Abs. 2 UVPG besteht, sofern der Plan oder das Programm rahmensetzende Teile besitzt. Diese Auslegung ist auch mit dem Wortlaut und dem Willen des Gesetzgebers vereinbar, da dieser mit den Änderungen des UVPG die SUP-Richtlinie vollständig umsetzen wollte.

V. Folgen für das Aufstellungsverfahren

Da nun feststeht, dass Flugrouten einer Strategischen Umweltprüfung unterliegen, ist zu klären, welche Auswirkungen dies auf das Aufstellungsverfahren hat.

1. Die Strategische Umweltprüfung

a) Zuständige Behörde

Die Strategische Umweltprüfung ist gem. § 2 Abs. 4 UVPG ein unselbstständiger Teil behördlicher Verfahren zur Aufstellung oder Änderung von Plänen und Programmen, damit wird die SUP jeweils in ein so genanntes Trägerverfahren integriert.[594] Zuständige Behörde ist daher das Luftfahrt-Bundesamt, das gem. 32 Abs. 1 Nr. 1, Abs. 3 S. 2, 3 LuftVG i.V.m. § 27a Abs. 2 LuftVO zuständig für die Flugroutenaufstellung ist.

b) Festlegung des Untersuchungsrahmens

Als erster Verfahrensschritt ist der Untersuchungsrahmen gem. § 14f UVPG festzulegen (sog. Scoping). Hierbei wird der Untersuchungsrahmen der Strategischen Umweltprüfung einschließlich des Umfangs und Detaillierungsgrads der in den Umweltbericht nach § 14g UVPG aufzunehmenden Angaben festgelegt. (§ 14f Abs. 1 UVPG) Nach § 14f Abs. 2 S. 2 UVPG beschränken sich die Angaben im Umweltbericht auf solche, die mit zumutbarem Aufwand ermittelt werden können, dabei sind der gegenwärtige Wissensstand und der Behörde bekannte Äußerungen der Öffentlichkeit, allgemein anerkannte Prüfungsmethoden,

---

[594] Hendler NVwZ 2005, 977, 978.

Inhalt und Detaillierungsgrad des Plans oder Programms sowie dessen Stellung im Entscheidungsprozess zu berücksichtigen. Bei der Festlegung des Untersuchungsrahmens sind betroffene Behörden nach § 14f Abs. 4 UVPG zu beteiligen. Außerdem ermöglicht § 14 Abs. 4 S. 3 UVPG, dass Sachverständige und Dritte hinzugezogen werden können. Insoweit kommt eine Beteiligung der DFS beim Scoping in Betracht.

(1) Beschränkung auf rahmensetzende Teile oder Überprüfung der gesamten Flugroute?

Inhalt einer Flugroute ist im Wesentlichen die Festlegung einer dreidimensionalen „Trasse", die Verkehrsflugzeuge durch den Luftraum führt.[595] Diese Dreidimensionalität hat zur Folge, dass nur Teile der Flugroute, abhängig von Flughöhe, Absturzwahrscheinlichkeit und Empfindlichkeit des überflogenen Gebietes, eine rahmensetzende Wirkung für spätere UVP-pflichtige Vorhaben aufweisen. Diese rahmensetzende Wirkung fehlt dann, wenn das durch einen möglichen Flugzeugabsturz bedingte Störfallrisiko nur noch im Bereich des Restrisikos liegt. Somit stellt sich die Frage, ob die gesamte Flugroute oder nur die „rahmensetzenden" Teile einer Umweltprüfung zu unterziehen sind. § 14f UVPG macht hierüber keine Angaben, weshalb durch Rückgriff auf die Vorgaben der SUP-RL zu klären ist, für welche Teile eine Strategische Umweltprüfung durchzuführen ist. Strittig ist, ob die SUP-RL eine Beschränkung des Untersuchungsrahmens auf die rahmensetzenden Teile zulässt. Teilweise wird vertreten, die Strategische Umweltprüfung sei auf die rahmensetzenden Teile eines Plans zu beschränken. Daher seien nur räumlich und fachlich konkretisierte Gebiets-, Standort- und Trassenausweisungen sowie deren Alternativen als unmittelbar rahmensetzende Festlegungen für UVP-pflichtige Projekte einer Umweltprüfung zu unterziehen.[596] Eine allumfassende Prüfungspflicht wäre wenig praktikabel und widerspräche auch dem Zweck der SUP, die UVP auf planerischer Ebene zu ergänzen, also die für umweltrelevante Vorhaben rahmensetzenden Aussagen zu prüfen. Eine allgemeine Prüfung bzw. Diskussion über die in einem Plan oder Programm definierten Zielsetzungen sei Gegenstand des Planungsprozesses

---

[595] Dreidimensional deshalb, da nicht nur Flugrichtung sondern auch die Flughöhe festgelegt wird.

[596] Jacoby UVP-Report 2001, 28, 31; UVP-Report 2001, 134, 136; Peters/Balla § 14f Rn. 12; Porger in Kistenmacher S. 79, 87.

selbst, nicht jedoch Gegenstand der SUP. Vielmehr verwende die SUP Zielsetzungen umweltbezogener Art i.S.d. § 14g Abs. 2 Nr. 2 UVPG als Maßstab für die Bewertung, unterzieht diese Zielsetzungen selbst jedoch keiner vollständigen Prüfung.[597] Zudem ergebe sich eine solche Beschränkung des Prüfungsrahmens neben der Zielsetzung der Richtlinie sowie der Einschränkung auf projektbezogene Pläne und Programme auch aus dem in Art. 5 Abs. 2 SUP-RL allgemein umschrieben Inhalt des Umweltberichts i.V.m. der näheren Darlegungen in Anhang I der Richtlinie, wonach die in den Umweltbericht aufzunehmenden Informationen weitgehend projektbezogen angelegt seien.[598]

Die Mehrheit der Literaturstimmen geht dagegen davon aus, dass der gesamte Plan einer SUP zu unterziehen sei. Hierfür wird auf den Wortlaut der Richtlinie verwiesen. Die SUP-RL stelle in Art. Art. 1, 3 Abs. 1 und Art. 5 Abs. 1, sowie in den Erwägungsgründen (2), (4) und (14) einschränkungslos auf die Umweltprüfung von „Plänen und Programmen" ab.[599] Im Übrigen folge dies auch aus der Funktion der Strategischen Umweltprüfung, Lücken bei der UVP zu schließen.[600] Auch aus Art. 5 SUP-RL ergäben sich keine Anhaltspunkte zur Begrenzung der Untersuchungspflicht. In Art. 5 Abs. 2 seien ausführliche Regelungen zur Anpassung der Umweltprüfung an die jeweilige Planungsebene enthalten, jedoch gehöre hierzu keine Beschränkung der Untersuchungen auf bestimmte planerische Inhalte. Die Rahmensetzung für die Genehmigung von Vorhaben beziehe sich allein auf die Bestimmung des Anwendungsbereichs der Richtlinie. Somit sei es systematisch unzulässig, von der Regelung des Anwendungsbereichs der Umweltprüfung auf ihren inhaltlichen Umfang zu schließen.[601] Zudem sei bei näherer Betrachtung des Anhangs. I SUP-Richtlinie deutlich, dass dieser nicht projektbezogen sondern durchaus gebietsbezogen sei. Es wäre widersinnig anzunehmen, die SUP-RL enthalte unerfüllbare Inhalte; seien aufgrund des hohen Abstraktionsgrades keine detaillierten Aussagen möglich, so sei eine über-

---

[597] Peters/Balla § 14f Rn. 12; Balla NuR 2006, 485, 488.

[598] Porger in Kistenmacher S. 79, 87.

[599] Schink NuR 2005, 143, 145; Ginzky UPR 2002, 47, 49; Lell/Sangenstedt SUP-Report 2001, 123, 125, Uebbing S. 264.

[600] Schink NuR 2005, 143, 145; Ginzky UPR 2002, 47, 49; Lell/Sangenstedt SUP-Report 2001, 123, 125.

[601] Uebbing S. 264.

greifende Abschätzung der Umweltauswirkungen ausreichend.[602] Zielsetzung der SUP-RL sei es, alle umweltrelevanten Auswirkungen von Plänen und Programmen zu erfassen und sie als Umwelterwägungen bei der Ausarbeitung mit zu berücksichtigen (Art. 1 SUP-RL). Dies ergebe sich auch aus Anhang I lit. f SUP-RL, wo die Umweltauswirkungen, die im Einzelnen zu prüfen seien, benannt seien. Vor diesem Hintergrund müsse die SUP alle umweltrelevanten Aspekte, die der Plan oder das Programm aufwerfe, mit in die Prüfung einbeziehen. standort- und trassenbezogene Umweltauswirkungen seien ebenso zu prüfen, wie solche, die zu prüfende Alternativen aufwerfen. Eine Beschränkung auf diese Aspekte greife aber zu kurz. Insbesondere bei hochstufigen Planungen gehe es nämlich auch um die Frage von Konzepten und Konzeptalternativen. Inhalte ohne Umweltrelevanz seien dabei allerdings von vornherein auszuscheiden, denn diese spielten für die Annahme des Plans oder Programms nach den einschlägigen umweltrelevanten Prüfungsregeln keine Rolle.[603]

Die besseren Argumente sprechen hier gegen eine Beschränkung des Untersuchungsrahmens, sodass der gesamte Plan und damit die gesamte An- und Abflugroute einer Strategischen Umweltverträglichkeitsprüfung zu unterziehen ist.

(2) Die Vermeidung von Doppel- bzw. Mehrfachprüfungen

§ 14f Abs. 3 UVPG dient der Vermeidung von Doppel- bzw. Mehrfachprüfungen. Danach soll in Fällen, in denen Pläne und Programme Bestandteil eines mehrstufigen Planungs- und Zulassungsprozesses sind, bestimmt werden, auf welcher Stufe bestimmte Umweltauswirkungen schwerpunktmäßig geprüft werden sollen. In den nachfolgenden Stufen soll sich die Umweltprüfung auf zusätzliche oder andere erhebliche Umweltauswirkungen sowie auf erforderliche Aktualisierungen und Vertiefungen beschränken. Bei der SUP für An- und Abflugrouten ist dies jedoch nicht von Bedeutung, denn diese sind kein Bestandteil eines mehrstufigen Planungs- und Zulassungsprozesses.

c) Umweltbericht

Nach § 14g Abs. 1 S. 1 UVPG erstellt die zuständige Behörde frühzeitig einen Umweltbericht. Dabei werden die voraussichtlichen erheblichen Umweltauswirkungen der Durchführung des Plans oder Programms sowie vernünftige Alterna-

---

[602] Uebbing S. 264 f.
[603] Schink NuR 2005, 143, 145.

tiven ermittelt, beschrieben und bewertet. Zu berücksichtigen sind sowohl die nachteiligen als auch vorteilhaften Umweltauswirkungen.[604]

(1) Umfang der Alternativenprüfung

14g Abs. 1 Satz 2 UVPG spricht von vernünftigen Alternativen, daher kommen bei der Alternativenprüfung nur solche in Betracht, die mit einem zumutbaren Aufwand ermittelt werden können, wobei auch der geographische Anwendungsbereich der Planung sowie der räumliche Zuständigkeitsbereich der Planungsbehörde zu berücksichtigen sind.[605] Dies entspricht auch den europarechtlichen Vorgaben; nach Art. 5 Abs. 1 Satz 1 SUP-RL sind vernünftige Alternativen einzustellen, die die Ziele und den geographischen Anwendungsbereich des Plans oder Programms berücksichtigen. Es muss sich somit um realistische und realisierbare Planungsvarianten handeln, die zudem in ihrer Realisierung, insbesondere mit Blick auf die Kosten, keinen unverhältnismäßigen Mehraufwand verursachen dürfen.[606] Nicht ausreichend ist die Beschränkung der Prüfung auf solche Alternativen, die sich geradezu aufdrängen[607] oder auf Scheinalternativen.[608] Hieraus folgt eine zweistufige Verfahrensweise: Erstens müssen die vernünftigen, das heißt die zu prüfenden Lösungsvarianten ermittelt und zusammengestellt werden. Dies sind die Alternativen, die ernsthaft in Betracht kommen und die geprüft werden sollen. Diese Auswahlentscheidung ist gem. Anh. I lit. h SUP-RL (bzw. § 14g Abs. 2 Satz 1 Nr. 8 UVPG) zu begründen. Zweitens muss zwischen den vernünftigen Alternativen abgewogen werden. Dazu müssen für die zu prüfenden Alternativen die erforderlichen Informationen gem. Art. 5 Abs. 1 i.V.m. Anhang I ermittelt, beschrieben und bewertet werden.[609] In dem Umweltbericht sind daher auch mögliche alternative An- und Abflugrouten darzustellen, wobei logischerweise Start- und Endpunkt identisch sein müssen. So-

---

[604] So auch Hendler NVwZ 2005, 977, 981; vgl. auch BT-Drs. 15/3441, S. 32.

[605] BT-Drs. 15/3441, S. 32.

[606] Schink NuR 2005, 143, 146; Calliess in Hendler 153, 169.

[607] BVerwGE 69, 256, 273.

[608] Schink NuR 2005, 143, 146; Ginzky UPR 2002, 47, 51; Calliess in Hendler 153, 169; Bunge/Nesemann, Das Gesetz zur Einführung einer Strategischen Umweltprüfung, S. 39 in Storm/Bunge; kritisch hierzu Peters/Balla § 14g Rn. 6.

[609] Grinzky UPR 2002, 47, 51; Calliess in Hendler 153, 169.

mit kommen nur solche alternative An- und Abflugrouten in Betracht, die in Bezug auf den Verkehrsfluss vergleichbar sind.

(2) Deskriptiver Teil

Der deskriptive Teil des Umweltberichts gem. § 14g Abs. 2 UVPG muss eine Kurzdarstellung der Ziele der An- und Abflugrouten sowie ihre Beziehung zu anderen relevanten Plänen und Programmen beinhalten (§ 14g Abs. 2 Nr. 1 UVPG). Zudem müssen die Ziele des Umweltschutzes sowie die Art ihrer Berücksichtigung (§ 14g Abs. 2 Nr. 2 UVPG) und eine Darstellung des derzeitigen Umweltzustandes und dessen voraussichtliche Entwicklung bei der Ausarbeitung der An- und Abflugrouten (§ 14g Abs. 2 Nr. 3 UVPG) dargelegt werden. Daraus folgt, dass auch die Nullvariante als Vergleichsmaßstab zu prüfen ist.[610] Weiterhin sind die derzeitigen, für den Plan bedeutsamen Umweltprobleme (§ 14g Abs. 2 Nr. 4 UVPG) und die voraussichtlichen erheblichen Umweltauswirkungen (§ 14g Abs. 2 Nr. 5 UVPG) darzustellen, hiervon werden sowohl positive als auch negative Umweltauswirkungen erfasst.[611] Zudem sind die geplanten Maßnahmen zur Verhinderung erheblicher nachteiliger Umweltauswirkungen (§ 14g Abs. 2 Nr. 6 UVPG i.V.m. § 2 Abs. 4 S. 2, § 2 Abs. 1 S. 2 UVPG) und Hinweise auf Schwierigkeiten, die bei der Zusammenstellung aufgetreten sind (§ 14g Abs. 2 Nr. 7 UVPG) sowie eine Kurzdarstellung der Gründe für die Wahl der geprüften Alternativen gem. § 14 Abs. 2 Nr. 8 UVPG[612] und die geplanten Überwachungsmaßnahmen gemäß § 14m UVPG (§ 14g Abs. 2 Nr. 9 UVPG) in den Umweltbericht aufzunehmen. Daher sind in den Umweltbericht im SUP-Verfahren für Flugrouten die Auswirkungen auf die Errichtung von Störfallan-

---

[610] Schink NuR 2005, 143, 146; Peters/Balla § 14g Rn. 9.

[611] BT-Drs. 15/3441, S. 32.

[612] Peters/Balla § 14g Rn. 23 gehen aber davon aus, dass gem. Anh. I lit. h) SUP-RL die gesamte Methodik der Umweltprüfung zu beschreiben ist und deshalb Anh. I lit. h) SUP-RL durch § 14g Abs. 2 S. 1 Nr. 8 UVPG unzureichend umgesetzt werde. Ebenso Bunge/Nesemann (Fn. 606) S. 49. Vgl. hierzu EU-Kommission, GD Umwelt, Umsetzung Richtlinie 2001/42/EG über die Prüfung der Umweltauswirkungen bestimmter Pläne und Programme, 2003 (SEA-Guidance) Nr. 5.28, wonach eine Beschreibung der bei der Prüfung angewandten Methoden nützlich bei der Beurteilung der Qualität und Zuverlässigkeit der Information und Ergebnisse sei. Diese Ansicht ist jedoch abzulehnen, da § 14g Abs. 2 S. 1 Nr. 7 und 8 UVPG Anh. I lit. h) SUP-RL wortgetreu umsetzen und damit eine Beurteilung der Qualität und Zuverlässigkeit der im Umweltbericht enthaltenen Informationen und Ergebnisse ermöglichen, was Peters/Balla § 14g Rn. 22 selbst feststellen.

lagen unterhalb dieser Routen sowie die Auswirkungen des Fluglärms auf die überflogenen Gebiete einzustellen.

(3) Bewertender Teil

Der Umweltbericht enthält weiterhin einen bewertenden Teil gem. § 14g Abs. 3 UVPG, worin die Behörde vorläufig die Umweltauswirkungen im Hinblick auf eine wirksame Umweltvorsorge i.S.d. § 1 und § 2 Abs. 4 S. 2 i.V.m. § 2 Abs. 1 S. 2 UVPG und der sonstigen einschlägigen Gesetze bewertet. Außerdem sind hier die verschiedenen aufgeführten alternativen An- und Abflugrouten zu bewerten, wobei vor allem die Auswirkungen des Fluglärms und die rahmensetzende Wirkung für die Genehmigung von Störfallanlagen zu berücksichtigen sind. Nach § 14g Abs. 4 UVPG können Angaben aus anderen Verfahren der zuständigen Behörde berücksichtigt werden. Hierbei kann auf bereits vorangegangene Strategische Umweltprüfungen von Flugrouten und – soweit relevant – auf die SUP und UVP des betroffenen An- bzw. Abflughafens zurückgegriffen werden.

d) Behördenbeteiligung

Nach § 14h UVPG hat die zuständige Behörde Stellungnahmen anderer Behörden, deren umwelt- oder gesundheitsbezogener Aufgabenbereich durch den Plan oder das Programm berührt wird, einzuholen. Zu beteiligen sind auch diejenigen Behörden, die in ihrer Planungshoheit betroffen sind, wozu regelmäßig die räumlich betroffenen Städte, Gemeinden und Landkreise zählen.[613] Somit sind auch die Gemeinden, über deren Gebiet die Flugrouten führen, zu beteiligen.[614]

e) Öffentlichkeitsbeteiligung

Die Öffentlichkeitsbeteiligung gem. § 14i UVPG erfolgt gem. Abs. 2 in der Weise, dass der Entwurf des Plans oder Programms, der Umweltbericht sowie weitere Unterlagen, deren Einbeziehung die zuständige Behörde für zweckmäßig hält, frühzeitig für eine angemessene Dauer von mindestens einem Monat öffentlich ausgelegt werden. Die Auslegungsorte sind unter Berücksichtigung von Art und Inhalt des Plans oder Programms so festzulegen, dass eine wirksa-

---

[613] Peters/Balla § 24h Rn. 3.

[614] Vgl. hierzu Gliederungsabschnitt B.II.3.b), wo eine Beteiligung von Gemeinden aus verfassungsrechtlichen Gründen verneint wird.

me Beteiligung der betroffenen Öffentlichkeit gewährleistet ist. Da es auf die Gewährleistung der wirksamen Beteiligung ankommt, genügt gegebenenfalls auch ein Auslegungsort.[615] Im Verfahren für die Flugroutenfestlegung sind die Wahl und die Anzahl der Auslegungsorte von der spezifischen Situation der betroffenen An- oder Abflugroute abhängig. Die betroffene Öffentlichkeit kann sich gem. § 14i Abs. 3 UVPG innerhalb einer angemessenen Frist von mindestens einem Monat zu dem Entwurf des Plans oder Programms und zu dem Umweltbericht äußern. Eine Pflicht zu einem Erörterungstermin besteht nur, soweit es in Rechtsvorschriften des Bundes für bestimmte Pläne und Programme vorgesehen ist (§ 14i Abs. 3 S. 3 UVPG). Dies ist bei der Flugroutenfestlegung nicht der Fall, somit besteht keine Rechtspflicht zur Durchführung eines Erörterungstermins. Jedoch bleibt es dem Luftfahrt-Bundesamt, unabhängig von der nicht bestehenden rechtlichen Verpflichtung, unbenommen, einen solchen Termin durchzuführen, etwa um die Akzeptanz in der Öffentlichkeit zu erhöhen. Die betroffene Öffentlichkeit i.S.d. UVPG ist gem. § 2 Abs. 6 S. 2 UVPG jede Person, deren Belange oder deren satzungsgemäßer Aufgabenbereich durch eine Entscheidung oder einen Plan oder ein Programm berührt werden; dazu gehören auch Vereinigungen zur Förderung des Umweltschutzes. Der Begriff der „berührten Belange" ist aus § 73 Abs. 4 Satz 1 VwVfG übernommen. Es gelten somit die gleichen Grundsätze, die bei einem Anhörungsverfahren nach dem VwVfG zur Anwendung kommen. Der Begriff der „Belange" ist dabei weiter als der des „subjektiven öffentlichen Rechts". Er umfasst alle öffentlich-rechtlich oder zivilrechtlich begründeten Rechte sowie wirtschaftliche, ökologische, soziale kulturelle, ideelle oder sonstige nicht unredlich erworbene und deshalb anerkennenswerte eigene Interessen der jeweiligen Beteiligten.[616] Für die Frage, wann Belange i.S.d. § 2 Abs. 6 S. 2 UVPG berührt sind, reicht es nach allgemeinem Verständnis des deutschen Verwaltungsrechts aus, dass eine Betroffenheit zumindest möglich erscheint.[617] Wird der Entwurf des Plans oder Programms später geändert, so ist eine erneute SUP nur durchzuführen, wenn zusätzliche oder andere erhebliche Umweltauswirkungen zu besorgen sind (§ 14i Abs. 1 UVPG i.V.m. § 9 Abs. 4 UVPG analog). Die Regelung des § 14i

---

[615] Hendler NVwZ 2005, 977, 982; BT-Drs. 15/3441, S. 33.
[616] BT-Drs. 15/3441, S. 24; zum Begriff der „berührten Belange" im deutschen Recht vgl. Kopp/Ramsauer § 73 Rn. 55 ff.; Wahl NVwZ 1990, 426, 437; Papier NJW 1980, 313, 315.
[617] BT-Drs. 15/3441, S. 24.

Abs. 3 S. 1 UVPG, wonach sich die betroffene Öffentlichkeit zu dem Plan- oder Programmentwurf äußern kann, hat zur Folge, dass die Behörde Äußerungen von anderen Personen und Vereinigungen zurückweisen kann.[618] Strittig ist, ob sie zur Zurückweisung verpflichtet ist.[619] Hierfür enthält § 14i Abs. 3 S. 1 UVPG jedoch keinen Hinweis; er enthält nur eine Mindestanforderung, welche Äußerungen die Behörde in jedem Fall entgegenzunehmen und nach § 14k Abs. 1 UVPG zu berücksichtigen hat.[620] Es verhält sich ähnlich wie bei § 73 Abs. 4 S. 1 VwVfG, der ebenfalls auf dem Prinzip der Betroffenenbeteiligung beruht, aber nicht etwa bewirkt, dass die behördliche Entgegennahme und Würdigung von Einwendungen Nichtbetroffener verfahrensfehlerhaft ist.[621] Zudem erscheint es sachgerecht, der Behörde die Möglichkeit einzuräumen, Stellungnahmen von nicht betroffenen Personen auch zu berücksichtigen, sofern dies sachdienlich ist. Damit ist das Luftfahrt-Bundesamt berechtigt, die Einwendungen, welche nicht von der betroffenen Öffentlichkeit stammen, zurückzuweisen. Anderseits ist es nicht zur Zurückweisung verpflichtet und kann die Einwendungen auch entgegennehmen und würdigen.[622]

f) Grenzüberschreitende Behörden- und Öffentlichkeitsbeteiligung

§ 14j Abs. 1 UVPG i.V.m. § 8 UVPG analog regelt die grenzüberschreitende Behördenbeteiligung. Diese findet gem. § 8 Abs. 1 S. 1 UVPG statt, wenn ein Vorhaben erhebliche Umweltauswirkungen in einem anderen Staat haben kann oder der ausländische Staat von sich aus um eine Beteiligung ersucht. Nach den Bestimmungen der § 14j Abs. 2 UVPG hat die in dem anderen Staat ansässige Öffentlichkeit die Möglichkeit, sich an dem Verfahren nach § 14i Abs. 1 - 3 UVPG (Beteiligung der Öffentlichkeit) zu beteiligen. Näheres hierzu regelt § 14j Abs. 2 UVPG i.V.m. § 9a UVPG analog. Eine solche grenzüberschreitende

---

[618] Hendler NVwZ 2005, 977, 982.

[619] Dafür Sangenstedt UVP-Report 2005, 12, 15 (der dies bedauert); ablehnend Hendler NVwZ 2005, 977, 982.

[620] Hendler NVwZ 2005, 977, 982.

[621] Hendler NVwZ 2005, 977, 982; Dürr in Knack § 73 Rn. 55 f.

[622] Somit ergibt sich aus der Durchführung einer Strategischen Umweltprüfung eine Pflicht zur Beteiligung der betroffenen Öffentlichkeit. Vgl. hierzu Gliederungsabschnitt B.II.3.a), dort wurde ein solches Beteiligungsrecht für das sonstige Aufstellungsverfahren von Flugrouten abgelehnt und auf ein mögliches Beteiligungsrecht aufgrund der SUP verwiesen.

Behörden- und Öffentlichkeitsbeteiligung kommt dann in Betracht, wenn An- und Abflugrouten eines ausländischen Flughafens aufgrund dessen geographischer Lage auch über deutsches Gebiet führen müssen, bzw. dass die An- und Abflugrouten eines deutschen Flughafen aufgrund dessen geographischer Lage auch über ausländisches Gebiet führen müssen. Als Beispiele für diese besondere geographische Lage wären der Flughafen Zürich-Klothen[623] und Salzburg sowie Friedrichshafen und Karlsruhe/Baden-Baden zu nennen. Ob in diesen Fällen tatsächlich eine grenzüberschreitende Behörden- und Öffentlichkeitsbeteiligung durchzuführen ist, kann an dieser Stelle aber nicht erörtert werden. Vielmehr soll nur aufgezeigt werden, dass es Situationen geben kann, in denen eine Öffentlichkeitsbeteiligung prinzipiell in Betracht kommen kann.

g) Überprüfungs- und Berücksichtungspflichten in der Planungsphase

Gem. § 14k Abs. 1 UVPG überprüft die zuständige Behörde nach Abschluss der Behörden- und Öffentlichkeitsbeteiligung die Darstellungen und Bewertungen des Umweltberichts unter Berücksichtigung der Stellungnahmen und Äußerungen. Die Überprüfung erfolgt nach den Maßstäben des § 14g Abs. 3 UVPG, die auch bei der ursprünglichen Erstellung des Umweltberichts anzulegen waren. Das Ergebnis der Überprüfung ist im Verfahren zur Aufstellung oder Änderung des Plans oder Programms zu berücksichtigen (§ 14k Abs. 2 UVPG), d.h. in die planerische Abwägung einzubeziehen. Somit hat also das Luftfahrt-Bundesamt den Umweltbericht unter Berücksichtigung der Stellungnahmen und Äußerungen zu bewerten und die Ergebnisse im Aufstellungsverfahren der An- und Abflugrouten in die Abwägung einzustellen und gerecht abzuwägen.[624]

h) Bekanntgabe der Entscheidung über die Annahme des Planes oder Programms

Die Annahme eines Plans oder Programms ist gem. § 14l UVPG öffentlich bekannt zu machen, die Bekanntgabe der Ablehnung ist dagegen nicht erforderlich, aber möglich. Im Falle der Annahme sind neben dem betreffenden Plan

---

[623] § 14j UVPG sieht keine unterschiedliche Behandlung von EU-Mitgliedstaaten und Nicht-EU-Mitgliedstaaten vor, vgl. hierzu Peters/Balla § 14j Rn. 1.

[624] Vgl. generell zur Abwägung im Aufstellungsverfahren von Flugrouten Gliederungsabschnitt B.III.1 und zum Einfluss der SUP auf das weitere Aufstellungsverfahren Gliederungsabschnitt E.V.2.

oder Programm eine Aufstellung der Überwachungsmaßnahmen i.S.d. § 14m UVPG sowie eine zusammenfassende Erklärung zur Einsicht auszulegen. In der zusammenfassenden Erklärung ist darzulegen, wie Umwelterwägungen in den Plan oder das Programm einbezogen und die bei der Behörden- oder Öffentlichkeitsbeteiligung abgegebenen Stellungnahmen und Äußerungen berücksichtigt wurden und welche Gründe dafür ausschlaggebend waren, dass der Plan oder das Programm nach Abwägung mit den geprüften Alternativen angenommen wurde. Nach diesen Vorgaben hat die Bekanntgabe der Entscheidung durch das Luftfahrt-Bundesamt zu erfolgen.

i) Überwachung

Gem. § 14m UVPG sind die erheblichen Umweltauswirkungen, die sich aus der Durchführung des Plans oder Programms ergeben, zu überwachen, um insbesondere frühzeitig unvorhersehbare nachteilige Auswirkungen zu ermitteln und geeignete Abhilfemaßnahmen ergreifen zu können. Dabei sind die erforderlichen Überwachungsmaßnahmen mit der Annahme des Plans oder Programms auf der Grundlage der Angaben im Umweltbericht festzulegen. Die Überwachung führt gem. § 14m Abs. 2 UVPG die Behörde aus, die für die Durchführung der SUP zuständig ist, sofern sich nicht etwas anderes aus bundes- oder landesrechtlichen Regelungen ergibt. Der zuständigen Behörde sind gem. § 14m Abs. 3 UVPG auf Verlangen von anderen Behörden alle erforderlichen Umweltinformationen zur Verfügung zu stellen. Die Ergebnisse der Überwachung sind der Öffentlichkeit gem. § 14m Abs. 5 UVPG nach den bundes- und landesrechtlichen Vorschriften über den Zugang zu Umweltinformationen sowie den nationalen Behörden, die an der ursprünglichen Planung beteiligt waren (§ 14h UVPG), zugänglich zu machen und bei einer erneuten Aufstellung oder Änderung des Programms zu berücksichtigen. Somit muss das Luftfahrt-Bundesamt die erforderlichen Überwachungsmaßnahmen der An- und Abflugrouten festlegen und durchführen.

2. Folgen für das weitere Aufstellungsverfahren

Das Luftfahrt-Bundesamt hat das Ergebnis der Überprüfung gem. § 14k Abs. 2 UVPG im weiteren Aufstellungsverfahren zu berücksichtigen und somit in die Abwägung einzustellen. Dadurch finden die Stellungnahmen der Behörden und die Äußerungen der Öffentlichkeit materiellen Eingang in den Planungsprozess.

Das Wort berücksichtigen bedeutet – ebenso wie bei § 12 UVPG – nicht notwendigerweise, dass bei der Annahme des Plans oder Programms stets die Alternative zu wählen ist, die nach dem Ergebnis der abschließenden Umweltbewertung mit den geringsten Umweltauswirkungen verbunden ist. Inwieweit Umwelterwägungen bei der Entscheidungen über die Annahme des Plans oder Programms Rechnung zu tragen ist, bestimmt sich in erster Linie nach den Vorschriften des Fachplanungsrechts. Nach § 14k Absatz 2 UVPG sind die nach Absatz 1 bewerteten Umweltbelange mit anderen planungsrelevanten Belangen abzuwägen. Die Behörde hat nach § 14l Abs. 2 Nr. 2 UVPG darzulegen, wie sie die Stellungnahmen und Äußerungen berücksichtigt hat.[625] Nach den Vorschriften zur Strategischen Umweltprüfung wird den Umweltbelangen bei der planerischen Entscheidung kein abstrakt-genereller Vorrang eingeräumt.[626] Daher kann das Ergebnis der Umweltprüfung im Zuge der Abwägung zugunsten entsprechend hochrangiger konkurrierender Belange zurückgestellt werden.[627] Entscheidend für den Stellenwert der Umweltbelange ist daher ausschließlich ihr jeweils im Einzelfall zu bestimmendes Gewicht im Vergleich zu anderen für die Entscheidung relevanten Belangen.[628] Unabhängig von der fehlenden gesetzlichen Vorrangregelung für die Umweltbelange ist wie bei der UVP davon auszugehen, dass die Durchführung einer Strategischen Umweltprüfung dennoch zu einer faktischen Gewichtssteigerung der Umweltbelange in der Entscheidung führt.[629] Dies ergibt sich aus dem formalisierten Prüfverfahren, welches bewirkt, dass die Umweltbelange in aller Regel systematischer und umfassender als bisher gebündelt und gleichzeitig getrennt von den anderen Belangen in die Entscheidungsfindung eingebracht werden. Dieser Ansatz, der davon ausgeht, dass eine sorgfältige Ermittlung die Durchsetzungsfähigkeit der Umweltbelange im politischen Entscheidungsprozess steigert, liegt auch der SUP-Richtlinie zugrunde. Das verbesserte Informationsniveau führt zu einer besonderen Begründungslast insbesondere für Entscheidungen, die mit Umweltbeeinträchtigungen verbunden

---

[625] Vgl. hierzu insgesamt BT-Drs. 15/3441, S. 34.

[626] Calliess in Hendler S. 153, 174; Peters/Balla § 14k Rn. 6.

[627] Hendler NVwZ 2005, 977, 983.

[628] Peters/Balla § 14k Rn. 6.

[629] Peters/Balla § 14k Rn. 6; Calliess in Hendler S. 153, 175; Schink NuR 2005, 143, 148; Schink in GfU S. 93, 155.

sind. Hierzu tritt das explizite, auf die Umwelterwägungen bezogene Begründungserfordernis des § 14l Abs. 2 Nr. 2 UVPG.[630]

VI. Folgen für den Rechtsschutz

Im Folgenden soll erörtert werden, welche Folgen sich für den Rechtschutz daraus ergeben, dass bei der Festlegung von An- und Abflugrouten eine Strategische Umweltprüfung durchzuführen ist.

1. Zur Frage der isolierten Anfechtbarkeit der Strategischen Umweltprüfung

Nach § 14a Abs. 2 S. 2 UVPG ist die Feststellung der SUP-Pflicht nicht selbstständig anfechtbar. Dies wird durch § 2 Abs. 4 UVPG unterstrichen, wonach die SUP ein unselbstständiger Teil behördlicher Verfahren zur Aufstellung oder Änderung von Plänen und Programmen ist und somit in Übereinstimmung mit § 44a S. 1 VwGO nicht selbstständig anfechtbar ist.[631] Daher kann sowohl die Feststellung der SUP-Pflicht ebenso wie die fehlerhafte bzw. nicht durchgeführte Strategische Umweltprüfung nicht direkt gerichtlich angegriffen werden. Rechtsschutz ist nur dadurch zu erlangen, dass die An- und Abflugrouten selbst angegriffen werden. Dies ist auch mit den europarechtlichen Vorgaben vereinbar, denn nach ständiger Rechtsprechung des EuGH sind die Mitgliedstaaten nach dem in Art. 10 EGV vorgesehenen Grundsatz der loyalen Zusammenarbeit verpflichtet, die rechtswidrigen Folgen eines Verstoßes gegen das Gemeinschaftsrecht zu beheben.[632] Eine solche Verpflichtung obliegt jeder Behörde des betroffenen Mitgliedsstaates im Rahmen ihrer Zuständigkeit.[633] Nach dem Grundsatz der Verfahrensautonomie sind die Einzelheiten des Verfahrens Sache der innerstaatlichen Rechtsordnung eines Mitgliedstaates, sie dürfen jedoch nicht ungünstiger sein als diejenigen, die gleichartige Sachverhalte innerstaatlicher Art regeln und die Ausübung der von der Gemeinschaftsrechtsordnung verliehenen Rechte nicht praktisch unmöglich machen oder übermäßig erschwe-

---

[630] Peters/Balla § 14k Rn. 6.

[631] BT-Drs. 15/3441, S. 26.

[632] EuGH Urt. v. 16.12.1960, Rs. 6/60 (Hamblet), Slg. 1960, 1163, 1185; EuGH Urt. v. 19.11.1991, Rs. C- 6/90 (Francovich u.a.), Slg. 1991, I-5357, Rn. 36.

[633] EuGH Urt. v. 12.6.1990, Rs. C-8/88 (Kommission/Deutschland), Slg. 1990 I-2321 Rn. 13; EuGH Urt. v. 7.1.2004, Rs. C-201/02 (Wells), Slg.2004 I-723 Rn. 64.

ren.[634] Im Fall einer nicht durchgeführten UVP hat der EuGH entschieden, dass – begrenzt durch die Verfahrensautomie der Mitgliedstaaten – beispielsweise die Rücknahme oder die Aussetzung einer bereits erteilten Genehmigung zu dem Zweck, eine Umweltverträglichkeitsprüfung des in Rede stehende Projekt i.S.d. Richtlinie 85/377/EWG (UVP-Richtlinie) durchzuführen, in Betracht komme.[635] Im Falle einer nicht durchgeführten SUP kann aufgrund der inhaltlichen Verwandtschaft der Richtlinie letztlich nichts anderes gelten. Daher ändern auch europarechtliche Vorgaben nichts daran, dass die Durchführung einer SUP nicht selbstständig gerichtlich erwirkt werden kann. Den Betroffenen bleibt damit nur die Möglichkeit, gegen die An- und Abflugrouten vorzugehen und dabei die nicht oder fehlerhaft durchgeführte SUP zu rügen.

2. Rechtsschutz gegen Flugrouten

Da im Aufstellungsverfahren für Flugrouten eine Strategische Umweltprüfung durchzuführen ist, stellt sich die Frage, welche Auswirkung die unterlassene oder fehlerhafte Durchführung der Strategischen Umweltprüfung auf die Rechtschutzmöglichkeiten gegen Flugrouten hat.[636] Das zentrale Problem ist, ob die nationalen Vorschriften über die Strategische Umweltprüfung oder die SUP-RL selbst subjektive öffentliche Rechte vermitteln. Ist dies der Fall, so ist die Klagebefugnis bei einer möglichen Verletzung dieses Rechts zu bejahen und die Klage gegen die Flugroute wäre in diesem Fall begründet, wenn dieses subjektive öffentliche Recht tatsächlich verletzt wurde.

a) Entwicklung des Rechtsschutzes im UVP-Verfahren

Die bisherigen Überlegungen zu der Frage, ob sich das erforderliche subjektive öffentliche Recht aus der SUP-Richtlinie oder den nationalen Vorschriften ergibt, ziehen einen Vergleich zum Rechtsschutz im UVP-Verfahren.[637] Daher

---

[634] EuGH Urt.v. 14.12.1995 (Peterbroeck), Slg. 1995, I-4599 Rn. 12; EuGH Urt. v. 16.5.2000, Rs. C-78/98 (Preston u.a.) Slg. 2000 I-3201 Rn. 31; EuGH Urt. v. 7.1.2004, Rs. C-201/02 (Wells), 2004 Slg. I-723 Rn. 67.

[635] EuGH Urt. v. 7.1.2004, Rs. C-201/02 (Wells), Slg.2004 I-723 Rn. 65.

[636] Vgl. im Weiteren zum Rechtsschutz gegen Flugrouten Gliederungsabschnitt C.

[637] Vgl. hierzu Otto S. 122 ff.; Ginzky UPR 2002, 47, 52; Calliess in Hendler S. 153, 177; Evers S. 216 ff.; Töllner S. 71 ff.

werden zunächst die Möglichkeiten des Rechtsschutzes in Bezug auf die UVP dargestellt, um im Folgenden Parallelen zur SUP zu ziehen.

(1) Die Rechsprechung des Bundesverwaltungsgerichts

Das Bundesverwaltungsgericht hat seine Rechtsprechung zu Verfahrensfehlern bei Planfeststellungsbeschlüssen auch auf die UVP angewendet. Danach führt die Nichteinhaltung von Verfahrensbestimmungen für sich genommen nicht zu einer Aufhebung eines Planfeststellungsbeschlusses, vielmehr muss hinzukommen, dass sich der formelle Mangel auch auf die Entscheidung ausgewirkt haben kann. Der danach erforderliche Kausalzusammenhang ist nur dann gegeben, wenn nach den Umständen des jeweiligen Falles die konkrete Möglichkeit besteht, dass die Planungsbehörde ohne den Verfahrensfehler anders entschieden hätte.[638] Daher vermittle das UVPG ebenso wenig selbstständig durchsetzbare Verfahrenspositionen, wie es andere Fachgesetze tun.[639] Ein Verstoß gegen UVP-Vorschriften sei daher nur dann entscheidungserheblich, wenn die konkrete Möglichkeit besteht, dass ohne den Verfahrensfehler die Entscheidung anders ausgefallen wäre.[640] Entscheidend sei, ob die Planungsbehörde die für die Abwägung erheblichen Belange berücksichtigt habe.[641] Aus dem Umstand, dass eine förmliche Umweltverträglichkeitsprüfung unterblieben ist, sei daher keine Rechtsverletzung Betroffener abzuleiten.[642] Das Fehlen einer Umweltverträglichkeitsprüfung sei also nicht ohne weiteres gleichbedeutend mit der Fehlerhaftigkeit der Abwägung.[643] Allerdings hat es das BVerwG offen gelassen, ob die Vorschriften über eine Beteiligung der betroffenen Öffentlichkeit einen individualrechtlichen Gehalt besitzen.[644]

Dieser grundsätzlich ablehnenden Rechtsprechung hat sich auch das NdsOVG angeschlossen und entschieden, dass die UVP-RL Nachbarn kein unmittelbares selbständiges Recht auf Durchführung des Umweltverträglichkeitsprüfungsver-

---

[638] BVerwGE 62, 243, 246 f.; 64, 325, 331; 85, 368, 379.

[639] BVerwGE 98, 339, 361.

[640] BVerwGE 100, 238, 252.

[641] BVerwGE 104, 236, 242.

[642] BVerwGE 104, 236, 239.

[643] BVerwGE 100, 238, 247; 104, 236, 240.

[644] BVerwGE 100, 238, 252; offengelassen, da hier das Beteiligungserfordernis eingehalten wurde.

fahrens einräume und dass das UVPG keine drittschützenden Rechte vermittle.[645] Ebenso hat auch das OVG NRW entschieden und weiter ausgeführt, dass das UVPG sich seinem Regelungsgehalt nach auf die Regelung einer Umweltverträglichkeitsprüfung als verfahrensrechtliche Anforderung im Vorfeld der Sachentscheidung beschränke, ohne diese um materiell-rechtliche Vorgaben anzureichern.[646]

(2) Abweichende Gerichtsentscheidungen

Dagegen geht der BayVGH davon aus, dass die Behauptung, eine (förmliche) Umweltverträglichkeitsprüfung sei zu Unrecht unterblieben, für sich allein keine Klagebefugnis begründe,[647] aber das Fehlen einer gebotenen Umweltverträglichkeitsprüfung indiziere einen Abwägungsmangel[648] und somit im Ergebnis eine Rechtsverletzung des Klägers.[649] Diesem Ansatz hat sich auch das OVG RLP angeschlossen.[650]

In der Revision hat das BVerwG jedoch entschieden, dass die Annahme des VGH bzw. des OVG, das Fehlen einer nach dem UVP-Gesetz oder der UVP-Richtlinie gebotenen Umweltverträglichkeitsprüfung indiziere ohne weiteres und ohne Rücksicht auf die im konkreten Verfahren durchgeführten Untersuchungen bereits einen Fehler im Abwägungsvorgang, mit Bundesrecht nicht zu vereinbaren sei.[651] Das Umweltrecht habe durch die UVP-Richtlinie keine materielle Anreicherung erfahren. Die gemeinschaftsrechtliche Regelung enthalte sich materiell-rechtlicher Vorgaben und beschränkte sich auf verfahrensrechtliche Anforderungen im Vorfeld der Sachentscheidung, zu der ein Bezug nur insoweit hergestellt werde, als das Ergebnis der Umweltverträglichkeitsprüfung „im Rahmen des Genehmigungsverfahrens" zu berücksichtigen sei. Dieses „Be-

---

[645] NdsOVG NVwZ-RR 2004, 407, 407 f.
[646] OVG NRW NVwZ 2003, 361, 362.
[647] BayVGH NuR 1994, 145, 145.
[648] BayVGH BayVBl. 1995, 304, 306.
[649] BayVGH NuR 1994, 244, 245.
[650] OVG RLP ZUR 1995, 146, 149.
[651] BVerwGE 100, 370, 376.

rücksichtigungsgebot" lasse sich nicht als Ausdruck des Willens des Gesetzgebers deuten, auf den Inhalt der Entscheidung Einfluss zu nehmen.[652]

(3) Die Literatur

In der Literatur wird teilweise die Verleihung subjektiver Rechte durch die UVP-RL oder das UVPG abgelehnt. Hierbei wird auf die sog. Großkrotzenburg-Entscheidung des EuGH abgestellt. Darin hatte dieser entschieden, dass die Pflicht der nationalen Behörden zur Anwendung hinreichend bestimmter (nicht rechtzeitig umgesetzter) Richtlinien unabhängig davon bestehe, ob diese Richtlinie Rechte Einzelner begründe.[653] Hieraus wird abgeleitet, dass es einer solchen Trennung zwischen „unmittelbarer Drittwirkung" und „unmittelbarer Anwendung" nicht bedurft hätte, wenn der EuGH bereits von der Drittwirkung im Sinne der Gewährung subjektiver Rechte durch die UVP-Richtlinie ausgegangen wäre.[654] Daher könnten sich auch keine subjektiven Rechte aus der UVP-Richtlinie ergeben.

Ein großer Teil der Literatur lehnt dagegen die Rechtsprechung des BVerwG ab. Hierbei wird vor allem die Auffassung des Bundesverwaltungsgerichts kritisiert, die Umweltverträglichkeitsprüfung beinhalte nur Verfahrensrecht. Zwar würden die UVP-Bestimmungen einerseits Verfahrensrecht darstellen, andererseits dienten sie aber der Ermittlung von Umweltbelangen im Rahmen der planerischen Abwägung. Die Anforderungen rechtsstaatlich ordnungsgemäßer Ermittlung und Bewertung im Rahmen der Abwägung stellten solche des materiellen Rechts dar. Zudem lasse sich die auf den Nachweis der konkreten Möglichkeit einer andersartigen Entscheidung beschränkte Entscheidungserheblichkeit von Verfahrensmängeln nur schwerlich mit Verfassungsrecht vereinbaren, denn der Sache nach sei damit gerichtlicherseits eine „Ersatz-UVP" durchzuführen, um dem Verdikt der Darlegung einer lediglich abstrakten Entscheidungskausalität zu entgehen. Dieser Zugriff auf den Gewaltenteilungsgrundsatz müsse als besonders gravierend angesehen werden.[655] Teilweise werden die im Hinblick auf

---

[652] BVerwGE 104, 238, 243.

[653] EuGH Urt. v 11.8.1995, Rs. C-431/92 – (Kommission/Deutschland sog. „Großkotzenburg-Entscheidung"), Slg. 1995, I-2189, Rn 26.

[654] Hien NVwZ 1997, 422, 425; ebenfalls die drittschützende Wirkung ablehnend: Schmidt-Preuß DVBl. 1995, 484, 494 f.; Steinberg DÖV 1996, 221, 229 f.

[655] Erbguth NuR 1997, 261, 265 f.; Schink NuR 1998, 173; Steinberg DÖV 1996, 221, 228.

den Gewaltenteilungsgrundsatz vorgebrachten Bedenken als zu weitgehend erachtet; der kritisierte Zugriff der Gerichte auf den Aufgabenbereich der Verwaltung sei nichts anderes als ein unvermeidbarer und auch in anderen Bereichen anerkannter Fall einer verfassungsrechtlich nicht zu beanstandenden Gewaltenverschränkung.[656]

Weiterhin wird an der Rechtsprechung des Bundesverwaltungsgerichts kritisiert, dass die Kausalitätsprüfung für die Frage der Erheblichkeit eines Verfahrensfehlers ohne gesetzliche Grundlage sei und dass auf diese Weise die Rechtsschutzmöglichkeiten von Drittbetroffenen reduziert würden.[657] Dem Kläger dürfte es schwer fallen, darzulegen, dass und in welcher Hinsicht die Planungsentscheidung anders ausgefallen wäre, wenn eine Umweltverträglichkeitsprüfung durchgeführt worden wäre. Damit seien Fehler im UVP-Verfahren für den Ausgang des Klageverfahrens gegen ein UVP-pflichtiges Vorhaben bedeutungslos[658], weil damit die Anforderungen an die Zulässigkeit der Klage zu hoch geschraubt worden seien.[659]

Außerdem wird Kritik an der Ansicht des Bundesverwaltungsgerichts geübt, wonach das UVPG keine drittschützenden Normen enthält. Es sei zwar zutreffend, dass die Umweltverträglichkeitsprüfung in erster Linie ein unselbstständiges Verfahrensinstrument ist. Die in § 2 Abs. 1 2 Nr. 1 UVPG enthaltene und an erster Stelle genannte Verpflichtung, die Auswirkungen eines Vorhabens auf Menschen zu untersuchen, spreche aber bereits dafür, dass einzelnen Bestimmungen des UVP-Gesetzes subjektive Rechtspositionen zuzubilligen seien.[660] Solche Bestimmungen seien die über die Öffentlichkeitsbeteiligung (§§ 9, 9a UVPG), da sie auch dazu dienten, einen vorverlagerten Rechtsschutz zu gewähren, sowie die Bestimmungen, die die Bewertung und Berücksichtigung als Bestandteil der Abwägung zum Gegenstand haben, nämlich § 12 UVPG, da sich der Bewertungsschritt der Umweltverträglichkeitsprüfung unmittelbar auf die

---

[656] Scheidler NVwZ 2005, 863, 867.

[657] Erbguth/Schink Einl. Rn. 129b.

[658] Schink NuR 1998, 173, 179; Erbguth UPR 2003, 321, 324.

[659] Bunge, Kommentar zum UVPG, § 12 Rn. 139 in Storm/Bunge; Erbguth NuR 1997, 261, 266; ders. UPR 2003, 321, 324.

[660] Scheidler NVwZ 2005, 863, 867; Bunge, Kommentar zum UVPG, Einl. Rn. 61 in Storm/Bunge.

Gewichtung in der Abwägung und die Berücksichtigung i.S.d. § 12 UVPG auf den Ausgleich der Belange als dritten und abschließenden Schritt planerischer Abwägung richte.[661] Die Umweltverträglichkeitsprüfung bezwecke nämlich, durch die Beachtung bestimmter verfahrensrechtlicher Anforderungen und die Einbeziehung der durch sie gewonnenen Erkenntnisse in die Genehmigungsentscheidung einen verbesserten Umweltschutz zu erreichen. Wie sich aus der Präambel der Richtlinie ergebe, gehe es dabei darum, die menschliche Gesundheit zu schützen und durch die Verbesserung der Umweltbedingungen zur Lebensqualität beizutragen. Daraus werde deutlich, dass über die Einhaltung bestimmter verfahrensrechtlicher und materieller Anforderungen die Interessen Einzelner geschützt werden sollen.[662]

(4) Der EuGH

Eine neue Wendung erhielt die Diskussion durch die sog. Wells-Entscheidung des EuGH[663]. Gegenstand dieser Entscheidung war die Erteilung einer Betriebsgenehmigung für einen Steinbruch aus dem Jahre 1947 in Großbritannien, der jedoch lange Zeit nicht betrieben wurde. Im Jahre 1991 beantragten die Betreiber die Wiederaufnahme des Betriebs. Diese wurde 1999 ohne Durchführung einer UVP genehmigt. In dem nachfolgenden Rechtsstreit setzte der zuständige High Court of Justice (England & Wales), Queen's Bench Devision (Administrative Court) das Verfahren aus und legte dem EuGH u. a. die Frage vor, ob sich der Einzelne auf die Bestimmungen der UVP-RL berufen kann und ob und wie die Mitgliedstaaten verpflichtet sind, dem Unterlassen einer Umweltverträglichkeitsprüfung abzuhelfen. Dazu hat der EuGH entschieden, dass der Grundsatz der Rechtssicherheit der Begründung von Verpflichtungen für den Einzelnen entgegenstehe. Daher könne sich dieser gegenüber dem Mitgliedsstaat nicht auf die Richtlinie berufen, wenn es sich um eine Verpflichtung des Staates handle, die unmittelbar im Zusammenhang mit der Erfüllung einer anderen Verpflichtung stehe, die aufgrund dieser Richtlinie einem anderen obliege. Dagegen würden bloße negative Auswirkungen auf die Rechte Dritter es nicht rechtfertigen, dem Einzelnen das Recht auf Berufung auf die Bestimmungen einer Richtlinie dem betreffenden Mitgliedstaat zu versagen. Somit könne sich der Einzelne auf

---

[661] Scheidler NVwZ 2005, 863, 867.
[662] Scheidler NVwZ 2005, 863, 868.
[663] EuGH Urt. v. 7.1.2004, Rs. C-201/02 (Wells), Slg.2004 I-723 ff.

die Vorschriften des Art. 2 Abs. 1 i.V.m. Art 1 Abs. 2 und 4 Abs. 2 UVP-RL berufen,[664] die die Verpflichtung der Durchführung einer Umweltverträglichkeitsprüfung bei der Genehmigung bestimmter Projekte enthalten. Es sei Sache des nationalen Gerichts, festzustellen, ob nach nationalem Recht die Möglichkeit bestehe, eine bereits erteilte Genehmigung zurückzunehmen oder auszusetzen, um dieses Projekt einer Umweltverträglichkeitsprüfung zu unterziehen oder aber die Möglichkeit für den Einzelnen bestehe, wenn er dem zustimme, Ersatz des ihm entstandenen Schadens zu verlangen.[665]

(5) Reaktionen auf das Urteil des EuGH

Zunächst ist das OVG RLP[666] auf die Entscheidung des EuGH eingegangen. In dem Verfahren ging es um die Abgrenzung eines einheitlichen Windparks, wobei das förmliche Genehmigungsverfahren nach § 10 BImSchG unterlassen wurde und stattdessen vereinfachte Verfahren gem. § 19 BImSchG durchgeführt wurden und damit eine aufgrund der UVP-Pflicht des Vorhabens eine notwendige Öffentlichkeitsbeteiligung unterlassen wurde. In dem Beschluss entschied das OVG RLP, dass die Vorschriften über die Öffentlichkeitsbeteiligung im UVP-Verfahren drittschützende Wirkung für die „betroffene Öffentlichkeit" haben. Eine Kausalität zwischen Verfahrensfehler und Entscheidung in der Sache forderte das OVG nicht.[667] Diese Entscheidung wurde zum einen mit der sog. Wells-Entscheidung des EuGH und zum anderen mit dem neu eingefügten Art. 10a UVP-RL[668] begründet.

Das OVG NRW hat sich dagegen nicht dem OVG RLP angeschlossen. In einem Verfahren gegen einen Planfeststellungsbeschluss, der den Rahmenbetriebsplan

---

[664] EuGH Urt. v. 7.1.2004, Rs. C-201/02 (Wells), Slg.2004 I-723, Rn. 56 ff.

[665] EuGH Urt. v. 7.1.2004, Rs. C-201/02 (Wells), Slg.2004 I-723, Rn. 69.

[666] OVG RLP NVwZ 2005, 1208 ff.

[667] OVG RLP NVwZ 2005, 1208, 1211; von VG Karlsruhe, Beschl. v. 15.1.2007 Az. 8 K 1935/06 zitiert nach juris Rn. 23 f. offengelassen, ob aufgrund europarechtlicher Vorgaben im Einzelfall ggf. gerügt werden kann, dass ein vorgeschriebenes UVP-Verfahren nicht stattgefunden hat.

[668] Eingefügt durch Art. 3 Nr. 7 Richtlinie 2003/35/EG des Europäischen Parlaments und des Rates vom 26. Mai 2003 über die Beteiligung der Öffentlichkeit bei der Ausarbeitung bestimmter umweltbezogener Pläne und Programme und zur Änderung der Richtlinie 85/337/EWG und 96/61/EG des Rates in Bezug auf die Öffentlichkeitsbeteiligung und den Zugang zu Gerichten, Abl. EG 2003 L 156 v. 25.06.2003 S. 17.

mit Umweltverträglichkeitsprüfung zur Gewinnung von Steinkohle zulässt, musste sich das OVG mit der Frage auseinandersetzen, ob sich aus den Beteiligungsrechten subjektive Rechte ergeben. Dies verneinte das OVG und stellte fest, dass sich aus der Wells-Entscheidung des EuGH nicht anderes ergebe, da diese den nicht vergleichbaren Fall einer völlig unterbliebenen UVP betreffe. Zudem finde Art. 10a UVPG keine unmittelbare Anwendung, da es an der hinreichenden Bestimmtheit fehle.[669]

In ähnlicher Weise hat sich auch das VG Aachen[670] mit dem Urteil des EuGH und des OVG RLP auseinandergesetzt. Es stellte fest, dass die Regelungen des UVPG über die Öffentlichkeitsbeteiligung jedenfalls nicht per se und in jedem Fall Drittschutz beinhalten. Das VG begründete seine Entscheidung mit den vom EuGH gewählten einschränkenden und den Einzelfallcharakter unterstreichenden Formulierungen „Unter Umständen wie denen des Ausgangsverfahrens" und „gegebenenfalls". Zudem benenne der EuGH nur Art. 2 Abs. 1 i.V.m. Art. 1 Abs. 2 und Art. 4 Abs. 2 der UVP-RL auf die sich der Einzelne berufen könne. Diese Normen treffen jedoch keine Vorschriften über die Öffentlichkeitsbeteiligung, sondern Art. 6 Abs. 2 UVP-RL.[671]

In der Literatur wurde das Urteil des EuGH überwiegend dahingehend verstanden, dass sich entgegen der bisherigen Rechtsprechung des BVerwG subjektive Rechte aus den Vorschriften über die Durchführung einer Umweltverträglichkeitsprüfung ableiten ließen.[672] Hierzu gehörten die Vorschriften über die Beteiligung der Öffentlichkeit, die bei europarechtskonformer Auslegung Drittschutz entfalteten.[673] Kritik wurde dagegen an dem Urteil des OVG RLP geübt, das die erforderliche Klagebefugnis mit Art. 10a UVP-RL begründet hatte, obgleich

---

[669] OVG NRW NuR 2006, 320, 322. In einer anderen Entscheidung (OVG NRW ZUR 2006, 375, 379) führt das OVG weiter aus, dass die Wells-Entscheidung auch deshalb nicht zu einer Änderung der Rechtsprechung führe, da in dieser Entscheidung die mögliche Betroffenheit der Klägerin außer Frage stand. In der Entscheidung OVG NRW ZUR 2007, 376, 376 stellt das OVG nur fest, dass Verfahrenvorschriften grundsätzlich keine selbstständig durchsetzbaren Verfahrenspositionen vermittelten, selbst wenn das Verfahrensrecht – wie z.B. die Umweltverträglichkeitsprüfung – auf gemeinschaftsrechtlichen Vorgaben beruhe.

[670] VG Aachen, Urt. v. 14.9.2005, Az. 6 K 372/03, zitiert nach juris.

[671] VG Aachen, Urt. v. 14.9.2005, Az. 6 K 372/03, zitiert nach juris Rn. 174 ff.

[672] Vgl. hierzu Schlacke ZUR 2006, 360, 363; Siems NuR 2006, 359, 362; dies in Bezug auf die UVP in der Bauleitplanung ablehnend Waechter NordÖR 2006, 140, 146.

[673] Siems NuR 2006, 359, 362.

dieser noch nicht in nationales Recht umgesetzt worden war und zudem die Umsetzungsfrist noch nicht abgelaufen war.[674]

(6) Eigene Stellungnahme

Der EuGH hat entschieden, dass sich der Einzelne auf Art. 2 Abs. 1 i.V.m. Art. Art. 1 Abs 2 und Art. 4 Abs. 2 UVP-RL und damit auf die Pflicht der Mitgliedstaaten zur Durchführung einer Umweltverträglichkeitsprüfung im Rahmen der Genehmigung von vorgesehenen Projekte berufen kann. Damit erhält der Einzelne die Möglichkeit, sich wegen einer (gänzlich) unterlassenen UVP gegen die Genehmigung eines Projekts erfolgreich zur Wehr zu setzen. Etwas anderes ergibt sich auch nicht durch vom EuGH verwendeten Begriffe „unter Umständen wie denen des Ausgangsverfahrens" und „gegebenenfalls", denn auch im Ausgangsverfahren ging es um eine unterlassene Umweltverträglichkeitsprüfung.

Nicht endgültig entschieden ist dagegen der Fall, dass nicht die gesamte Umweltverträglichkeitsprüfung unterlassen wurde, sondern dass die Beteiligung der betroffenen Öffentlichkeit fehlerhaft bzw. gar nicht durchgeführt wurde. Dieser Fall kann aber nicht anders bewertet werden als der Fall einer unterbliebenen UVP. Die betroffene Öffentlichkeit besitzt ein subjektives Recht auf Beteiligung, das im Falle der nicht oder fehlerhaft durchgeführten Öffentlichkeitsbeteiligung ebenso verletzt wird, wie im Falle einer völlig unterlassenen UVP. Hierbei ist zu beachten, dass sich dies nicht nur aus dem neu eingeführten Art. 10a UVP-RL ergibt, sondern dass das erforderliche subjektive Recht sich aus den Vorschriften über die Beteiligung der betroffenen Öffentlichkeit ergibt. Insoweit lässt sich auch nicht die drittschützende Wirkung damit ablehnen, dass der Richtliniengeber selbst nicht von einer drittschützenden Wirkung ausging, da er den Art. 10a VUP-RL eingeführt hat.[675] Vielmehr enthält Art. 10a UVP-RL den Auftrag an die Mitgliedstaaten, die gerichtliche Durchsetzbarkeit dieser Rechte sicherzustellen, weshalb ihm in erster Linie eine klarstellende Funktion zukommt.

Auch der deutsche Gesetzgeber scheint davon auszugehen, dass auch Verfahrensvorschriften subjektive öffentliche Rechte enthalten können. So regelt § 4

---

[674] Tigges ZNER 2005, 93, 93; die Umsetzungsfrist der Öffentlichkeitsbeteiligungs-RL (vgl. Fn. 668) lief am 25.06.2005 ab, der Beschluss des OVG RLP ist vom 25.1.2005.

[675] In diesem Sinne aber argumentiert Lecheler NVwZ 2005, 1156, 1156.

Abs. 1 S. 1 URG[676], dass die Aufhebung einer Entscheidung über die Zulässigkeit eines Vorhabens verlangt werden kann, wenn eine nach dem UVPG, nach der Verordnung über die UVP bergbaulicher Vorhaben oder nach entsprechenden landesrechtlichen Vorschriften erforderliche UVP oder eine Vorprüfung des Einzelfalls über die UVP-Pflichtigkeit nicht durchgeführt und nicht nachgeholt worden sind. Nach § 2 Abs. 1 Nr. 1 URG können anerkannte Vereinigungen Rechtsbehelfe nur einlegen, wenn sie geltend machen, dass die Entscheidung oder deren Unterlassung Rechtsvorschriften, die Rechte Einzelner begründen, widerspricht. Das Kriterium der Rügebefugnis soll dabei auf die Verletzung eines subjektiven öffentlichen Rechts beschränkt sein.[677] Verletzungen sämtlicher objektiver Rechtssätze des Umweltrechts können daher nicht mittels eines Umweltrechtsbehelfs gerügt werden.[678] Nur sofern man anerkennt, dass auch Verfahrensvorschriften subjektive öffentliche Rechte enthalten können, ist diese Regelung von praktischer Relevanz, ansonsten liefe sie angesichts der Beschränkung der Rüge- und Begründetheitsprüfung auf drittschützende Normen leer.[679]

Daher besitzen die Vorschriften über die Durchführung einer Umweltverträglichkeitsprüfung in Bezug auf die Beteiligung der betroffenen Öffentlichkeit subjektive öffentliche Rechte.

b) Auswirkungen auf den Rechtsschutz in der SUP

Da die Auswirkungen einer völlig oder teilweise unterlassenen UVP auf die Rechtsschutzmöglichkeiten des Einzelnen geklärt worden sind, muss erörtert werden, inwieweit sich dieses Ergebnis auf die Rechtsschutzmöglichkeiten bei einer unterlassenen oder fehlerhaften SUP übertragen lässt.

(1) Unterschied zwischen UVP-RL und SUP-RL

In Bezug auf die Rechtsschutzmöglichkeiten besteht ein wesentlicher Unterschied zwischen der UVP-RL und der SUP-RL in der Einführung des Art. 10a UVP-RL. Dieser wurde 2003 durch die Öffentlichkeitsbeteiligungs-RL eingeführt und dient der Umsetzung der Aarhus-Konvention. Danach haben die Mit-

---

[676] Gesetz über ergänzende Vorschriften zu Rechtsbehelfen in Umweltangelegenheiten nach der EG-Richtlinie 2003/35/EG, v. 7.12.2006 BGBl. I S. 2816.
[677] BT-Drs. 16/2495, S. 12; Schlacke NuR 2007, 8, 11.
[678] Vgl. hierzu Schlacke NuR 2007, 8, 11.
[679] Schlacke NuR 2007, 8, 13.

gliedstaaten im Rahmen ihrer innerstaatlichen Rechtsvorschriften sicherzustellen, dass Mitglieder der betroffenen Öffentlichkeit, die entweder ein ausreichendes Interesse haben oder, sofern das Verwaltungsverfahrensrecht bzw. Verwaltungsprozessrecht eines Mitgliedstaats dies als Voraussetzung erfordert, eine Rechtsverletzung geltend machen, Zugang zu einem Überprüfungsverfahren vor einem Gericht oder einer anderen auf gesetzlicher Grundlage geschaffenen unabhängigen und unparteiischen Stelle haben, um die materiellrechtliche und verfahrensrechtliche Rechtmäßigkeit von Entscheidungen, Handlungen oder Unterlassungen anzufechten, für welche die Bestimmungen der UVP-RL über die Öffentlichkeitsbeteiligung gelten. Ein originärer Einfluss des Art. 10 a UVP-RL auf die Auslegung der SUP-RL scheitert daran, dass er in seiner Funktion als Umsetzungsakt des Art. 9 Aarhus-Konvention gerade nicht dazu bestimmt ist, Einfluss auf die Rechtsschutzmöglichkeiten bei Plänen und Programmen zu nehmen. Die Einführung des Art. 10 a UVP-RL hat somit keine Auswirkungen auf die Interpretation der SUP-RL.[680] Insoweit kann hier keine Parallele in den Fällen gezogen werden, in denen die Klagebefugnis allein durch Art. 10a UVP-RL begründet wurde.

(2) Übertragbarkeit auf die SUP-RL

Obwohl Unterschiede zwischen der UVP-RL und der SUP-RL bestehen, so sind doch beide Richtlinien sehr ähnlich. Vereinfacht lässt sich sagen, dass die SUP eine UVP auf der planerischen Ebene darstellt. Sie ist als komplementäres Instrument zur UVP konzipiert und vervollständigt das Konzept der Einbeziehung von Umweltschutzaspekten in den gesamten gestuften Prozess Planungen und Zulassungsentscheidungen. Die SUP beinhaltet, abgesehen von der teilweisen Verwendung neuer Begrifflichkeiten, weitgehend die gleichen Arbeitsschritte wie die Projekt-UVP.[681] Insbesondere besteht eine enge Verwandtschaft des Öffentlichkeitsbegriffs in der SUP-RL und der UVP-RL. So sieht Art. 6 Abs. 4 UVP-RL vor, dass die betroffene Öffentlichkeit frühzeitig und in effektiver Weise an dem UVP-Verfahren durch Stellungnahmen und Meinungsäußerungen zu beteiligen ist. Ebenso wird nach Art. 6 Abs. 2 SUP-RL der Öffentlichkeit innerhalb ausreichend bemessener Fristen die Möglichkeit gegeben, zum Entwurf

---

[680] Evers S. 217.

[681] Peters/Balla UVPG Einl. Rn. 28; vgl. zum Verhältnis von SUP-RL und UVP-RL auch Gliederungsabschnitt E.I.

des Plans oder Programms sowie zum begleitenden Umweltbericht Stellung zu nehmen. Nach Art. 6 Abs. 4 UVP-RL ist die betroffene Öffentlichkeit zu beteiligen; diese ist nach Art. 1 Abs. 2 UVP-RL die von UVP-Verfahren betroffene oder wahrscheinlich betroffene Öffentlichkeit oder die Öffentlichkeit mit einem Interesse daran; in diesem Sinne haben auch Nichtregierungsorganisationen, die sich für Umweltschutz einsetzen und alle nach innerstaatlichem Recht geltenden Voraussetzungen erfüllen, ein Interesse. Dagegen ist der Begriff der Öffentlichkeit i.S.d. Art. 6 Abs. 2 SUP-RL nach Art. 6 Abs. 4 SUP-RL durch die Mitgliedstaaten zu definieren; dabei schließt dieser Begriff die Teile der Öffentlichkeit ein, die vom Entscheidungsprozess gemäß dieser Richtlinie betroffen sind oder voraussichtlich betroffen sein werden oder ein Interesse daran haben, darunter auch Nichtregierungsorganisationen, z.B. Organisationen zur Förderung des Umweltschutzes und andere betroffene Organisationen. Die Mindestanforderungen des Art. 6 Abs. 4 SUP-RL an den durch die Mitgliedstaaten zu definierenden Begriff der Öffentlichkeit entsprechen dem Begriff der Öffentlichkeit i.S.d. Art. 1 Abs. 2 UVP-RL. Der nationale Gesetzgeber hat insoweit auch die Öffentlichkeitsbeteiligung in der SUP der in der UVP angeglichen. So verweist § 14i Abs. 1 UVP, der die Öffentlichkeitsbeteiligung im Rahmen des SUP-Verfahrens regelt, auf § 9 UVPG analog.

Aufgrund der Vergleichbarkeit von UVP- und SUP-Verfahren gerade in Bezug auf die Beteiligung der betroffenen Öffentlichkeit muss hier bei der Begründung subjektiver Rechte eine Parallele gezogen werden. Hierfür spricht auch die Rechtsprechung des EuGH, wonach der Einzelne immer schon dann einen Anspruch auf Einhaltung der in gemeinschaftlichen Richtlinien enthaltenen (staatlichen) Verpflichtungen hat, wenn diese (auch) in seinem Interesse bestehen.[682] Dieses Interesse ist dabei weit auszulegen, sodass es letztlich immer schon dann vorliegt, wenn der Einzelne in irgendeiner Form faktisch begünstigt ist oder werden soll. Damit ist es ausreichend, wenn die betreffende Bestimmung neben Interessen der Allgemeinheit solche des Einzelnen verfolgt; dieser kann dann auch (nur) als Teil der Allgemeinheit betroffen sein. Damit spielt die dem deutschen Recht gegenläufige Unterscheidung zwischen Allgemeinwohlinteressen

---

[682] Vgl. hierzu EuGH Urt. v. 2.8.1991, Rs. C.-131/88, (Kommission/Deutschland), Slg. 1991-I, 825, Rn. 6; EuGH Urt. v. 30.5.1991 Rs. C-59/89, (Kommission/Deutschland), Slg. 1991-I 2607, Rn. 18; EuGH Urt. v. 30.5.1991, (Kommission/Deutschland), Slg. 1991-I, 2567, Rn. 24.

und Individualrechten keine Rolle, so dass ein rechtlich geschütztes Interesse auch dann vorliegen kann, wenn beliebig viele Personen in gleicher Weise betroffen sein können. Ausreichend ist damit regelmäßig der mit umweltrechtlichen Richtlinien in der Regel (auch) verfolgte Zweck des Schutzes der menschlichen Gesundheit, aber auch derjenige von für Menschen wichtigen Naturgütern oder die Sicherstellung einer „nachhaltigen Entwicklung". Einbezogen werden auf diese Weise grundsätzlich auch Maßnahmen der Vorsorge.[683] Insoweit vermitteln die Vorschriften über die Beteiligung der Öffentlichkeit im SUP-Verfahren dem Einzelnen subjektive öffentliche Rechte.[684] Werden diese im Rahmen eines Planungsverfahrens verletzt, kann sich der Betroffene erfolgreich dagegen zur Wehr setzen.

c) Bedeutung für Klagen gegen Flugrouten

Für Klagen gegen Flugrouten hat dieses Ergebnis erhebliche Auswirkungen. Die gem. § 42 Abs. 2 VwGO erforderliche Klagebefugnis ergibt sich für Personen, die zur betroffenen Öffentlichkeit i.S.d. § 14i Abs. 1 i.V.m. § 9 Abs. 1 S. 2 analog UVPG gehören, aus der Verletzung der Vorschriften über die Öffentlichkeitsbeteiligung nach § 14i Abs. 1 i.V.m. § 9 Abs. 1 analog UVPG. Daher werden ihre Klagen gegen Flugrouten, bei denen die Unterlassung einer Strategischen Umweltprüfung oder die nicht durchgeführte Öffentlichkeitsbeteiligung gerügt wird, auch erfolgreich sein, ohne dass eine konkrete Auswirkung der Unterlassung auf das Abwägungsergebnis nachgewiesen werden muss. Für die Rechtsprechungspraxis bedeutet dies, dass der Kläger diese Ergebniskausalität nicht darlegen muss, was in der Praxis kaum möglich ist.

---

[683] Vgl. hierzu insgesamt Epiney, ZUR 1996, 229, 233, Töllner S. 73 f.
[684] So auch Töllner S. 76 f.

F. Zusammenfassung der Ergebnisse in Thesen

1. Flugrouten werden gem. § 32 Abs. 1 S. 1 Nr. 1, Abs. 3 S. 2, 3 LuftVG i.V.m. § 27a Abs. 2 S. 1 LuftVO als Rechtsverordnung durch das Luftfahrt-Bundesamt (LBA) erlassen, wobei der eigentliche Entwurf von der Deutsche Flugsicherung GmbH (DFS) erarbeitet wird und vom Luftfahrt-Bundesamt nur auf seine Rechtmäßigkeit hin überprüft wird. Eine materielle Privatisierung der DFS zu 74, 9 %ist aufgrund der verfassungsrechtlichen Vorgaben des Art. 87d Abs. 1 GG derzeit nicht zulässig. Sollte eine Privatisierung weiter angestrebt werden, so wäre hierzu eine Verfassungsänderung notwendig.

2. Sowohl eine Beteiligung von Gemeinden als auch eine Öffentlichkeitsbeteiligung ist für die Aufstellung von Flugrouten nicht vorgesehen und aus verfassungsrechtlichen Gründen auch nicht erforderlich. Zudem ergibt sich die Notwendigkeit der Öffentlichkeitsbeteiligung auch nicht aus der Aarhus-Konvention oder der Öffentlichkeitsbeteiligungs-RL.

3. Kernpunkt des materiellen Entscheidungsprogramms der Flugroutenaufstellung bildet das Abwägungsgebot, welches aus dem Wesen einer rechtsstaatlichen Planung folgt und entsprechend allgemein gilt. Die Belange der Sicherheit des Luftverkehrs unterliegen jedoch nicht der Abwägung, sondern sind vielmehr strikt zu beachten.

4. 29b Abs. 2 LuftVG enthält kein Optimierungsgebot zum Schutz der Bevölkerung vor unzumutbarem Fluglärm, vielmehr handelt es sich um eine (bloße) Zielvorgabe. Im Rahmen der Abwägung genießt das Gebot des § 29b Abs. 2 LuftVG im Falle eines Zielkonfliktes mit dem Gebot der Flüssigkeit des Luftverkehrs Vorrang.

5. Die Ziele der Raumordnung entfalten keine strikte Bindungswirkung für die Festlegung von Flugrouten, jedoch ergibt sich aus § 5 ROG eine Obliegenheit des LBA die von ihm wahrzunehmenden Belange in geeigneten Verfahren gegenüber den Ländern zu vertreten. Ebenso ergeben sich aus § 7 S. 1 BauGB keine weitergehenden Anforderungen an die Aufstellung von Flugrouten.

6. Nach längerer Entwicklung der Rechtsprechung besteht nun Einigkeit darüber, dass der Verwaltungsrechtsweg für Klagen gegen Flugrouten gem. § 40 Abs. 1 S. 1 VwGO eröffnet ist. Statthafte Klageart ist, entgegen der Rechtsprechung, nicht die Feststellungsklage gem. § 43 VwGO, sondern die allgemeine Leistungsklage.

7. Die Klagebefugnis für natürliche Personen gem. § 42 Abs. 2 VwGO analog ergibt sich aus dem Recht auf gerechte Abwägung ihrer Belange, wobei die Belange selbst nicht rechtlich geschützt sein müssen. Zudem handelt es sich bei § 29b Abs. 2 LuftVG um eine drittschützende Norm, die jedoch nur den Schutz vor unzumutbarem Fluglärm umfasst und damit wesentlich enger gefasst ist, als das Recht auf gerechte Abwägung.

8. Die Klagebefugnis betroffener Gemeinden ergibt sich ebenfalls aus dem Recht auf gerechte Abwägung ihrer Belange. Nur wenn entweder eine hinreichend konkretisierte und verfestigte Planung der Gemeinde durch eine andere (in der Regel überörtliche) Planung vereitelt oder zumindest nachhaltig beeinträchtigt wird oder wesentliche Teile des Gemeindegebiets einer durchsetzbaren Planung entzogen werden oder kommunale Einrichtungen erheblich beeinträchtigt werden, kann sich die Klagebefugnis auch aus einer möglichen Verletzung der in Art. 28 Abs. 2 GG garantierten Planungshoheit ergeben. Dies ist nur äußerst selten der Fall.

9. Zuständig für Klagen gegen Flugrouten ist gem. § 48 Abs. 1 S. 1 Nr. 6, § 52 Nr. 1 VwGO grundsätzlich das OVG, in dessen Bezirk der Flughafen liegt, zu dem die streitigen An- und Abflugrouten hin- bzw. wegführen. Führen jedoch die streitigen An- und Abflugrouten eines grenznahen ausländischen Flughafens über deutsches Gebiet, so ist das OVG zuständig, über dessen Gerichtsbezirk die betroffenen Flugrouten führen.

10. Auch wenn in neueren Urteilen der Sicherheitscharakter von Flugrouten betont wird, handelt es sich weiterhin in erster Linie um eine Planungsentschei-

dung, deren Kernelement die Abwägung bildet. Entgegen der Rechtsprechung rechtfertigen die sachlichen Besonderheiten dieser Abwägungsentscheidung keine Einschränkung des Prüfungsmaßstabes, weshalb auch die Festlegung von Flugrouten wie jede andere Abwägungsentscheidung zu überprüfen ist.

11. Flugrouten sind keine Verkehrswege i.S.d. Art. 12 Abs. 1 UAbs. 2 Seveso-II-RL, sodass das Umgebungsschutzgebot keine Anwendung findet. Ebenso handelt es sich bei Flugrouten nicht um eine Politik der Flächenausweisung oder Flächennutzung, jedoch um eine andere einschlägige Politik i.S.d. Art. 12 Abs. 1 S. 1 Seveso-II-RL. Daher ist, entgegen der Rechtsprechung des HessVGH, das Berücksichtigungsgebot des Art. 12 Abs. 1 S. 1 Seveso-II-RL auf die Festlegung von Flugrouten anzuwenden.

12. Kann das Ziel der Störfallrisiko- und folgenbegrenzung sowohl durch innerbetriebliche Maßnahmen als auch durch alternative Streckenverläufe erreicht werden, so ist zunächst bei der Festlegung von Flugrouten zu berücksichtigen, dass zu Störfallanlagen ein angemessener Abstand eingehalten wird. Wenn dies nicht möglich ist, sind entsprechende innerbetriebliche Maßnahmen zu ergreifen.

13. Die Umsetzung der Vorgaben des Art. 12 Abs. 1 Seveso-II-RL erfolgte in Deutschland durch § 50 S. 1 BImSchG nur unvollständig. Die Ausweisung eines Luftsperrgebietes nach §§ 26 Abs. 1, 32 Abs. 1 Nr. 3 LuftVG i.V.m. § 11 Abs. 1 S. 1 LuftVO hilft nicht, dieses Umsetzungsdefizit zu lösen, da die für die Ausweisung eines solchen Sperrgebiets erforderliche abstrakte Gefahr nicht vorliegen wird. Zudem ist auch § 29 Abs. 1 S. 1 LuftVG nicht geeignet, dieses Defizit zu lösen, da sich hieraus keine allgemeinen Regelungen zur Berücksichtigung von Risiken unterhalb der Gefahrenschwelle ableiten lassen.

14. § 50 S. 1 BImSchG ist zur Lösung der fehlerhaften Umsetzung des Art. 12 Abs. 1 Seveso-II-RL dahingehend richtlinienkonform auszulegen, dass Flächen einander auch so zuzuordnen sind, dass es nicht zu einer unangemessenen Erhöhung des Risikos eines schweren Unfalls kommt. Außerdem ist bei der Flächenzuordnung das Ziel der Unfallvermeidung unabhängig davon zu berücksichtigen, ob die in Art. 12 Abs. 1 UAbs. 2 Seveso-II-RL genannten schutzbedürftigen Gebiete hiervon betroffen sind.

15. Das Berücksichtigungsgebot schützt nicht den Anlagenbetreiber vor heranrückenden Gefahren, sondern nur die Bevölkerung vor den Gefahren und Auswirkungen schwerer Unfälle. Deshalb kann sich hieraus nicht die erforderliche Klagebefugnis gem. § 42 Abs. 2 VwGO analog ergeben. Diese kann sich jedoch aus einer möglichen Verletzung seines subjektiven Rechts auf gerechte Abwägung seiner Belange ergeben. Als solcher Belang kommt das Interesse des Anlagenbetreibers am weiteren Betrieb der Anlage im bisherigen Umfang in Betracht.

16. Im Rahmen der Aufstellung von Flugrouten existieren keine Regelungen zur Unbeachtlichkeit von Abwägungsfehlern. Daher sind im Rahmen der Abwägung Fehler stets beachtlich, unabhängig davon, ob sich dieser Fehler auch auf das Abwägungsergebnis ausgewirkt hat. Ein allgemeiner Rechtsgedanke zur Heilung von Abwägungsfehlern existiert dagegen nicht und auch aus der sachlichen Eigenart von Flugrouten lässt sich die Unbeachtlichkeit von Abwägungsfehlern nicht ableiten.

17. Bei dem Berücksichtigungsgebot des § 50 S. 1 BImSchG handelt es sich um ein Optimierungsgebot, weshalb es im Rahmen der Abwägung gegenüber Belangen der Flüssigkeit des Luftverkehrs und Lärmschutzbelangen des § 29b Abs. 2 LuftVG vorrangig zu berücksichtigen ist. Dagegen ist der Schutz vor nächtlichem Fluglärm gem. § 29b Abs. 1 S. 2 LuftVG grundsätzlich gleichrangig mit dem Berücksichtigungsgebot in die Abwägung einzustellen. Ein Ausgleich zwischen diesen Belangen ist hier im Einzelfall zu treffen.

18. Pläne und Programme i.S.d. Art. 2 lit. a SUP-RL liegen vor, wenn die übrigen Merkmale des Art. 2 lit. a SUP-RL erfüllt sind. Dem Begriff Pläne und Programme kommt dabei keine weitergehende Bedeutung zu. Flugrouten werden durch Behörden aufgrund einer rechtlichen Aufstellungspflicht erlassen, sodass es sich um Pläne und Programme in diesem Sinne handelt. Flugrouten sind Regelungen im Bereich des Luftverkehrs und somit werden sie im Bereich Verkehr i.S.d. Art. 3 lit. a SUP-RL ausgearbeitet.

19. Flugrouten haben Einfluss auf die Genehmigung von Anlagen nach Anh. I Nr. 6 UVP-RL, die einer Genehmigung nach § 10 BImSchG bedürfen. Dies führt in der Regel dazu, dass die Genehmigung nach § 6 BImSchG mit Inhalts- und Nebenbestimmungen verbunden wird und im Einzelfall die Genehmigung auch versagt werden muss. Da es für das Merkmal der Rahmensetzung ausreicht, dass es sich um rein negative Planungen handelt und keine Projektspezifizierung erforderlich ist, besitzen Flugrouten die rahmensetzende Wirkung i.S.d. Art. 3 Abs. 2 lit. a SUP-RL. Somit ist die SUP-Richtlinie auf die Festlegung von Flugrouten anwendbar.

20. Die nationalen Vorschriften über die Strategische Umweltprüfung sehen keine Umweltprüfung für Flugrouten vor. Daher wurde die SUP-Richtlinie nicht ordnungsgemäß in das nationale Recht umgesetzt. Dieses Defizit ist durch die richtlinienkonforme Auslegung des § 14b Abs. 2 UVPG zu lösen. Dieser ist europarechtskonform so auszulegen, dass bei Plänen und Programmen, die der SUP-RL unterfallen und nicht von § 14b Abs. 1 UVPG erfasst werden, keine Vorprüfung des Einzelfalls durchzuführen ist, sondern die SUP-Pflicht gem. § 14b Abs. 2 UVPG besteht, sofern Pläne oder Programme rahmensetzende Teile besitzen. Diese Auslegung ist auch mit dem Wortlaut und dem Willen des Gesetzgebers vereinbar, da dieser mit den Änderungen des UVPG die SUP-Richtlinie vollständig umsetzen wollte.

21. Die Anwendbarkeit der SUP-Richtlinie auf Flugrouten hat zur Folge, dass eine Strategische Umweltprüfung für Flugrouten durch das LBA durchzuführen ist. Die Ergebnisse sind bei der Festlegung von Flugrouten in die Abwägung einzustellen. Auch wenn den Ergebnissen der Strategischen Umweltprüfung kein abstrakt-genereller Vorrang gegenüber anderen Belangen im Rahmen der Abwägungsentscheidung eingeräumt wird, so wird dies zumindest zu einer faktischen Gewichtssteigerung der Umweltbelange führen.

22. Eine unterlassene oder fehlerhafte Strategische Umweltprüfung hat auch Auswirkungen auf den Rechtsschutz. Die gem. § 42 Abs. 2 VwGO analog erforderliche Klagebefugnis ergibt sich für Personen, die zur betroffenen Öffentlichkeit i.S.d. § 14i Abs. 1 i.V.m. § 9 Abs. 1 S. 2 UVPG gehören, aus der Verletzung der Vorschriften über die Öffentlichkeitsbeteiligung nach § 14i Abs. 1

i.V.m. § 9 Abs. 1 UVPG. Daher werden ihre Klagen gegen Flugrouten, bei denen die Unterlassung einer Strategischen Umweltprüfung oder die nicht durchgeführte Öffentlichkeitsbeteiligung gerügt wird, erfolgreich sein, ohne dass eine konkrete Auswirkung der Unterlassung auf das Abwägungsergebnis nachgewiesen werden muss.

Literaturverzeichnis

Alber, Christoph	Zum Rechtsschutz gegen Fluglärm: insbesondere gegen die Festlegung so genannter Flugrouten, Frankfurt, 2004
Aulehner, Josef	§§ 42, 43, 47 VwGO: Rechtsschutz gegen Rechtsverordnungen des Bundes, JA 2001, 291-294
Balla, Stefan	Der Umweltbericht in der Strategischen Umweltprüfung nach dem UVPG, NuR 2006, 485-493
Bartlsperger, Richard	Die Bauleitplanung als Reservat des Verwaltungsstaates, DVBl. 1967, 360-373
Battis, Ulrich / Krautzberger, Michael / Löhr, Peter	Baugesetzbuch – Kommentar, 10. Auflage, München 2007
Baumann, Karsten	Der Schutz von Verfassungsorganen gegen terroristische Angriffe aus der Luft, DÖV 2006, 331-338
	Bundeseigenverwaltung und Wettbewerb? – Die Neuordnung der Flugsicherung, DVBl. 2006, 332-338
Baumbach, Adolf / Lauterbach, Wolfgang / Albers, Jan / Hartmann, Peter	Zivilprozessordnung, 65. Auflage, München, 2007 (zitiert: Verfasser in Baumbach/Lauterbach)
Beljin, Saša	Die Zusammenhänge zwischen dem Vorrang, den Instituten der innerstaatlichen Beachtlichkeit und der Durchführung des Gemeinschaftsrechts, EuR 2002, 351-376
	EG-Recht in der Fallbearbeitung, JUS 2002, 987-993

Bohl, Johannes	Zum Rechtsschutz der Gemeinden gegen Flugrouten, NVwZ 2001, 764-765
Breuer, Rüdiger	Der Störfall im Atom- und Immissionsschutzrecht, WiVerw 1981, 219-240
Buchner, Reimar	Anmerkungen zum Urteil des VGH Baden-Württemberg vom 22.3.2002 –8 S 1271/01, DVBl. 2002, 1136-1140
Bunge, Thomas	Auswirkungen der beabsichtigten Umweltprüfung von Plänen und Programmen auf das deutsche Recht, in: Hartje, Volkmar/ Klaphake, Axel (Hrsg.), Die Rolle der Europäischen Union in der Umweltplanung, S. 117-147, Marburg, 1998 (zitiert: Bunge in Hartje/Klaphake)
Calliess, Christian	Verfahrensrechtliche Anforderungen der Richtlinie zur strategischen Umweltprüfung (SUP-RL), in: Hendler, Reinhard / Marburger, Peter / Reinhardt, Michael / Schröder, Meinhard (Hrsg.), Die strategische Umweltprüfung (sog. Plan—UVP) als neues Instrument des Umweltrechts, Berlin, 2004, S. 153-178 (zitiert: Calliess in Hendler)
	Zur unmittelbaren Anwendung der EG-Richtlinie über die Umweltverträglichkeitsprüfung und ihrer Umsetzung im deutschen Immissionsschutzrecht, NVwZ 1996, 339-342
Calliess, Christian / Ruffert, Matthias (Hrsg.)	Kommentar zum EU-Vertrag und EG-Vertrag, 3. Auflage, München, 2007 (zitiert: Verfasser in Calliess/Ruffert)

Canaris, Klaus-Wilhelm	Die richtlinienkonforme Auslegung und Rechtsfortbildung im System der juristischen Methodenlehre in: Koziol, Helmut / Rummel, Peter (Hrsg.), Im Dienste der Gerechtigkeit – Festschrift für Franz Bydlinski, Wien, New York 2002, S. 48-103 (zitiert: Canaris in FS-Bydlinski)
Czybulka, Detlef	Verwaltungsprozessuale Probleme bei der Klage gegen die Festlegung von „Flugrouten", DÖV 1991, 410-415
	Festlegung von Flugrouten und Flughafenplanung, in: Ziekow, Jan (Hrsg.): Flughafenplanung, Planfeststellungsverfahren, Anforderungen an die Panentscheidung, Berlin 2002, S. 9-25 (zitiert: Czybulka in Ziekow)
	Anmerkungen zum Urteil des BVerwG vom 28.06.2000 – 11 C 13.99, ZUR 2001, 268-271
	Die rechtliche Bewältigung der Fluglärmproblematik, UPR 1999, 126-129
Czybulka, Detlef / Wandres, Thomas	Rechtsschutz gegen zivilen Fluglärm bei der Festsetzung von „Flugrouten", DÖV 1990, 1033-1040
Dinkloh, Ludwig / Deuster, Bruno / Michael-Schulz, Heike	Novellierung der Seveso II-RL, Immissionsschutz 2004, 23-33
Dolde, Klaus-Peter	Bestandsschutz von Altanlagen im Immissionsschutzrecht, NVwZ 1986, 873-884.
Dolderer, Michael	Das neue Raumordnungsgesetz (ROG 1998), NVwZ 1998, 345-350.
Dreier, Horst (Hrsg.)	Grundgesetz, Kommentar Band I, 2. Auflage, Tübingen, 2004 (zitiert: Verfasser in Dreier)

Ehlers, Dirk	Verwaltung in Privatrechtsform, Berlin, 1984
	Eigentumsschutz, Sozialbindung und Enteignung bei der Nutzung von Boden und Umwelt, in: VVDStRL 51 (1992), 221-252
Epiney, Astrid	Dezentrale Durchsetzungsmechanismen im gemeinschaftlichen Umweltrecht, ZUR 1996, 229-234
Erbguth, Wilfried	Das Bundesverwaltungsgericht und die Umweltverträglichkeitsprüfung NuR 1997, 261-267
	Entwicklungslinien im Recht der Umweltverträglichkeitsprüfung UVP-RL – UVP-ÄndRL – UVPG – SUP, UPR 2003, 321-326
Erbguth, Wilfried / Schink, Alexander	Gesetz über die Umweltverträglichkeitsprüfung – Kommentar, 2. Auflage, München, 1996 (zitiert: Erbguth/Schink)
Eyermann, Erich	Verwaltungsgerichtsordnung, 12. Auflage, München, 2006 (zitiert: Verfasser in Eyermann)
Feldhaus, Gerhard	Einführung in die Störfall-Verordnung, WiVerw 1981, 191-207
Friauf, Karl Heinrich	Zum gegenwärtigen Stand der Bestandsschutz-Problematik, WiVerw, 1986, 87-115
Führ, Martin	Sanierung von Industrieanlagen, Düsseldorf, 1989
Giemulla, Elmar	Flugsicherung und Verfassungsrecht, DVBl. 2007, 719-726.

Giemulla, Elmar / Schmid, Ronald	Frankfurter Kommentar zum Luftverkehrsrecht Band 1.1, 1.2, 2, Neuwied, Stand: Dezember 2007, 52. Ergänzungslieferung (zitiert: Verfasser in Giemulla/Schmid)
Giemulla, Elmar / Wenzler, Thomas	Zur Verfassungsmäßigkeit der Organisationsform des Flugplankoordinators der Bundesrepublik Deutschland, DVBl. 1989, 283-287
Ginzky, Harald	Die Richtlinie über die Prüfung der Umweltauswirkungen bestimmter Pläne und Programme, UPR 2002, 47-53
Graumann, Horst	Flugsicherung – Polizei oder Unternehmen? ZLW 1990, 247-255
Grundmann, Stefan	Richtlinienkonforme Auslegung im Bereich des Privatrechts – insbesondere: der Kanon der nationalen Auslegungsmethoden als Grenze? ZEuP 1996, 399-424
Gusy, Christoph	Polizeirecht, 6. Auflage, Tübingen, 2006
Haltern, Ulrich	Europarecht – Dogmatik im Kontext, Tübingen, 2005
Hansmann, Klaus	Sicherheitsanforderungen im Atomrecht und Immissionsschutzrecht, DVBl. 1981, 898-903
Hendler, Reinhard	Rechtsgutachten zu den Anforderungen an die planerische Abwägung hinsichtlich der störfallrechtlichen Sicherheitsbelange bei der Festlegung einer neuen Landebahn als Ziel der Raumordnung im Landesentwicklungsplan, Dezember 2004 (zitiert: Hendler LEP-Gutachten)

Die SUP-RL: Bedeutung für die Verkehrswegeplanung, in: Ziekow, Jan (Hrsg.), Aktuelle Probleme des Fachplanungs- und Raumordnungsrechts, 2004, Berlin 2005, S. 267-286 (zitiert: Hendler in Ziekow)

Der Geltungsbereich der EG-Richtlinie zur strategischen Umweltprüfung, NuR 2003, 2-11

Rechtliche Stellungnahme zur Vereinbarkeit der landesplanerischen Beurteilung des Regierungspräsidiums Darmstadt vom 10. Juni 2002 (Raumordnungsverfahren Flughafen Frankfurt Main) mit Art. 12 Abs. 1 Seveso-II-RL, April 2004 (zitiert: Hendler Seveso-II-Gutachten)

Das Gesetz zur Einführung einer Strategischen Umweltprüfung, NVwZ 2005, 977-984

Allgemeines Verwaltungsrecht, 3. Auflage, Stuttgart, 2000

Zum Begriff der Pläne und Programme in der EG-Richtlinie zur strategischen Umweltprüfung, DVBl. 2003, 227-234

Hermanns, Caspar David / Hönig, Dietmar	Berücksichtigung von Seveso-II-Anlagen bei der Festlegung von Flugrouten, NWVBl. 2006, 8-12
	Die gerichtliche Zuständigkeit bei Klagen gegen die Festlegung von Flugrouten am Beispiel des Flughafens Zürich, VBlBW 2003, 373-376
Heuer, Kai / Klophaus, Richard	Regionalökonomische Bedeutung und Perspektiven des Flughafens Frankfurt-Hahn, Birkenfeld, 2007 (zitiert: Heuer/Klophaus)
Hien, Eckart	Die Umweltverträglichkeitsprüfung in der gerichtlichen Praxis, NVwZ 1997, 422-428

Hofmann, Max / Grabherr, Edwin	Luftverkehrsgesetz – Kommentar München; Stand: November 2007, 11. Ergänzungslieferung
Hoppe, Werner	Die Bedeutung von Optimierungsgeboten im Planungsrecht, DVBl. 1992, 853-862
Hoppe, Werner / Bönker, Christian / Grotefels, Susanne	Öffentliches Baurecht, 3. Auflage, München, 2004 (zitiert: Verfasser in Hoppe/Bönker/Grotefels)
Hufen, Friedhelm	Verwaltungsprozessrecht, 7. Auflage, München, 2008
Ipsen, Jörn	Gefahren für den Rechtsstaat?, NdsVBl. 1999, 225-229
Jacoby, Christian	Die Strategische Umweltprüfung in der Raumordnung, UVP-Report 2001, 134-138
	Strategische Umweltprüfung (SUP), UVP-Report 2001, 28-32
Jarass, Hans D.	Bundes-Immissionsschutzgesetz Kommentar, 7. Auflage, München, 2007 (zitiert: Jarass BImSchG)
Jarass, Hans D. / Beljin, Saša	Unmittelbare Anwendung des EG-Rechts und EG-rechtskonforme Auslegung, JZ 2003, 768-777
Jarass, Hans D. / Pieroth, Bodo	Grundgesetz für die Bundesrepublik Deutschland – Kommentar, 9. Auflage, München, 2007
Johlen, Heribert	Zum Erfordernis der Rechtsverletzung im Sinne der §§ 42 Abs.2, 113 Abs. 1 S. 1 VwGO bei der Anfechtung eines Planfeststellungsbeschlusses, DÖV 1989, 204-209

Kämper, Norbert	Beteiligungsrecht kommunaler Gebietskörperschaften im luftrechtlichen Genehmigungs- und Normsetzungsverfahren in: Ziekow, Jan: Bewertung von Fluglärm – Regionalplanung – Planfeststellungsverfahren, Berlin, 2003, S. 59-81 (zitiert: Kämper in Ziekow)
Kilian, Wolfgang	Rechtsschutz gegen Bundes-Rechtsverordnungen, NVwZ 1998, 142
Kirchhoff, Gabriele / Boewe, Marius	Die Privatisierung der Deutschen Flugsicherung GmbH – Politisches Wunschdenken und verfassungsrechtliche Realität, ZLW 2007, 17-32
Kläne, Christian	Strategische Umweltprüfung (SUP) in der Bauleitplanung, Hamburg, 2003
Kloepfer, Michael	Seveso II-Richtlinie und Raumordnungsverfahren – Rechtsgutachten zu dem Vertragsverletzungsverfahren der Kommission der Europäischen Gemeinschaften gegen die Bundesrepublik Deutschland wegen des behaupteten Verstoßes des Raumordnungsverfahrens „Flughafen Frankfurt" gegen die Seveso-II-Richtlinie, ohne Jahresangabe [2004] (zitiert: Kloepfer-Gutachten)
	Umweltschutz als Verfassungsrecht: Zum neuen Art. 20a GG, DVBl. 1996, 73-80
Knack, Hans-Joachim	Verwaltungsverfahrensgesetz – Kommentar, 8. Auflage, Köln, Berlin, Bonn, München, 2004, (zitiert: Verfasser in Knack)
Koch, Hans-Joachim / Hendler, Reinhard	Baurecht, Raumordnungs- und Landesplanungsrecht, 4. Auflage, Stuttgart, 2004

Koch, Hans-Joachim / Scheuing, Dieter H. / Pache, Eckhard	Gemeinschaftskommentar zum Bundes-Immissionsschutzgesetz, Düsseldorf, Stand: Dezember 2007, 24. Ergänzungslieferung (zitiert: Verfasser in GK)
Koch, Hans-Joachim / Wieneke, Anette	Umweltprobleme des Luftverkehrs, NVwZ 2003, 1153-1168
Kopp, Ferdinand O. / Ramsauer, Ulrich	Verwaltungsverfahrensgesetz – Kommentar 10. Auflage, München, 2008
Kopp, Ferdinand O. / Schenke, Wolf-Rüdiger	Verwaltungsgerichtsordnung – Kommentar 15. Auflage, München, 2007
Kotulla, Michael	Bundes-Immissionsschutzgesetz, Stuttgart, Stand: Januar 2007, 11. Ergänzungslieferung (zitiert: Verfasser in Kotulla)
Kraetschmer, Dietrich / Ginzky, Harald (Bearb.)	Vorschläge für rechtliche Grundlagen und methodische Hilfen für die Umweltverträglichkeitsprüfung von Plänen und Entwicklung von Vorschlägen zur rechtlichen Verzahnung von UVP im vorgelagerten Verfahren mit UVP in nachgelagerten Verfahren, Forschungsvorhaben im Auftrag des Umweltbundesamtes, (FKZ Nr. 299 13 134), Endbericht der Planungsgruppe Ökologie + Umwelt GmbH und der Forschungsstelle für europäisches Umweltrecht (zitiert: Kraetschmer/Ginzky)
Kunig, Philip	Die Zulässigkeit der verwaltungsgerichtlichen Feststellungsklage, JURA 1997, 326-330
Kukk, Alexander	Rechtsschutz von Flughafenanwohnern gegen die Festlegung von Flugrouten: Zwei Schritte vor, einer zurück, NVwZ 2001, 408-410
Landmann, Robert von / Rohmer, Gustav	Umweltrecht Band I, II, München, Stand: September 2007, 52. Ergänzungslieferung (zitiert: Verfasser in L/R)

Langenbucher, Katja	Europarechtliche Bezüge des Privatrechts, Baden-Baden, 2005 (zitiert: Verfasser in Langenbucher)
Laubinger, Hans-Werner	Der Verfahrensgedanke im Verwaltungsrecht, in: König, Klaus / Merten, Detlef: Verfahrensrecht in Verwaltung und Verwaltungsgerichtsbarkeit S. 47-67, Berlin, 2000 (zitiert: Laubinger in König/Merten)
	Das „Endiviensalat-Urteil" – eine Fehlentscheidung? Zum Begriff der Allgemeinverfügung im Sinne von § 35 Satz 2 VwVfG, in: Arndt, Hans Wolfgang, Völkerrecht und deutsches Recht – Festschrift für Walter Rudolf zum 70. Geburtstag, S. 305-323, München, 2001 (zitiert: Laubinger in FS-Rudolf)
Lecheler, Helmut	Isolierte Anfechtung von Verfahrensfehlern ohne materielle Beschwer kraft Europarecht, NVwZ 2005, 1156-1157
Lee, Chien-Liang	Eigentumsgarantie und Bestandsschutz im Immissionsschutzrecht, Baden-Baden, 1994
Lell, Otmar / Sangenstedt, Christof	Bezüge zwischen der Plan-UVP und der Projekt-UVP, UVP-Report 2001, 123-126
Lerche, Peter	Neue Entwicklungen zum Begriff der Bundeseigenverwaltung, in: Kirchhof, Paul / Offenbach, Klaus / Schöberle, Horst (Hrsg.), Steuerrecht, Verfassungsrecht, Finanzpolitik – Festschrift für Franz Klein, Köln, 1994 S. 527-539 (zitiert: Lerche in FS-Klein)
Louis, Hans Walter	Die Strategische Umweltprüfung für Landschaftspläne, UPR 2006, 285-289
Martens, Wolfgang	Immissionsschutzrecht und Polizeirecht, DVBl. 1981, 597-609

Masing, Tobias	Das Recht auf gerechte Abwägung beim Verordnungserlass?, NVwZ-Sonderheft 2005, 24-30
Maurer, Hartmut	Allgemeines Verwaltungsrecht, 16. Auflage, München, 2006
Maunz, Theodor / Dürig, Günter	Grundgesetz – Kommentar, München, Stand: Dezember 2007, 51. Ergänzungslieferung
Meißner, Martin	An- und Abflugrouten – ein neues Planungsrecht entsteht, in: Ziekow, Jan (Hrsg.), Aktuelle Probleme des Fachplanungs- und Raumordnungsrechts 2004, Berlin 2005, S. 37-64 (zitiert: Meißner in Ziekow)
Meister, Johannes	Flugroutenplanung und allgemeines Planungsrecht, ZLW 2004, 23-46
Möllers, Tomas M.	Die Rolle des Rechts im Rahmen der europäischen Integration, Tübingen, 1999
Murswiek, Dietrich	Staatsziel Umweltschutz (Art. 20 a GG), NVwZ 1996, 222-230
Näckel, Antje	Umweltprüfung für Pläne und Programme, Baden-Baden, 2003
Obermayer, Klaus	Verfassungsrechtliche Aspekte der verwaltungsgerichtlichen Normenkontrolle, DVBl. 1965, 625-633
Otto, Sandra	Umweltverträglichkeitsprüfung von Plänen und Programmen: Vorschlag der Kommission für eine EU-Richtlinie des Rates über die Prüfung der Umweltauswirkungen bestimmter Pläne und Programme – Umsetzung in nationales Recht, Sinsheim, 1999
Pabst, Heinz-Joachim / Schwartmann, Rolf	Privatisierte Staatsverwaltung und staatliche Aufsicht, DÖV 1998, 315-323

Papier, Hans-Jürgen	Anmerkung zum Urteil des OVG Berlin vom 17.7.1978 – I B 157.75, DVBl. 1979, 162-164
	Einwendungen Dritter in Verwaltungsverfahren, NJW 1980, 313-321
Peters, Heinz-Joachim / Balla, Stefan	Gesetz über die Umweltverträglichkeitsprüfung, 3. Auflage, Baden-Baden, 2006 (zitiert: Peters/Balla)
Pfaff, Richard / Heilshorn, Torsten	Die Rechte der Gemeinden bei der Festlegung oder Änderung von Flugrouten, in: Bundesvereinigung gegen Fluglärm e.V. (Hrsg.), Fluglärm – Aufgaben und Möglichkeiten für Kommunen, Düsseldorf, 2003, S. 95-100 (zitiert: Pfaff/Heilshorn in Fluglärm)
	Die Flugroutenfestlegung als Abwägungsentscheidung, NVwZ 2004, 412-418
Pieroth, Bodo/ Schlink, Bernhard / Kniesel, Michael	Polizei- und Ordnungsrecht, 4. Auflage, München, 2007
Porger, Karl-Wilhelm	Aktuelle Entwicklungen im Bereich der Plan-UVP, in: Spannowsky, Willy / Mitschang, Stephan (Hrsg.), Umweltverträglichkeitsprüfung in der Bauleitplanung Köln, Berlin, Bonn, München, 2002 (zitiert: Porger in Spannowsky/Mitschang)
	Überblick zu den materiellen und formellen Anforderungen der beabsichtigten Plan-UVP-RL im Hinblick auf die Raumordnungsplanung, in: Kistenmacher, Hans / Spannowsky, Willy / Jacoby, Christian, Praxisuntersuchung und Expertise zu einer Umsetzung der europarechtlichen Umweltverträglichkeitsrichtlinien in das Raumordnungsrecht, Forschungsprojekt im Auftrag des BMVBW, 2000, S.79-129 (zitiert: Porger in Kistenmacher)

Quaas, Michael	Die Stellung der Gemeinde in der luftverkehrsrechtlichen Fachplanung, NVwZ 2003, 649-653
Redeker, Konrad / von Oertzen, Hans-Joachim	Verwaltungsgerichtsordnung – Kommentar, 15. Auflage, Stuttgart, 2008
Rehbinder, Eckard	Immissionsschutzrechtlicher Gefahrenbegriff – Beurteilung von Störfällen durch äußere Einwirkungen BB 1976, 1-4
Reinhardt, Michael	Die „strategische" Umweltprüfung im Wasserrecht, NuR 2005, 499-504
Repkewitz, Ulrich	Die Schweinemastfälle im neuen Gewand? – Störfallanlagen und heranrückende Verkehrswege, VerwArch 2006, 503 - 519
	Festlegung von Flugrouten – Materielle und formelle Anforderungen, Rechtsschutz, VBlBW 2005, 1-14
Riesenhuber, Karl (Hrsg.)	Europäische Methodenlehre, Berlin, 2006 (zitiert: Verfasser in Riesenhuber)
Rupp, Heinrich	Fluglärm: Rechtsschutz gegen die Festlegung von An- und Abflugwegen von und zu Flughäfen durch das Luftfahrt-Bundesamt, NVwZ 2002, 286-290
Sachs, Michael	Grundgesetz Kommentar, 4. Auflage, München, 2007 (zitiert: Verfasser in Sachs)
Sangenstedt, Christof	Vorstellung und Bewertung der Richtlinie der EG zur Strategischen Umweltprüfung, in: Reiter, Sven (Hrsg.), Neue Wege in der UVP, Bonn, 2001, S. 235-254 (zitiert: Sangenstedt in Reiter)
	Die SUP-Richtlinie: Stand der Umsetzung in Deutschland, UVP-Report 2005, 12-19

	Die SUP-RL: Stand der Umsetzung, in: Ziekow, Jan (Hrsg.), Aktuelle Probleme des Fachplanungs- und Raumordnungsrechts 2004, Berlin 2005, S. 245-266 (zitiert: Sangenstedt in Ziekow)
Scheidler, Alfred	Strategische Umweltprüfung für Luftreinhaltepläne, ZUR 2006, 239-243
	Rechtsschutz Dritter bei fehlerhafter oder unterbliebener Umweltverträglichkeitsprüfung, NVwZ 2005, 863-869
	Rechtsschutz gegen Normen, JUS 1981, 80-96
Scherer, Joachim	Vom nationalen zum einheitlichen europäischen Luftraum, EuZW 2005, 268-271
Schink, Alexander	Umweltprüfung für Pläne und Programme – Verfahrensanforderungen, NuR 2005, 143-151
	Umweltprüfung für Pläne und Programme, in: Risikoregulierung und Risikokommunikation – Umweltprüfung für Pläne und Programme, Dokumentation zur 28. wissenschaftlichen Fachtagung der Gesellschaft für Umweltrecht e.V. Leipzig 2004, Berlin, 2005 (zitiert: Schink in GfU)
	Die Umweltverträglichkeitsprüfung – eine Bilanz, NuR 1998, 173-180
	Umweltprüfung für Pläne und Programme, NVwZ 2005, 615-624
Schlacke, Sabine	Das Umwelt-Rechtsbehelfsgesetz, NuR 2007, 8-16

	Zum Drittschutz bei Nichtdurchführung einer gebotenen Umweltverträglichkeitsprüfung, ZUR 2006, 361-363
Schmidt, Reiner / Kahl, Wolfgang	Umweltrecht, 7. Auflage, München, 2006
Schmidt-Bleibtreu, Bruno / Klein, Franz	Kommentar zum Grundgesetz, 10. Auflage, Neuwied, 2004 (zitiert: Verfasser in Schmidt-Bleibtreu/Klein)
Schmidt-Preuß, Matthias	Der verfahrensrechtliche Charakter der Umweltverträglichkeitsprüfung, DVBl. 1995, 484-495
	Anmerkung zu BVerwG Urteil vom 24.09.1998 – 4 CN 2/98, DVBl. 1999, 103-106
Schoch, Friedrich	Vereinbarkeit des Gesetzes zur Neuregelung der Flugsicherung mit Art. 87d GG, Die Verwaltung 2006, Beiheft 6
Schoch, Friedrich / Schmidt-Aßmann, Eberhard / Pietzner, Rainer (Hrsg.)	Verwaltungsgerichtsordnung–Kommentar, München, Stand: April 2006, 13. Ergänzungslieferung (zitiert: Verfasser in S/S/P)
Schrödter, Hans (Begründer)	Baugesetzbuch – Kommentar, 7. Auflage, München, 2006
Schulze-Fielitz, Helmuth	Der Konfliktmittler als verwaltungsrechtliches Problem, in: Hoffmann-Riem, Wolfgang / Schmidt-Aßmann, Eberhard (Hrsg.) Konfliktbewältigung durch Verhandlungen, Band 2, Baden-Baden, 1990
Schwenk, Walter / Giemulla, Elmar	Handbuch des Luftverkehrsrechts, 3. Auflage, Köln, Berlin, München, 2005 (zitiert: Schwenk/Giemulla, Hdb. LuftverkehrsR)

Sellner, Dieter / Reidt, Olaf / Ohms, Martin J.	Immissionsschutzrecht und Industrieanlagen, 3. Auflage, München, 2006
Sellner, Dieter / Scheidmann, Hartmut	Umgebungsschutz für Störfallanlagen (auch in Bezug auf Flugrouten), NVwZ 2004, 267-272
Siems, Thomas	Das UVP-Verfahren – Drittschützendes Recht oder doch „nur" reines Verfahrensrecht, NuR 2006, 359-362
Sodan, Helge / Ziekow, Jan (Hrsg.)	Nomos-Kommentar zur Verwaltungsgerichtsordnung, 2. Auflage, Baden-Baden, 2006 (zitiert: Verfasser in Sodan/Ziekow)
Spannowsky, Willy	Rechts- und Verfahrensfragen einer „Plan-UVP" im deutschen Raumplanungssystem, UPR 2000, 201-210
Steiff, Jakob	Planungsrechtliche Vorgaben der Seveso-II-RL, ÖffBauR 2005, 37-39
Steinberg, Rudolf	Chancen zur Effektuierung der Umweltverträglichkeitsprüfung durch die Gerichte?, DÖV 1996, 221-231
Stoermer, Nikolaus Bernhard	Der Schutz vor Fluglärm unter besonderer Berücksichtigung der luftverkehrsrechtlichen Zulassung von Flughäfen und der Festlegung der Flugverfahren, Berlin, 2005
Storm, Peter-Christoph / Bunge, Thomas	Handbuch der Umweltverträglichkeitsprüfung (HdUVP), Berlin, Stand: März, 2008, Ergänzungslieferung 2/08 (zitiert: Verfasser in Storm/Bunge)

Streinz, Rudolf	Vertrag über die Europäische Union und Vertrag zur Gründung der Europäischen Gemeinschaft – Kommentar, München, 2003 (zitiert: Verfasser in Streinz)
Sydow, Gernot / Fiedler, Lilly	Flugroutenfestlegung. Zum Verhältnis von Verwaltungs- und Gerichtsverfahren am Beispiel der Bestimmung von Flugverfahren, DVBl. 2006, 1420-1427
Thürmer, Monika	Seveso-Richtlinie und Flugroute, Stoffrecht 2007, 40-44.
Tigges, Franz-Josef	Anmerkung zu OVG Koblenz, Beschluss vom 25.01.2005 – 7 B 12114/04, ZNER 2005, 93-94
Töllner, Andrea	Anwendungsbereich und Umsetzung der Plan-UVP-Richtlinie unter Berücksichtigung von öffentlich-rechtlichen Verträgen, Berlin, 2004
Uebbing, Christiane	Umweltprüfung bei Raumordnungsplänen, Münster, 2004
Ule, Carl Hermann / Laubinger, Hans-Werner	Verwaltungsverfahrensrecht, 4. Auflage, Köln, Berlin, Bonn, München, 1995
v. Mangoldt, Hermann / Klein, Friedrich / Starck, Christian	Kommentar zum Grundgesetz, 5. Auflage, München 2005; (zitiert: Verfasser in Mangoldt/Klein/Starck)
v. Münch, Ingo / Kunig, Philip	Grundgesetz-Kommentar, 5. Auflage, München, 2003, Band 3 (zitiert: Verfasser in v. Münch/Kunig)
Waechter, Kay	Subjektive Rechte im Baugesetzbuch (EAG-Bau) aufgrund von Gemeinschafts- und Völkerrecht, NordÖR 2006, 140-146

Wahl, Rainer	Entwicklung des Fachplanungsrechts, NVwZ 1990, 426-441
Weidemann, Clemens	Das Flugzeugabsturzrisiko im Störfallrecht – Zu den rechtlichen Prämissen und zum Ergebnis der Risikobewertung in der SFK-Stellungnahme zur „Ticona-Problematik", StoffR 2006, 114-127
Weidemann, Clemens / Freytag, Christiane	Störfallrechtliche Risiken für Chemiestandorte – zu den Abwehransprüchen von Störfallbetrieben gegen herannahende Bebauung, StoffR 2004, 225-232
Wieland, Joachim	Rechtsfragen der Flugsicherung – Rechtsgutachten im Auftrag des Landratsamtes Waldshut, 2006 (zitiert: Wieland-Gutachten)
	Zur zukünftigen Ausgestaltung der Flugsicherung in Deutschland – Die Aufgaben der Flugsicherung und der Rahmen ihrer Privatisierung nach einer Verfassungsänderung, Februar 2007 (zitiert: Wieland DFS-Gutachten)
Wysk, Peter	Ausgewählte Probleme zum Rechtsschutz gegen Fluglärm, Teil II, Rechtsschutz bei der Festlegung sog. Flugrouten, ZLW 2004, 285-301

Aus unserem Verlagsprogramm:

Planungs-, Verkehrs- und Technikrecht

Christian Schmehl
Die Vereinheitlichung technischer Spezifikationen im europäischen Eisenbahnwesen als Voraussetzung für Wettbewerb
Hamburg 2008 / 320 Seiten / ISBN 978-3-8300-3722-4

Jochen Wehrle
Der Streit um die Nordanflüge – völkerrechtliche Probleme des Anflugs auf grenznahe Flughäfen
Dargestellt am Beispiel des Flughafens Zürich
Hamburg 2008 / 372 Seiten / ISBN 978-3-8300-3351-6

Michael Ronellenfitsch, Ralf Schweinsberg (Hrsg.)
Aktuelle Probleme des Eisenbahnrechts XIII
Vorträge im Rahmen der Tagung am 5.-6. September 2007 in Tübingen
Hamburg 2008 / 312 Seiten / ISBN 978-3-8300-3970-9

Karsten Amann
Die funktionelle Trennung von Infrastruktur und Betrieb im Eisenbahnwesen
Öffentlich-rechtliche Vorgaben – gesellschaftsrechtliche Konsequenzen
Hamburg 2008 / 270 Seiten / ISBN 978-3-8300-3207-6

Michael Ronellenfitsch, Ralf Schweinsberg (Hrsg.)
Aktuelle Probleme des Eisenbahnrechts XII
Vorträge im Rahmen der Tagung am 6.-7. September 2006 in Tübingen
Hamburg 2007 / 238 Seiten / ISBN 978-3-8300-3273-1

Chi-Chun Chiu
Die Polizeiaufgaben und -befugnisse bezüglich des personenbezogenen Datenschutzes im Vorfeld der Gefahr
Eine rechtsvergleichende Untersuchung zum Polizeirecht in Deutschland und Taiwan
Hamburg 2007 / 262 Seiten / ISBN 978-3-8300-3134-5

VERLAG DR. KOVAČ
FACHVERLAG FÜR WISSENSCHAFTLICHE LITERATUR

Postfach 57 01 42 · 22770 Hamburg · www.verlagdrkovac.de · info@verlagdrkovac.de

Einfach Wohlfahrtsmarken helfen!